(정보기술)

아웃소싱 경영:

프로세스 모델의 역할과 활용

이재남

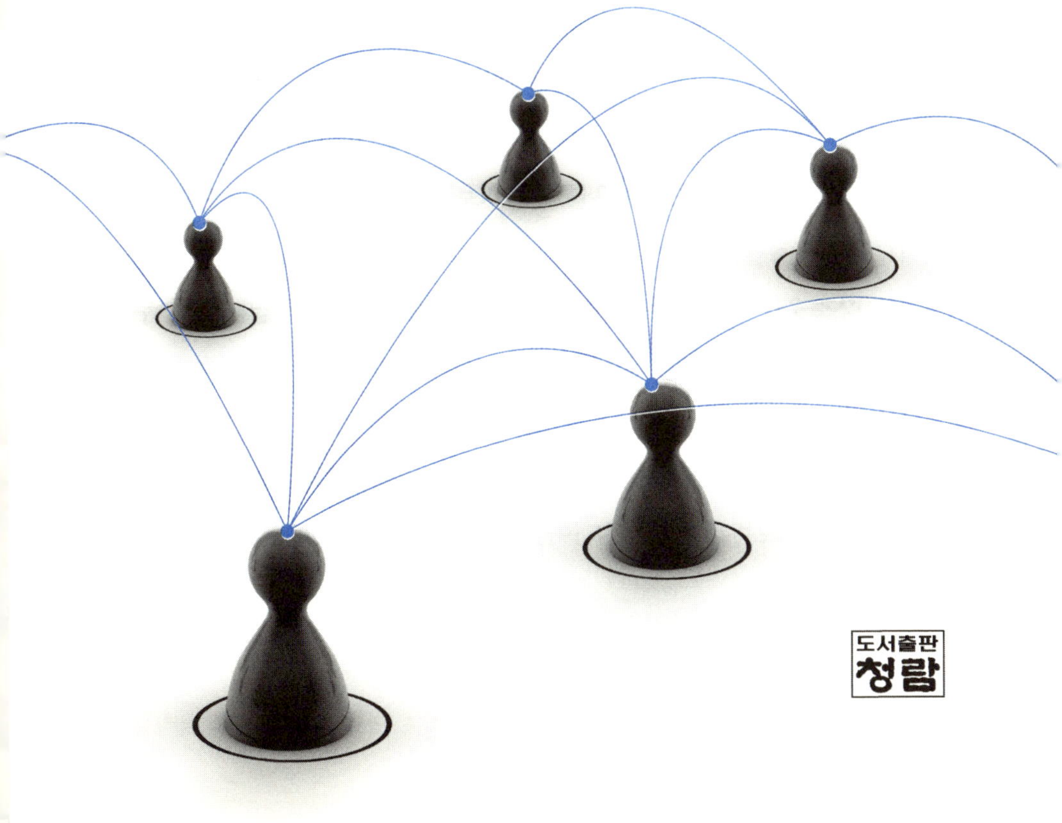

도서출판 청람

싱에 대한 관심이 급증하고 있다.

하지만 외부 기업이 가지고 있는 정보기술의 전문성을 내 기업의 비즈니스에 도입, 적용하는 과정은 쉽지만은 않다. 아웃소싱을 진행하는 과정은 수많은 문제들에 대한 고려와 논의가 필요하기 때문에 서비스를 제공하는 전문업체와 서비스를 활용하는 고객 기업 상호 간의 아웃소싱 프로세스에 대한 정의와 이해가 반드시 필요하다. 지금까지의 연구와 실무가 아웃소싱의 주체인 고객 기업에 주로 초점을 두고 전문업체의 특성을 고려하지 않았기 때문에 아웃소싱 프로젝트를 성공적으로 수행하기에는 한계가 있었다. 성공적인 아웃소싱은 고객 기업이나 전문업체의 능력에 의해 결정되는 것이 아니라 두 기업 간의 업무 특성과 프로세스의 이해를 통해서 이루어진다. 이런 측면에서 본서는 고객 기업과 전문업체가 서로의 아웃소싱 업무와 프로세스를 이해하는 것이 아웃소싱을 성공으로 이끄는 지름길이라는 것을 강조하고 있다.

본서는 크게 세 부분으로 구성되어 있다. **제Ⅰ부**에서는 정보기술 아웃소싱의 전반적인 개요를 설명하고 있다. 특히 지금까지 간과되었던 아웃소싱 전략의 중요성을 강조하고 있다. 어떤 정보기술을 누구에게 어떻게 얼마 동안 아웃소싱할 것인가에 따라 아웃소싱 전략이 결정되고, 이는 아웃소싱 프로세스를 효과적으로 진행하기 위한 기본 지침이 되어야 한다. **제Ⅱ부**는 아웃소싱 서비스를 제공하는 전문업체에 초점을 두고 있다. 전문업체들이 가지고 있는 일반적인 아웃소싱 프로세스의 구성과 특징을 살펴보고 프로세스를 구성하고 있는 각 단계별 이슈들을 살펴본다. 특히 전문업체의 아웃소싱 프로세스 모델이 고객 기업의 아웃소싱 프로세스 모델과 어떻게 연결되어 있는지를 알아보도록 한다. **제Ⅲ부**에서는 아웃소싱 서비스를 제공받는 고객 기업의 입장과 이슈들을 살펴본다. 고객 기업들이 가지고 있는 일반적인 아웃소싱 프로세스 모델을 정의하고 아웃소싱 진행과정에서 고려해야 하는 중요한 문제들과 고려사항들을 제시한다. 특히 전문업체의 아웃소싱 프로세스 모델과의 통합 필요성을 설명한다. 마지막으로 **부록**에서는 표준화된 아웃소싱 표준 계약서와 서비스 계약서의 샘플을 제공하고 있다.

저자는 본서를 집필함에 있어 정보기술 아웃소싱의 성공은 고객 기업의 단방향 관점보다는 고객 기업과 전문업체의 양방향 관점에 의해 결정된다는 것을 전달하기 위해 노력하였다. 그러기 위해 지금까지 간과되어 왔던 전문업체의 아웃소싱 프로세스 모델을 개발, 제시하고 고객 기업의 프로세스 모델과의 연계성을 설명하고자 노력하였다. 이와 같은 저자의 노력이 독자분들에게 전달되기를 바라며, 아웃소싱 업무를 담당하는 기업의 관리자 및 실무자 그리고 아웃소싱을 공부하는 연구자와 학생들에게 도움이 되기를 간절히 바란다.

2020년 1월

이재남

고려대학교 경영대학 교수

isjnlee@korea.ac.kr, www.jaenamlee.net

| 감사의 글 |

본서는 저자가 지난 25년간 경험한 실무와 연구 결과를 정리해서 집필하였다. 기업의 경쟁력과 성과를 증진하기 위한 중요한 전략적 대안으로 고려되고 있는 정보기술 아웃소싱은 최근 들어 글로벌 아웃소싱, 클라우드 컴퓨팅 등과 같은 이슈들이 대두되면서 그 중요성이 더욱 강조되고 있는 상황이다. 또한 정보기술 아웃소싱을 성공적으로 수행하기 위해서는 서비스를 받는 고객 기업과 서비스를 제공하는 전문업체 간의 양방향 역할을 이해하는 것이 중요함에도 불구하고 지금까지의 연구와 실무에서는 주로 고객 기업 입장에만 초점을 두었다. 이런 관점에서 본서는 정보기술 아웃소싱의 성공적 진행을 위해서는 고객 기업과 전문업체의 입장을 모두 이해하는 것이 반드시 필요하며, 어떻게 두 기업 간의 아웃소싱 프로세스와 역할을 통합할 것인가를 제시하고자 하였다.

본서에 처음부터 관심을 가져 주신 분들, 또한 본서를 집필하는 과정에서 크고 작은 도움을 주신 분들, 그리고 격려해 주신 분들 모두에게 진심으로 감사드린다. 특히 본서가 출간되기 이전에 정보기술 아웃소싱 관련 서적을 함께 공저했던 남기찬 교수의 도움에 감사드리고, 지난 몇 년간 다양한 아웃소싱 연구를 함께 수행했던 Shaila Miranda

교수와 박영기 교수에게도 진심을 담아 감사드린다.

또한 본서가 나오기까지 격려와 도움을 준 가족에게 감사드린다. 본서를 집필하는 과정에서 아내와 두 아이의 도움과 격려가 큰 힘이 되었고, 가족의 의미를 다시 한번 생각할 수 있었던 행복한 기회였다. 더불어 본서의 출판과정에 도움을 주신 도서출판 청람의 이수영 사장님과 임직원분들께도 다시 한번 감사드린다.

마지막으로 본서를 읽을 독자들에게 감사하며 본서의 내용이 기업에서 정보기술 아웃소싱 업무를 수행하는 고객 기업과 서비스 전문업체의 실무자분들과 해당 분야의 연구를 진행하는 연구자들에게 의미 있는 자료가 되기를 바란다.

| 차례 |

PART 1 아웃소싱 개요

PART 2 아웃소싱 전문업체 이해

PART 3 아웃소싱 고객 기업 이해

그림 차례

표 차례

PART 1

아웃소싱 개요

Chapter

1 아웃소싱 배경 및 정의

1.1 아웃소싱 배경

정보기술(IT: Information Technology)이 기업의 경쟁우위를 창출하고 유지하는 데 매우 중요한 역할을 한다는 것을 부정하는 사람은 없을 것이다. 이렇게 중요한 정보기술을 외부 전문업체에게 아웃소싱한다는 것은 기업의 입장에서는 매우 어려운 결정이었다.

하지만 1990년대에 들어오면서 기업들은 아웃소싱을 중요한 전략적 이슈 중의 하나로 고려하기 시작했다. 이런 변화는 기업 환경과 정보기술 자체의 급격한 변화에 기인한다고 말할 수 있으나, 더욱 중요한 이유는 기업의 경쟁우위는 내부적인 정보기술 보유 여부가 아니라 정보기술을 어떻게 활용하느냐에 의해 결정된다는 것을 인식했기 때문이다. 기업 내부적으로 정보기술의 역량을 향상시키지 않더라도 외부의 전문업체를 활용하여 정보기술 활용도를 증가시킴으로써 기업의 경쟁력을 극대화할 수 있게 된 것이다.

정보기술 아웃소싱(ITO: Information Technology Outsourcing)의 기원은 1940년대 미국 기업들이 직원의 급여 계산을 위해 펀치카드 전문업체를 이용한 것이었으며, 이후 1960년대와 1970년대에 들어오면서 전문 서비스(Professional Service)와 설비관리 서비스(Facility Management Service)라는 이름으로 보다 확산되었다. 또한 아웃소싱은 기본적으로 제조산업에서 널리 사용된 개념으로 특정 부품이나 제품을 내부에서 생산할 것인지 아니면 외부 하청 또는 위탁 생산을 할 것인지를 결정하는 제조 분야의 전통적인 이슈였다. 이러한 아웃소싱 개념이 점차 다른 분야 및 산업으로 확대되면서 정보기술 분야에도 영향을 미치게 되었다. 따라서 정보기술 아웃소싱은 새로운 개념이라기보다는 기업이 필요한 정보기술 관련 자원을 외부에서 확보하는 대안으로 진화된 것이라고 볼 수 있다.

정보기술 아웃소싱이 기업과 일반인들에게 주목을 받기 시작한 것은 1989년 코닥사의 최고 정보관리 책임자(CIO: Chief Information Officer)였던 캐서린 허드슨(Katherine Hudson)이 연간 예산 약 4,000억 원 규모의 정보기술 자산과 업무를 아웃소싱 전문업체인 IBM, DEC 그리고 Business Land와 10년 동안 약 5,600억 원 규모의 대형 아웃소싱 계약을 체결하면서이다. 코닥사가 자체적으로 보유하고 있던 방대한 하드웨어, 소프트웨어, 데이터는 물론 2,000여 명에 달하는 정보기술 직원들까지 IBM으로 이관해야 하는 엄청난 계약이었다. 그로부터 2년 뒤인 1991년 코닥사는 30% 정도의 정보기술 관련 비용이 절감되었고 이로 인해 허드슨은 코닥사의 가장 중요한 부문인 이미징 사업부의 부사장으로 승진하였다. 이 계약은 기존의 정보기술 운영 방법과 비교할때 그 규모와 기간에 있어서 전례를 찾아볼 수 없었기 때문에 당시 세계적으로 큰 관심을 받았다.

그러나 집중 관심을 받았던 가장 큰 이유는 전통적으로 정보기술은 기업의 운영과 보안의 문제에 연루된 핵심 역할을 하는 것이기 때문에 기업 스스로가 운영 및 통제해야 한다는 고정관념을 탈피하여 정보기술 기능의 대부분을 외부 전문업체가 소유하고 관리한다는 사실이었다. 코닥사의 혁신적인 정보기술 아웃소싱 사례에 자극받은 미국과 유럽 기업들은 정보기술 업무의 아웃소싱 가능성을 검토하였고, 실제로 많은 기업들이 아웃소싱을 실행에 옮겼다. 이로 인해 정보기술 아웃소싱 시장은 다양한 전문업체들, 특히 EDS, CSC, IBM 등을 중심으로 활성화되고 확산되어, 이제는 모든 기업들이 경쟁력 증진을 위해 고려하는 대표적인 전략적 대안으로 발전하였다.

1.2 아웃소싱 정의

아웃소싱(Outsourcing)이란 '외부(Out)'와 '소싱(Sourcing)'의 합성어로 일반적으로는 외부의 전문업체를 활용하여 기업활동의 일부를 수행하게 하고, 이를 통해 기업의 핵심 역량을 강화하고 전략적 이익을 추구하는 활동이라 볼 수 있다.

정보산업에서는 기업의 정보기술(IT: Information Technology) 및 정보시스템(IS: Information System) 기능을 아웃소싱한다는 의미에서 '정보기술 아웃소싱' 또는 '정보시스템 아웃소싱'이라는 용어로 혼용하여 사용하고 있다. 또한 아웃소싱을 진행하는 기업을 고객(Customer), 고객 기업(Customer Organization) 또는 고객사(Customer Firm) 그리고 서비스 수신인(Service Receiver)으로 명명하기도 하며, 아웃소싱 서비스를 제공하는 기업을 공급업체(Subcontractor), 전문업체(Professional Vendor), 서비스 제공자(Service Provider) 등으로 부르기도 한다. 본 책에서는 정보기술 아웃소싱, 정보시스템 아웃소싱, 아웃소싱을 동일한 용어로 사용하고, 일반적으로 아웃소싱을 진행하는 회사를 고객 기업, 아웃소싱 서비스를 제공하는 기업을 아웃소싱 전문업체라는 용어로 사용한다.

아웃소싱은 범위나 형태에 따라 다양하게 정의될 수 있으며, 이 중 몇 가지 대표적인 정의를 살펴보면 다음과 같다.

- 정보기술을 사용하는 기관이 정보기술과 관련된 자산(하드웨어, 소프트웨어, 인력 등)을 외부의 서비스 전문업체에 이양하고 일정 기간(주로 장기)에 걸쳐 정보기술 서비스 계약을 체결하여 일정 서비스 수준과 질을 요구하고 그 서비스 제공에 대한 요금을 외부 전문업체에 지불하는 계약(Gartner Group)
- 고객 기업의 정보기술 기능 중에서 일부 또는 전부를 지속적으로 외부 기업에 위탁관리하는 활동(IDC: International Data Corporation)
- 기업 내 데이터 처리, 하드웨어, 소프트웨어, 커뮤니케이션 네트워크, 시스템 부서 직원 등의 전부 혹은 일부를 제3의 기관에 이전하는 것(Grover et al., 1996)
- 기업 내의 정보기술 인프라의 전체 또는 특정 부분과 관련된 인적·물적 자원을 외부 전문업체로부터 공급받는 것(Loh and Venkatraman, 1992)
- 데이터 센터의 관리 및 운영, 하드웨어의 지원, 네트워크, 애플리케이션의 개발 및 유지보수와 같은 정보기술 기능에 대하여 외부의 전문업체와 체결하는 계약(남기찬·이재남, 1999)
- 기업 내부의 정보기술 관련 활동의 전체 또는 일부를 외부의 하나 또는 하나 이상의 전문업체에게 이관하는 과정 및 절차(이재남 외, 1997)

위의 정의들을 종합해 볼 때, 정보기술 아웃소싱은 일반적으로 "기업이 정보기술에 대한 관리 기능(기획, 개발 및 운영)의 전부 또는 일부를 외부 전문업체에 이관하는 것"이라고 할 수 있다. 이는 다시 시설, 인원, 장비 등과 같은 자산의 이관이 발생하는 자산 아웃소싱(Assets Outsourcing)과 자산의 이동 없이 고객 기업이 원하는 정보기술 서비스만을 위탁하는 서비스 아웃소싱(Service Outsourcing)으로 크게 분류할 수 있다.

국내의 경우 정보기술 아웃소싱과 시스템 통합(SI: Systems Integration)이라는 용어를 혼용하여 사용하고 있지만, 실제로는 개념의 차이가 있다. 아웃소싱을 광의의 의미로 해석하면 그 안에는 시스템 통합(Systems Integration), 시스템 관리(System Management), 설비관리(Facility Management), 전문가 서비스(Professional Service), 클라우드 서비스(Cloud Service), 전사적 자원관리(ERP: Enterprise Resource Planning), 응용프로그램 서비스(ASP: Application Service Provider) 등과 같은 모든 용어가 포함된다.

협의의 의미로 해석을 한다고 해도 아웃소싱과 시스템 통합은 다른 의미이다. 시스템 통합은 프로젝트 위주의 업무를 전문업체에게 위탁하는 것으로 일의 시작과 끝이 있고, 계약이 만료되면 책임이 다시 고객 기업으로 돌아가는 것이라고 할 수 있다. 반면에 정보기술 아웃소싱은 기업의 정보기술 관련 업무 기능이나 프로세스를 전문업체에게 위탁하는 것으로 전문업체에 의해 제공되는 기능에 대한 책임이 계속성을 가진다고 말할 수 있다.

과거에는 대부분 정보기술 자산의 이관 없이 정보기술 및 정보시스템의 개발에만 초점을 두었기 때문에 시스템 통합이라는 용어가 많이 사용되었지만, 최근에는 정보기술 인력이나 혹은 자산의 이관까지도 포함하는 경우가 많아서 정보기술 아웃소싱이라는 용어가 보다 일반화되어 있다.

Chapter 2 아웃소싱 목적 및 구성

2.1 아웃소싱 목적

기업이 아웃소싱을 고려하는 이유를 간단히 설명하면 비용절감과 위험분산, 그리고 정보기술의 성과 향상을 통해 경영의 유연성과 효율성을 극대화하고 이를 통해 기업의 경쟁우위를 확보하는 것이라 할 수 있다.

기업활동을 크게 생산활동과 거래활동으로 나누어 볼 때, 이에 사용되는 비용도 생산비용 및 거래비용으로 구분할 수 있다. 만약 기업 내부에서 생산하는 비용이 시장에서 구입하는 비용보다 높다면 당연히 시장에서 구입하는 것이 효율적이다. 이는 기업의 구조와 형태에도 적용될 수 있는데 특정 부서를 소유하는 것보다 외부 전문업체를 활용하는 것이 보다 효율적이라면 외부로부터 서비스를 제공받는 것을 선택할 것이다. 이러한 비용우위에 따른 비용절감효과는 기업들이 아웃소싱을 고려하는 가장 중요한 이유이다. 또한 정보기술 부서의 운영비용이 매년 5~20% 정도 증가하고 정보기술 환경이 급변하기 때문에 기업 입장에서는 대규모의 투자 예산을 지속적으로 확보하고, 선진 정보기술을 적시에 필요할 때마다 적용하고 관리해야 하는데 이는 현실적으로 쉽지 않은 상황이다. 즉 기업 내부의 정보기술 부서 자체적으로 이와 같은 상황을 진행하고 유지하는 것은 높은 위험과 불확실성이 수반되기 때문에 외부 전문업체에 아웃소싱함으로써 위험과 불확실성을 어느 정도 감소시킬 수 있다.

따라서 기업이 정보기술 아웃소싱을 고려하고 수행하는 목적을 크게 경제적, 기술적 그리고 전략적 측면에서 살펴볼 수 있다.

● 전략적 목적(Strategic Objective)

일상적인 정보기술 관련 업무를 아웃소싱하면 여유 인력과 자산을 내부의 핵심 업무에 집중할 수 있다. 또한 아웃소싱 프로젝트를 진행할 때 관련 자산들, 특히 인력 자원을 포함하여 아웃소싱함으로써 기업의 인력수급에 유연성을 확보할 수 있다. 다시 말해 기업이 필요로 하는 정보기술을 내부적으로 도입하지 않고서도 아웃소싱 전문업체들이 가지고 있는 정보기술의 장점을 활용할 수 있게 된다.

● 경제적 목적(Economic Objective)

기업이 아웃소싱 전문업체의 인적 또는 기술적 자원을 규모의 경제를 통해 활용할 수 있으며, 아웃소싱 계약을 통해 불확실한 비용을 효과적으로 관리할 수 있다. 대부분의 정보기술 아웃소싱은 고정가격(Fixed-price)으로 계약을 하고, 이를 통해 기업은 정보기술에 대한 불확실한 비용과 부담을 줄일 수 있다. 또한 정보기술에 투자한 자산을 전문업체에게 이관, 매각함으로써 재무자산을 효율적으로 활용하고 관리할 수 있다.

● 기술적 목적(Technological Objective)

아웃소싱을 통해 정보기술의 급격한 변화로 인한 새로운 기술 도입의 위험성을 줄일 수 있고 최신의 정보기술을 보다 손쉽게 얻을 수 있다. 기업 내부적으로 새로운 정보기술을 도입하려고 해도 이에 대한 전문가를 보유하고 있지 않기 때문에 어떠한 방식으로 투자를 진행해야 할지 모를 때가 많다. 이럴 경우 기업은 정보기술 아웃소싱을 하나의 대안으로 고려할 수 있으며, 이를 통해 기술적 이익을 도모할 수 있다.

결국 기업은 정보기술 아웃소싱을 통해 위에서 언급한 세 가지 목적 중에서 하나 또는 그 이상의 목적이 달성될 것이라고 판단되면 아웃소싱을 선택한다. 기업은 내부적으로 정보기술을 관리 운영할 때, 즉 인소싱(Insourcing)을 할 때 발생 가능한 다양한 내부적 갈등과 문제점을 제거하고, 경쟁우위를 창출할 수 있는 핵심 기능에 기업의 자원을 집중적으로 투자함으로써 기업의 경쟁력을 강화하고 효율성을 극대화하고자 하는 것이다.

정보기술 아웃소싱의 목적을 달성하기 위해서는 아웃소싱에 대한 장단점들을 살펴볼 필요가 있다. [표 2-1]에 정보기술 아웃소싱의 일

표 2-1 ▌정보기술 아웃소싱의 장단점

구분	내용
장점	• 핵심적인 활동에 기업 자원을 집중 • 부가가치가 높은 기능에 정보기술을 집중 • 규모의 경제 활용을 통한 비용절감 • 해당 기술 분야에서 선두 그룹에 있는 외부 전문업체들의 기술과 경험을 활용 • 기반기술에 대한 투자 없이 응용기술을 활용 • 교육 및 훈련에 대한 노력 없이 이미 잘 교육된 외부 인력을 활용 • 정보기술의 개발 및 운영비용을 구체화시켜 예측성, 통제성 및 유연성 증진 • 고정자산에 대한 투자를 회피함으로써 유동성 증진 • 환경이나 기술변화에 즉각적으로 대응 가능
단점	• 환경 변화 및 기업의 요구 변화에 능동적으로 대응이 어려움 • 계약중단이나 파기 그리고 전문업체의 변경이 어렵고 변경 시 높은 교체비용이 발생 • 정보시스템 개발과정이나 개발된 시스템의 품질에 대한 통제, 관리가 곤란 • 시스템이나 데이터에 대한 보안 유지의 어려움 • 전문업체가 계약을 준수하도록 하기 위해 추가적 비용과 노력이 필요 • 협력관계관리에 추가적 비용이 소요 • 내부 전문인력의 직업 안정성을 위협 • 전문업체에 과도한 의존으로 기업의 유연성이 결여 • 정보기술 아웃소싱의 실제 효과에 대한 객관적 검증의 어려움 • 기업 내부의 정보기술력 약화

반적인 장점과 단점을 정리하였다. 아웃소싱이 성공적으로 수행되었을 때는 비용절감과 자원의 효율적인 관리 및 배분이 가능해지고 이를 통해 핵심 기능에 역량을 집중할 수 있어 기업의 성과를 향상시킬 수 있다. 반면에 기업은 아웃소싱을 통해 내부 정보기술에 대한 통제의 상실, 외부 전문업체에 대한 의존성 증가, 전략 정보의 노출, 교체비용(Switching Cost)의 발생, 서비스 공급에 대한 부분적 한계 등과 같은 문제에 봉착할 수 있다.

기업이 정보기술 아웃소싱 수행 여부를 결정하지 못하는 주된 이유로 초기 투자비용이 많이 들고, 컴퓨터나 통신장비 등의 관리가 철저하지 못하며, 투자비관리가 소홀하고, 경영 전략 측면에서 관리가 비효율적이고, 아웃소싱 전문업체의 관리가 어렵다는 것을 들 수 있다. 이런 문제점들을 기업 입장에서 어떻게 관리할 것인지를 고민하고 적절한 대처 방안을 설정하는 것이 정보기술 아웃소싱의 성공 여부를 결정할 것이다.

정보기술 아웃소싱의 문제점을 최소화하고 이익을 최대화하기 위해서 기업이 우선적으로 수행해야 하는 것은 기업 내부적으로 정보기술에 관련된 자원(하드웨어, 소프트웨어, 인력 등)이나 역량에 대한 정확한 평가이다. 기업이 보유하고 있는 정보기술에 대한 정확한 평가를 통해서 무엇이 중요한 것이며, 무엇이 필요하고, 어떤 것을 아웃소싱 대상으로 선정해야 하며, 아웃소싱을 한다면 예상비용과 비용절감은 얼마나 될 것인지를 파악할 수 있다. 그런 후에 가장 적합한 아웃소싱 전략(아웃소싱의 정도, 기간, 전문업체 수, 전문업체와의 관계)을 결정하는 것이 순서일 것이다. 정보기술에 대한 내부적인 이해와 평가 없이 아웃소싱을 기업의 전략적 대안으로 고려한다면 아웃소싱을 통해 기업이 원하는 결과를 얻기란 그리 쉽지 않을 것이다.

2.2 아웃소싱 구성

일반적으로 기업이 정보기술 아웃소싱을 수행하고 있거나 계획하고 있다는 것은 [그림 2-1]에서 보는 바와 같이 아웃소싱의 방법(Outsourcing Method), 아웃소싱의 대상(Outsourcing Object), 그리고 아웃소싱의 적용 업무(Outsourcing Application)의 세 가지 측면에서

그림 2-1 아웃소싱의 구성체계

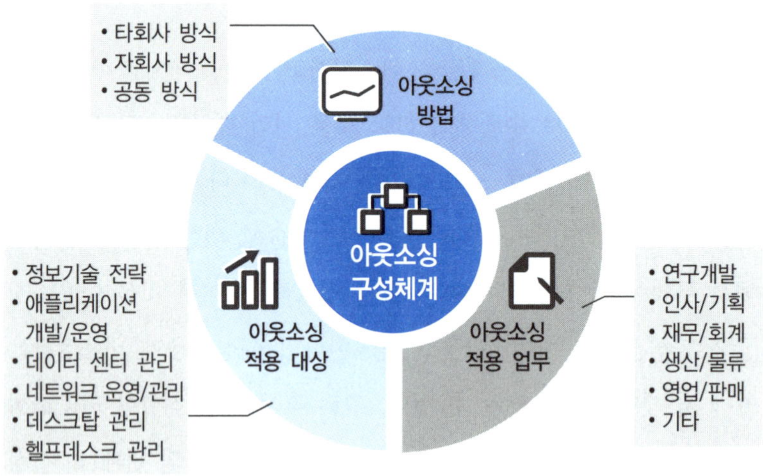

살펴볼 수 있다. 일반적으로 아웃소싱의 구성체계는 정보기술의 기능적 분류에 따라 혹은 사용자의 편의나 요구 정도에 따라 분류될 수 있다. 하지만 아웃소싱이라는 용어가 의미하는 범위와 규모는 정보기술의 발전과 함께 지속적으로 변화될 것이다.

2.2.1 아웃소싱 방법

기업이 정보기술의 전체 또는 일부를 외부 전문업체에 아웃소싱하려고 할 때 고려하는 정보기술의 유형과 종류에 따라 아래 세 가지 방식 중에서 어떤 것을 선택할 것인지를 결정해야 한다.

- 정보기술의 전체 또는 일부를 외부 전문업체에 아웃소싱하는 타회사 방식
- 정보기술의 전체 또는 일부를 자회사(Subsidiary)에 아웃소싱하는 자회사 방식
- 정보기술의 일부는 내부에서 관리하고 다른 일부는 외부 전문업체에 아웃소싱하는 공동 방식

타회사 방식은 가장 일반적인 방법의 아웃소싱으로 고객 기업이 정보기술의 일부 또는 전체를 전문업체에게 이관하는 것인데, 인력, 하드웨어, 장비, 소프트웨어 등과 같은 정보기술 자산도 함께 이관될 수 있다. 또한 타회사 방식의 아웃소싱에는 클라우드 서비스(Cloud Service),

전사적 자원관리(ERP: Enterprise Resource Planning), 응용프로그램 서비스(ASP: Application Service Provider)도 포함된다.

자회사 방식은 주로 국내 및 해외의 대기업들을 위주로 많이 확산되고 있는 방식으로서 대기업의 자금력과 내부 기술력을 바탕으로 아웃소싱 자회사를 설립하여 내부 정보기술의 전체 또는 일부를 해당 자회사가 관리하도록 하는 방식이다. 국내의 경우에 정보기술 아웃소싱 시장의 약 40% 정도를 대기업의 아웃소싱 자회사들이 점유하고 있는 실정이어서 자회사 방식이 마치 대기업들만이 고려할 수 있는 방법으로 인식되어 있었다. 하지만 1996년 9월에 체결된 풀무원과 링크웨어의 아웃소싱 계약은 이와 같은 통념을 변화시키는 계기가 되었다. 풀무원은 국내 컨설팅업체인 CSG(Consulting Software Group)와 합작하여 링크웨어라는 자회사를 설립하고, 이 업체에 정보기술 전체를 아웃소싱하였다.

해외의 경우에도 고객과 전문업체 간에 자회사를 설립하는 경향이 많이 늘어나고 있다. 그 대표적인 예로 호주의 Commonwealth Bank의 아웃소싱 사례를 들 수 있는데, 이 은행은 아웃소싱 전문업체인 미국의 EDS(Electronic Data Systems)와 각각 65%, 35%의 지분을 투자하여 EDS 호주 자회사를 설립하고, 이 회사를 통해 정보기술 서비스를 제공받았다. 최근에는 국내 기업과 해외 아웃소싱 전문업체 간에 자회사 설립도 늘어나고 있는 상황이며, 하나의 예로서 SK Telecom이 아웃소싱 전문업체들인 SK C&C와 독일의 TELES Communication Systems과 함께 TESK(Total Emission Solution Korea)라는 합작회사를 설립한 경우이다.

공동 방식은 하나의 아웃소싱 프로젝트를 자회사와 전문업체 또는 하나 이상의 전문업체가 공동으로 수행하는 방식을 말한다. 이는 정보기술 아웃소싱의 형태가 점점 다양해짐에 따라 분야별로 전문성을 가진 아웃소싱 업체들을 활용하기 위해서 사용된다. 또한 하나 이상의 전문업체를 활용하는 경우에는 그 중에 하나의 전문업체가 다른 업체들에 비해 성과가 좋지 못할 경우 새로운 전문업체로 대체하는 비용(Switching Cost)이 낮다는 장점이 있다. 하지만 복수의 전문업체를 활용하면 자연스럽게 의사소통비용(Communication Cost)과 거래비용(Transaction Cost)이 증가하는 단점이 있다.

일반적으로 고객 기업이 내부 인력, 기술력 및 자원이 부족한 경우에는 주로 타회사 방식을 선호하고, 정보기술이 기업에게 전략적으로 중요도가 높을 경우에는 기업의 경쟁력을 유지하면서도 외부에 대한 정보기술의 의존도를 낮추기 위해 자회사 방식을 선호한다. 그리고 기업이 정보기술에 대해 특정 부문의 기술력이 다소 부족하여 전문업체의 기술력을 활용하기 위해서는 공동 방식을 하나의 대안으로 고려한다.

2.2.2 아웃소싱 대상

기업이 정보기술을 아웃소싱할 때 고려해야 하는 또 다른 차원은 아웃소싱을 하려고 하는 대상이 무엇이냐에 의해 구분될 수 있다. 아웃소싱 대상이란 어떤 부분을 아웃소싱할 것인가를 결정하는 것으로 정보기술에 관련된 정보기술 전략(IT Strategic Planning), 애플리케이션 개발 및 운영(Application Development and Management), 데이터 센터 관리(Data Center Management), 네트워크 운영 및 관리(Network Operation and Management), 데스크톱 관리(Desktop Management), 헬프데스크 관리(Helpdesk Management) 등으로 분류할 수 있다. 정보기술 아웃소싱의 효시라고 할 수 있는 코닥사의 경우 데이터 센터는 IBM, 네트워크는 DEC, 데스크톱은 Business Land로 대상을 구분하여 아웃소싱하였다.

아웃소싱 대상을 이해하는 또 다른 방법은 정보시스템 수명주기(Information System Life Cycle)를 구성하고 있는 계획, 개발, 운영 그리고 유지보수의 활동으로 구분하는 것이다. 일반적으로 정보기술 전략 수립과 같은 상위 단계 업무는 비구조적이기 때문에 기업 내부에서 수행하는 것이 필요하며, 반대로 애플리케이션 개발 및 운영과 같은 하위 단계 업무는 상대적으로 구조적인 면이 강하기 때문에 아웃소싱에 적합한 대상이 될 수 있다. 기업들은 정보기술 전략을 설정하고, 정보기술 아키텍처(Architecture)를 개발하고, 전략적 요소들을 통제하는 상위 단계의 기능들은 주로 기업 내부에서 관리하고자 하는 것이 일반적이지만, 필요하다면 이런 상위 단계의 업무도 아웃소싱 전문업체들이 가진 전문성과 비용적 효율성을 적용하기 위해 아웃소싱의 대상으로 고려할 수도 있다.

기업이 정보기술 아웃소싱의 필요성을 인지하고 아웃소싱 전문업체들의 시장이 확대됨에 따라 제공되는 서비스의 경계는 점차 무의미하게 변화하고 있는 것이 사실이다. 따라서 서비스를 제공하는 아웃소싱 전문업체들이 모든 산업과 분야에서 고객 기업의 아웃소싱 대상 업무에 관계없이 자유경쟁(Free Competition)을 실시하고 있다. 이런 상황에서 아웃소싱 전문업체들이 경쟁력을 유지하고 생존하기 위해서는 필요한 전문인력과 기술력을 보유하고 있어야 하며, 고객 기업의 아웃소싱 목적에 적합한 최고의 서비스를 제공해야 한다.

2.2.3 아웃소싱 적용 업무

정보기술 아웃소싱의 적용 업무는 기업의 업무 기능 관점에서 연구개발, 인사/기획, 재무/회계, 생산/물류, 영업/판매 등과 같이 다양한 업무로 구성되어 있다. 예를 들어, 인사 및 회계 업무와 연관되어 있는 정보기술은 기업의 전략적 중요도가 상대적으로 낮아서 아웃소싱의 적용 업무로 고려할 수 있다. 반면에 기획, 생산, 고객관리 등과 같이 기업이 경쟁우위를 유지하는 데 상대적으로 중요한 정보기술은 주의 깊은 개발과 관리가 필요하며 만약 문제가 발생한다면 기업의 신뢰성 및 평판도가 떨어져서 시장점유율을 잃을 수 있기 때문에 기업 내부에서 관리하는 것을 선호할 수 있다.

따라서 문제가 발생할 경우의 피해(Penalty for Problems)가 많고 성공할 경우의 보상(Reward for Excellence)이 높은 정보기술은 내부에서 개발, 운영하는 것이 기업의 경쟁우위를 유지하는 데 보다 적합하다고 할 수 있다. 다시 말해 업무의 전략성이 낮고 내부적인 비용의 효과성이 적은 경우에 정보기술 아웃소싱의 적용 업무로 적합하며, 반대로 전략성이 높고 비용효과성이 높으면 기업 내부에서 관련 정보기술을 관리하는 것이 적합하다고 볼 수 있다.

어떤 업무를 아웃소싱할 것인가에 대한 결정은 기업이 어떤 목적으로 정보기술 아웃소싱을 계획하고 있는지에 따라 다를 수 있다. 아웃소싱의 목적(전략적 경쟁력 향상, 경제적 이익의 증진, 기술적 향상 등)이 결정되고 나면 그 목적에 가장 적합한 관련 업무를 선정해야 한다. 예를 들어, 우리 기업의 아웃소싱 목적이 기업의 전략적 경쟁력 향상이라면 이 분야에서 다양한 경험과 기술력을 보유한 전문업체에게 관련 업무를 아웃소싱할 수 있다. 즉 기업의 전략적 정보기술 또는 정보시스템(기획, 생산, 고객관리 등)도 아웃소싱 적용 업무로 충분히 고려될 수 있다. 하지만 경제적 이익이나 기술적 향상이 아웃소싱의 목적이라면 주로 비전략적인 업무에 관련된 정보기술과 정보시스템을 아웃소싱 적용 업무로 고려할 것이다.

위에서 언급한 세 가지의 아웃소싱 구성요소들 외에도 다양한 환경요소들을 고려하는 것이 필요하다. 예를 들어, 특정 기업이 속해 있는 산업이 동적인지 정적인지, 고객에게 제공하는 제품이나 서비스의 생명주기가 짧은지 긴지, 고객의 니즈가 다양한지 아닌지 등에 따라 아웃소싱의 방법, 대상, 적용 업무는 달라질 수 있기 때문이다. 중요한 것은 기업이 정보기술 아웃소싱에 대한 의사결정을 진행할 때, 기업이 처해 있는 내부 및 외부 비즈니스 환경뿐만 아니라 정보기술의 시장 환경도 함께 고려해야만 가장 적절하고 효과적인 아웃소싱 프로젝트를 선정할 수 있다는 것이다.

Chapter

3 아웃소싱 전략

기업이 처해 있는 내부 및 외부 상황을 고려한 후 정보기술 아웃소싱을 추진하기로 최종 결정하면, 그 다음 단계는 어떠한 방식으로 아웃소싱할 것인지에 대한 전략을 설정해야 한다. 아웃소싱 전략을 설정하고 나면, 설정된 아웃소싱 전략을 기준으로 다음 단계들(전문업체의 평가 및 선택, 계약협상, 아웃소싱 실행, 계약관리, 성과 피드백 등)을 진행한다.

다시 말해 아웃소싱 초기 단계에서 설정한 아웃소싱 전략의 적절성이 다음 단계들을 수행하는 중요한 가이드라인을 제공하며, 궁극적으로 고객 기업이 원하는 아웃소싱의 목적을 달성하는 데 결정적인 역할을 한다는 것을 의미한다.

만약 아웃소싱 전략을 적절하게 설정하지 않았다면, 다음 단계들이 아무리 효율적으로 진행된다고 하더라도 아웃소싱의 성공을 장담할 수 없다. 이런 상황에도 불구하고 기업들은 아웃소싱 프로세스에서 아웃소싱 전략의 중요성을 간과하는 경우가 여전히 많이 있다. 따라서 본 장에서는 아웃소싱 전략이 무엇이고, 어떻게 구성되어 있으며, 기업이 선택할 수 있는 아웃소싱 전략에는 어떠한 유형이 있는지를 살펴보도록 한다. 또한 아웃소싱 전략을 설정할 때 기업의 비즈니스 전략과의 연계가 얼마나 중요한 이슈인지를 논의하도록 한다.

3.1 아웃소싱 전략 구성요소

아웃소싱 전략(Outsourcing Strategy)은 기업이 아웃소싱 대상을 선정할 때처럼 내외부의 비즈니스 환경과 기술적 환경을 고려하여 결정해야 한다. 정보기술 아웃소싱에 적합하도록 설정된 전략은 기업이 아웃소싱 프로젝트를 진행하는 동안 비용을 낮추어 경제적 이익을 최대화할 수 있도록 하고, 시장에서 비즈니스 기회를 찾을 수 있는 새로운 기술들을 적용할 수 있게 해주며, 내부의 핵심 비즈니스에 더욱 중점을 둘 수 있도록 해준다.

하지만 효과적인 아웃소싱 전략을 개발하는 것은 쉽지 않다. 왜냐하면 고객 기업과 아웃소싱 전문업체 간에 수행되는 다양한 아웃소싱 프로세스와 활동들의 복잡성과 비즈니스 환경의 변화를 모두 고려해서 적절한 전략을 만드는 것은 시간과 노력이 수반되기 때문이다.

그림 3-1 아웃소싱 전략의 구성요소

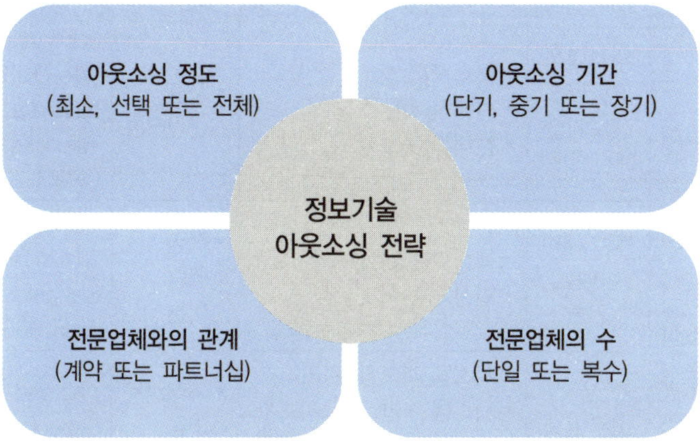

일반적으로 기업이 정보기술 아웃소싱 전략을 설정할 때 [그림 3-1]에서 보듯이 중요한 네 가지의 구성요소를 고려해야 한다. 즉 아웃소싱의 정도(Degree of Outsourcing), 아웃소싱 기간(Outsourcing Period), 전문업체와의 관계 유형(Relationship Type) 및 전문업체의 수(Number of Vendor)가 여기에 해당된다. 이들 네 가지의 구성요소들을 아웃소싱 프로젝트의 특성, 아웃소싱 목적, 비즈니스 환경 등에 적합하도록 구성하여 최적의 아웃소싱 전략을 도출한다. 아웃소싱 전략을 구성하는 네 가지 구성요소에 대한 기존의 연구를 [표 3-1]에 정리하였으며, 각 구성요소에 대한 자세한 내용은 다음에서 논의하도록 한다.

표 3-1 ▌아웃소싱 전략의 구성요소에 대한 주요 기존 연구

구성요소	기준	분류	이론	주요 연구
아웃소싱 정도	의사결정 범위(총 정보기술 예산의 %)	• 전체 인소싱 • 선택적 아웃소싱 • 전체 아웃소싱	• 자원 근간이론	Lacity and Willcocks(1998); Lacity et al.(1996); Willcocks et al.(1995)
	핵심 대비 비핵심 기능	• 핵심기능 아웃소싱 • 일상기능 아웃소싱	• 핵심 역량 이론	Quinn and Hilmer(1994); Slaughter and Ang(1996)
	아웃소싱 규모	• 시스템 계획 및 관리 • 시스템 개발 및 유지보수 • 시스템 운영(데이터 센터, 네트워크 관리, 사용자 지원 등)	• 거래비용 이론 • 자원의존 이론	Ang and Straub(1998); Grover et al.(1996)
	아웃소싱 유형	• 서비스 아웃소싱 • 자산 아웃소싱	• 거래비용 이론	Bunker(1989); Loh and Venkatraman(1991, 1992)
전문업체 관계	계약 형태	• 매입(Buy-in) 계약 • 서비스 요금 지불(Fee-for-service) 계약 • 파트너십	–	Lacity and Willcocks(1998, 2001)
	계약 관계	• 계약 위주 관계 • 파트너십 위주 관계	• 사회교환 이론	Klepper(1995); Lee and Kim(2001)
	계약 유형	• 시간 및 내용(Time and materials) • 고정비(Fixed fee) • 고정비+변동요인(Fixed fee plus variable element) • 비용+관리비용(Cost plus mgt fee)	• 거래비용 이론 • 사회교환 이론	Fitzgerald and Willcocks(1994); Looff(1995)

		• 비용+인센티브(Fee plus incentive scheme) • 위험/이익 공유		
	관계 유형	• 지원(Support) • 연계(Alignment) • 의존(Reliance) • 연합(Alliance)	• 거래비용 이론	Nam et al.(1996)
아웃소싱 기간	계약기간	• 단기 • 중기 • 장기	–	Lacity and Willcocks(1998, 2001); Pinnington and Woolcock, (1995)
		• 단기 • 장기	• 거래비용 이론 • 사회교환 이론	Chalos(1995); Klepper(1994)
전문업체 수	서비스 공급업체의 수	• 단일업체 • 복수업체	• 거래비용 이론	Lacity and Willcocks(2001); Ngwenyama and Bryson(1999); Pinnington and Woolcock(1995); Saunders et al.(1997)

3.1.1 아웃소싱 정도

어느 정도의 범위를 아웃소싱할 것인가? 우리 기업의 모든 정보기술 기능을 아웃소싱할 것인지(전체 아웃소싱: Total Outsourcing) 아니면 특정 부분의 기능을 아웃소싱할 것인지(선택적 아웃소싱: Selective

Outsourcing)를 결정해야 한다. 전체 아웃소싱이란 정보기술 관련 업무 전체를 아웃소싱하는 경우이며, 선택적 아웃소싱이란 정보기술 기능의 일부만을 아웃소싱하는 경우를 말한다. [표 3-2]에 전체 아웃소싱과 선택적 아웃소싱의 주요 장단점을 비교하였다.

아웃소싱의 정도를 구분하는 또 다른 관점으로 자산 아웃소싱(Asset Outsourcing)과 서비스 아웃소싱(Service Outsourcing)을 들 수 있다. 자산 아웃소싱은 기업의 인원, 하드웨어, 소프트웨어 등과 같은 자산을 아웃소싱 범위에 포함하고, 이 자산들을 아웃소싱 전문업체에게 이관할 수 있다. 반면에 서비스 아웃소싱은 정보기술 자산의 이전 없이 특정 정보기술 기능만을 전문업체로부터 지원받는 것이다.

예를 들어, 시스템 관리(SM: System Management) 서비스는 보통 자산의 이동을 고려하지 않기 때문에 서비스 아웃소싱에 포함된다. 하

표 3-2 ▌전체 아웃소싱과 선택적 아웃소싱의 비교

구분	장점	단점
전체 아웃소싱	• 단일 창구를 통한 체계적 의사소통 가능 • 변화에 대한 조정이 용이 • 시스템 간 일관성과 통합성 유지 • 기업의 다른 부문에 역량 집중	• 전문업체에 종속될 우려 • 내부적인 정보화 수준의 급격한 저하 가능성 • 전문성이 부족할 가능성 • 전문업체가 제3자 업체와 계약 가능
선택적 아웃소싱	• 전문성 확보 가능 • 정보화 수준의 저하 방지 • 계약 변경 혹은 전문업체 변경 용이	• 다양한 전문업체들 간의 의사소통의 어려움 • 계약과정과 관리의 복잡성 • 책임소재의 불명확성 • 시스템 기능들 간의 통합성과 일관성 저하

지만 국내 대기업들이 그룹 내부에 정보기술 자회사를 설립하고, 다른 자회사들의 정보기술 관련 인원 및 장비를 이전하는 경우에는 자산 아웃소싱을 포함하고 있다. 또한 최근에 진행되었던 아웃소싱 계약들(예, 대한항공과 한국IBM, 풀무원과 링크웨어 등)은 인원과 장비들도 아웃소싱 전문업체에게 모두 이관하였다. 즉 기존의 정보시스템 개발 및 관리를 지원했던 서비스 아웃소싱에서 벗어나 자산 아웃소싱도 선택 가능한 아웃소싱 유형의 대안으로 고려되고 있다.

일반적으로 해외 기업의 경우에는 전체 아웃소싱을 수행할 때는 하나의 아웃소싱 전문업체를 사업자로 선정하는 경우가 많다. 반면에 선택적 아웃소싱을 할 때는 복수의 전문업체를 선정하고 각 전문업체별 전문 분야에 따라 아웃소싱 업무를 다르게 배정하고 모든 전문업체들과 동시에 계약을 진행하는 것이 일반적이다.

1990년대 초까지만 해도 전체 아웃소싱을 고려하는 기업은 그리 많지 않았다. 보편적으로 선택적 아웃소싱을 선호했지만, 1989년 코닥사가 수행한 전체 아웃소싱이 성공을 거두자 이를 하나의 타당한 대안으로 간주하는 기업이 많아졌다. 그 당시에는 고객 기업과 아웃소싱 전문업체 모두 아웃소싱에 대한 적절한 판단기준과 의사결정 모델이 부족했기 때문에 전략을 기준으로 아웃소싱 정도를 설정하기보다는 그때그때 필요에 의해서 아웃소싱 범위와 정도를 결정하였다. 하지만 정보기술 아웃소싱이 점차 확산되면서 다양한 형태의 서비스가 전문업체들에 의해 제공되기 시작하자 기업들은 전체 아웃소싱과 선택적 아웃소싱을 모두 선택 가능한 전략적 대안으로 고려하기 시작했다.

3.1.2 전문업체와의 관계

어떤 형태의 아웃소싱 관계를 전문업체와 형성하는 것이 적합한 것인가? 앞서 [표 3-1]에서 보듯이 다양한 형태의 계약이 고객 기업과 아웃소싱 전문업체 간의 관계 설정을 위해 사용되고 있다. 대표적으로 두 기업 간의 관계를 세 가지의 유형으로 구분하는데, 서비스 요금 지불 계약(Fee-for-service Contract), 매입 계약(Buy-in Contract) 그리고 파트너십(Partnership)이 여기에 해당된다.

첫째, 서비스 요금 지불 계약은 고객 기업이 아웃소싱 전문업체가 제공하는 정보기술 제품이나 서비스에 대한 비용을 사용한 만큼 지불하는 것이다. 많은 아웃소싱 계약이 이 유형을 사용하고 있으며, 요즘 기업들이 많이 활용하고 있는 클라우드 서비스도 기본적으로 이 방법을 따르고 있다.

둘째, 매입 계약은 고객 기업이 내부의 정보기술 역량을 높이기 위해 필요한 자원을 외부 전문업체로부터 구입하고 이에 대한 비용을 지불하는 것이다. 이런 경우에 구입한 정보기술 자원은 일반적으로 고객 기업 내부에서 관리된다.

마지막으로 파트너십 관계는 고객 기업과 전문업체가 아웃소싱 프로젝트의 가치를 창출하고 이를 극대화하기 위해 서로의 중요한 자원을 투자하고 공유하는 협력 관계를 의미한다. 고객 기업과 전문업체가 서로 투자를 통해 별도의 합작회사를 설립하는 경우가 여기에 해당된다. 또한 두 기업 간의 투자 없이 파트너십 관계를 형성하는 것도 가능하다. 아웃소싱 계약을 할 때 파트너십 관계를 형성한다는 것은 계약 관계에서 필요한 모든 항목과 조건을 명시하기보다는 계약서에는 단순하게 해당 아웃소싱 프로젝트의 목적을 위주로 명시하고 프로젝트를 진행하면서 발생하는 모든 문제는 서로 논의와 합의를 통해서 결정하도록 하는 것이다. 이런 경우에 아웃소싱 프로젝트로부터 발생하는 이익과 위험은 두 기업이 공동으로 공유할 수 있다.

어떤 기업들은 아웃소싱 전문업체와 장기간에 걸친 파트너십 계약을 맺는 것을 선호하지만, 또 다른 기업들은 계약 관계를 형성하는 것을 원한다. 일반적으로 아웃소싱 관계는 관리의 효율성과 예측성을 높이기 위해 계약을 위주로 진행되지만, 아웃소싱 프로젝트의 특성이 관계의 유연성을 필요로 하거나 불확실성이 높은 경우에는 파트너십 관계를 맺기도 한다. 결국 전문업체와 어떤 아웃소싱 관계를 형성하는 것이 최선

표 3-3 ▮ 계약 위주의 아웃소싱과 파트너십 위주의 아웃소싱 비교

구분	장점	단점
계약 관계	• 서비스 범위에 대한 명확한 정의 • 관리와 통제가 용이 • 비용에 대한 미래 예측성 증대 • 비핵심 기능의 아웃소싱에 적합	• 향후 발생할 이슈들을 계약 시점에 모두 예측 불가능 • 계약서에 명시되지 않은 상황 발생 시 대처 능력 저하 • 통제와 관리에 대한 비용 발생
파트너십 관계	• 전문업체와의 신뢰 및 믿음 • 프로젝트 진행에 대한 유연성 확보 • 전문업체와의 긴밀한 협조 가능 • 불확실한 이슈에 대한 대처 가능 • 비구조적 업무에 적합	• 전문업체의 관리 및 통제의 비효율성 • 미래비용에 대한 예측성 저하 • 불명확한 프로젝트의 역할 및 책임 • 단기 프로젝트에는 부적합

인가 하는 것은 고객 기업이 원하는 아웃소싱의 목적과 비즈니스 상황에 따라 달라질 수 있다. 아웃소싱 전문업체와 계약 관계(Contractual Relationship) 또는 파트너십 관계(Partnership Relationship)를 형성할 때 기대되는 주요 장단점을 [표 3-3]에 정리하였다.

3.1.3 아웃소싱 기간

정보기술 아웃소싱의 이익을 극대화하기 위해서 필요한 기간은 어느 정도일까? 물론 아웃소싱 프로젝트의 규모와 복잡도가 증가할 수록 전반적인 기간이 늘어난다. 하지만 동일한 규모의 프로젝트를 아웃소싱하면서 기업에 따라 단기, 중기 또는 장기 계약을 체결하는 경우가 있다.

정보기술 아웃소싱에서 일반적으로 단기는 4년 이하의 계약, 중기는 4~7년의 계약, 장기는 7년 이상의 계약을 말한다. 기존 연구와 실제 아웃소싱 프로젝트들은 상반된 결과를 보여주고 있다. 예를 들어, 장기 아웃소싱 계약은 미래에 대한 비용의 예측성을 증대시키고 위험과 불확실성을 줄일 수 있는 반면에, 단기 아웃소싱 계약은 고객 기업이 아웃소싱으로 인한 비용절감효과를 명확히 분석할 수 있고 계약이 완료되는 시점에 현재의 아웃소싱 전문업체를 다른 업체로 교체할 수 있기 때문에 전문업체의 성과를 증진시킬 수 있으며 문제 발생 시 빨리 회복할 수 있다는 장점이 있다.

과거에는 정보기술 아웃소싱의 이익을 극대화하기 위해서는 장기 아웃소싱 계약이 필요하다고 생각하는 기업들이 많았다. 그 이유는 아웃소싱의 성공을 이루기 위해서는 전문업체들이 업무에 적응 기간(최소 2년)이 필요하며, 이 기간이 지나야만 전문업체가 가지고 있는 규모의 경제와 범위의 경제를 통해 기업이 원하는 이익을 달성할 수 있다고 생각한 것이다.

하지만 일단 장기 계약이 형성되고 나면 전문업체들이 계약서상의 명시된 내용에만 치중하거나, 아직 계약이 이루어지지 않은 잠재 고객 기업들과의 관계 형성에 더 많은 노력을 기울인다는 것을 인식하였다. 이로 인해 단기 계약의 필요성이 대두되었다. 또한 장기 계약을 하는 경우라도 무조건 계약기간 동안 해당 전문업체와 지속적으로 관계를 유지하는 것이 아니라 전문업체의 성과를 매년 평가하고 평가 결과에 따라 재계약 여부를 결정하는 새로운 계약 방식도 대두되었다. 이런

표 3-4 ▌ 단기 아웃소싱과 장기 아웃소싱 비교

구분	장점	단점
단기 아웃소싱	• 명확한 비용분석효과 • 전문업체의 성과증진효과 • 문제로부터 빠른 회복 가능 • 필요시 전문업체 교체 가능	• 특정 기간마다 전문업체의 교체로 인한 혼란 • 주기적으로 전문업체 교체비용 발생 • 제공되는 서비스의 안정성과 통합성 저하
장기 아웃소싱	• 미래에 대한 비용 예측성 증대 • 위험과 불확실성 감소 • 전문업체 규모의 경제효과 극대화 • 전문업체와의 친밀한 관계 형성	• 계약 내용에만 치중한 서비스 제공 • 새로운 고객 발굴로 인한 전문업체의 기회주의적 활동 • 전문업체에 대한 의존도 증대

방식은 매년 계약을 갱신하기 때문에 전문업체들의 기회주의적인 행동을 줄일 수 있고, 이 기간 동안의 성과를 바탕으로 재계약 여부를 결정하기 때문에 전문업체들이 최선의 노력을 기울이도록 유도할 수 있다. 반면에 고객 기업들은 전문업체를 주기적으로 교체할 가능성이 있어서 교체비용과 불안정한 관계에서 발생하는 불이익을 감수해야만 한다. [표 3-4]에 장기 아웃소싱과 단기 아웃소싱의 주요 장점과 단점을 정리하였다.

3.1.4 아웃소싱 전문업체 수

정보기술 아웃소싱을 통해 위험을 최소화하고 가치를 최대화하기 위해서는 단일 전문업체(Single Vendor Approach) 또는 복수 전문업체(Multiple Vendors Approach) 중에서 어떤 것이 더 효과적일 것인가? 코닥사와 같은 사례에서 보듯이 복수의 전문업체와 아웃소싱 계약을 하는 것도 가능한 대안이다. 또한 대형 아웃소싱 프로젝트인 경우에 복수의 전문업체들이 컨소시엄을 구성하고 그 중에서 대표 전문업체가 고객 기업과 계약을 체결하고 모든 전문업체들이 함께 프로젝트를 진행하는 사례도 국내외에서 많이 찾아볼 수 있다.

과거에는 하나의 아웃소싱 프로젝트에서는 당연히 하나의 전문업체를 활용하는 것이 일반적인 방법으로 간주되었으나, 최근에는 단일 전문업체에게 아웃소싱을 하기보다는 복수의 전문업체에게 프로젝트를 아웃소싱하는 경우가 많아지고 있다. 그 이유는 정보기술 아웃소싱이 제공하는 서비스의 범위가 넓어지고 다양해졌기 때문에 고객 기업들이 각 전문업체마다 가지고 있는 특정 분야의 전문성을 최대로 활용하고자 하기 때문이다. 따라서 하나의 정보기술 프로젝트를 반드시 하나의 전문업체에게 아웃소싱할 필요는 없다.

복수의 전문업체를 활용하면 고객 기업은 보편적으로 낮은 비용과 높은 전문업체의 성과를 기대할 수 있는데, 그 이유는 고객 기업이 언제든 좋은 성과를 보여주지 못하는 전문업체를 다른 업체로 교체할 수 있기 때문이다. 또한 이로 인해 고객 기업의 협상력(Bargaining Power)을 증진시킬 수 있다. 반면에 단일 전문업체와 계약을 맺으면 해당 전문업체와 아주 강한 유대관계를 형성할 수 있고, 필요시 전문업체와 오랜 기간 동안 관계를 효율적으로 유지할 수 있다. 단일 전문업체와 복수의 전문업체와의 관계 형성에 대한 주요 장점과 단점을 [표 3-5]에 정리하였다.

표 3-5 ▌단일 전문업체와 복수 전문업체의 비교

구분	장점	단점
단일 전문업체	• 전문업체와의 강한 유대관계 • 의사소통 채널의 단일화 • 제공되는 서비스의 통합성 • 장기 관계 형성의 효율성	• 전문업체에 대한 높은 의존도 • 고객 기업 내부에 전문가 부재 시 전문업체 제안을 대부분 수용 • 높은 교체비용
복수 전문업체	• 고객 기업의 협상력 증대 • 비용절감의 효과 • 높은 전문업체의 성과 유도 • 전문업체의 서로 다른 전문성 활용	• 의사소통 및 거래비용 증대 • 의사소통 채널의 복잡성 • 전문업체 간의 불화의 가능성 • 통합된 서비스 제공의 어려움

복수의 전문업체들이 컨소시엄을 구성하여 고객 기업과 관계를 형성하는 방법에는 두 가지가 있다. 첫 번째 방법은 모든 전문업체들을 동등한 계약자로 간주해서 각 전문업체별로 계약을 진행하는 것이고, 두 번째 방법은 그중 하나의 전문업체를 주계약자로 선정하고 다른 전문업체들은 다시 주계약자인 전문업체와 계약을 하도록 하는 방법이다([그림 3-2] 참조). 전자는 고객 기업이 원하는 전문업체들의 전문성을 직접 체험할 수 있는 장점이 있는 반면에 상대적으로 의사소통비

그림 3-2 복수 전문업체들과의 두 가지 관계구조

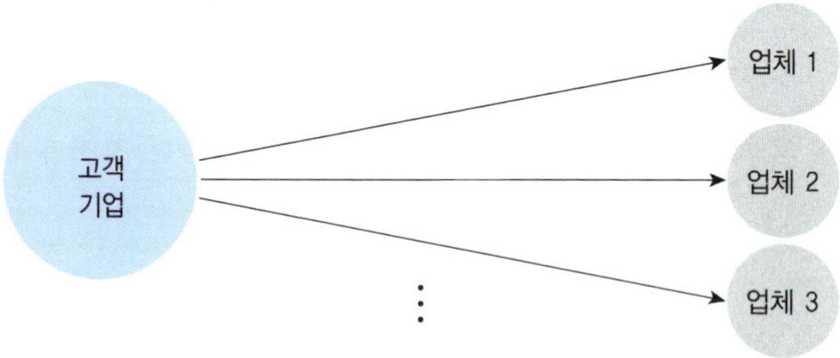

(a) 일반적인 복수 전문업체와의 관계 모델

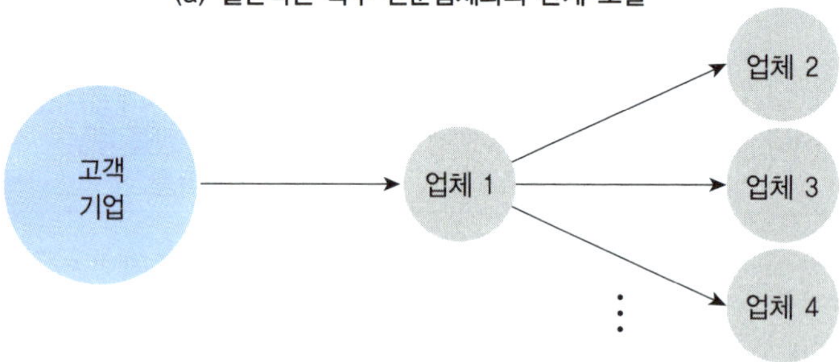

(b) 컨소시엄 형태의 복수 전문업체와의 관계 모델

용과 거래비용이 증가한다. 후자는 전문업체들과의 대화 창구를 단일화하여 의사소통비용을 줄일 수 있지만, 모든 전문업체들을 직접 통제관리할 수 없다는 단점이 있다.

3.2 아웃소싱 전략 유형 및 연계

앞에서 언급했듯이 아웃소싱 전략이라는 것도 사실 아웃소싱의 대상을 선정할 때처럼 기업의 내부 및 외부 환경을 고려하여 결정해야 한다. 특히 아웃소싱 전략을 설정할 때는 기업의 비즈니스 전략을 이해하고 이들을 상호 유기적으로 연계하는 것이 필요하다.

효과적인 정보기술 아웃소싱 전략은 급속한 외부 환경의 변화 속에서 아웃소싱 프로젝트를 성공적으로 수행하기 위해 중요한 요소이다. 또한 정보기술 아웃소싱의 동기가 이전에는 비용절감에 초점을 맞추던 것이 최근에는 비즈니스의 성과 향상을 새롭게 강조함에 따라, 보다 높은 아웃소싱 이익과 기업의 성과를 얻기 위해서는 아웃소싱 전략과 비즈니스 전략의 연계(Alignment) 또는 적합성(Fit)이 기업들에게 중요한 이슈가 되고 있다.

따라서 기업이 직면한 중요한 문제는 기업의 전략적 방향과 연계하여 아웃소싱 전략을 효과적으로 구성하고 적용하는 것이다. 아웃소싱 전략과 비즈니스 전략의 연계에 대해 충분히 고려하지 않은 아웃소싱 프로젝트는 기업의 능력과 역량의 감소, 예기치 않은 위험에 대한 노출, 나아가 아웃소싱 프로젝트 자체의 실패를 가져올 수 있다. 이렇게 아웃소싱 전략을 효과적으로 설정하고 이를 비즈니스 전략과 적절히 연계하는 것이 중요함에도 불구하고, 이 이슈는 정보기술 아웃소싱 분야의 연구자들과 실무자들로부터 지금까지 많은 관심을 받지 못하고 있는 실정이다.

본 장에서는 우선 아웃소싱 전략과 비즈니스 전략의 대표적인 유형을 살펴보고, 이들 간의 연계에 대해 논의하도록 한다.

3.2.1 아웃소싱 전략 유형

정보기술 아웃소싱의 프로세스 모델에 따르면, 아웃소싱 전략의 선택은 아웃소싱 여부를 결정하고 난 이후 바로 다음 단계이다. 그 다음 단계로는 전문업체들의 평가 및 선택, 계약협상, 아웃소싱 실행, 계약관리 그리고 성과 피드백 등이 있으며, 이들은 아웃소싱 초기 단계에서 설정된 전략을 근간으로 진행되어야 한다. 이것은 결국 아웃소싱 초기 단계에서 설정된 아웃소싱 전략의 적절성이 아웃소싱의 전략적 의도를 달성하는 데 결정적인 역할을 한다는 것을 의미한다.

아웃소싱 전략에 대한 다양한 정의가 있지만 일반적으로 "정보기술 아웃소싱의 의사결정들에 대한 기업의 논리적인 포트폴리오(Portfolio)"라고 정의될 수 있다. 이 논리적인 포트폴리오는 특정 정보기술 기능의 아웃소싱에 대한 의사결정 방향을 제시해 주기도 하고, 개개의 아웃소싱 의사결정들에 대한 전체적이고 통합적인 패턴을 제시해 주기도 한다.

따라서 전략이라는 것은 의식적으로 만들어지는 하나의 의사결정이 아니라 오히려 필요한 몇 가지의 의사결정들의 집합체라고 할 수 있다. 다시 말해 앞에서 설명했던 아웃소싱 전략의 네 가지 구성요소들 — 아웃소싱의 정도(최소, 선택적 또는 전체 아웃소싱), 아웃소싱 기간(단기, 중기 또는 장기 아웃소싱), 전문업체와의 관계 유형(계약 위주 또는 파트너십 위주의 아웃소싱) 및 전문업체의 수(단일 또는 복수 전문업체 아웃소싱) — 을 어떻게 조합하는가에 따라 다른 형태의 정보기술 아웃소싱 전략을 구성할 수 있는 것이다.

기존의 연구들과 현장에서 아웃소싱을 실제적으로 수행한 전문가들과의 인터뷰를 통해 정보기술 아웃소싱 전략에서 대표적으로 사용하고 있는 세 가지 유형을 제시하고자 한다. 즉 독립 전략(Independent Strategy), 한정적 거래 전략(Arm's-length Strategy), 내재 전략(Embedded Strategy)이 그것이다. 이 세 가지 아웃소싱 전략은 기업들이 적용하고 있는 세 가지 형태의 통제구조(Governance Structure), 즉 계층구조(Hierarchical Structure), 시장구조(Market Structure), 네트워크 구조(Network Structure)와 맥락을 같이하고 있다. 다음에서는 각 아웃소싱 전략에 대하여 자세히 설명하도록 한다.

● 독립 아웃소싱 전략(Independent Outsourcing Strategy)

독립(또는 계층적) 아웃소싱 전략을 채택한 고객 기업들은 주로 아웃소싱 전문업체와의 관계가 일시적이며, 단기간 동안에만 전문업체와 필요한 작업을 진행한다. 이런 경우 고객 기업이 필요한 정보기술 자원이 외부로부터 획득되기는 하지만 획득한 자원은 기업 내부에서 관리 운영된다. 따라서 이 아웃소싱 전략을 채택한 기업들은 시장에서 필요한 자원과 관리 능력을 함께 획득하는 다른 기업들에 비해 상대적으로 비용의 효율성은 낮을 수밖에 없다.

그러나 다른 아웃소싱 전략들에 비해 독립 아웃소싱 전략이 가지는 가장 큰 장점은 기업의 운영절차와 전략적 역량의 증대를 들 수 있다. 이 전략을 채택한 기업들은 외부로부터 새롭게 얻어진 지식을 기업 내부의 업무 프로세스에 반영하여 전체적인 프로세스의 효율성을 높인다. 또한 독립 아웃소싱 전략은 기업의 중요한 자원과 역량에 대한 외부의 의존도를 최소화시킨다. 따라서 이러한 전략은 기업 고유의 전략적 능력을 개발하고 향상시키는 데 적합하다고 할 수 있다.

정리하면 독립 아웃소싱 전략은 최소 아웃소싱(Minimal Outsourcing), 매입 계약(Buy-in Contract), 단기(Short-term), 단일 전문업체(Single Vendor) 전략을 추구하여, 비즈니스와 정보기술을 핵심 역량으로 통합함으로써 정보기술 아웃소싱의 이익을 얻고자 하는 것이다.

● 한정적 거래 아웃소싱 전략(Arm's-length Outsourcing Strategy)

한정적 거래(또는 시장적) 아웃소싱 전략을 선택한 기업들은 정보기술 아웃소싱을 전문업체들과의 독립적 관계로 보고 있어서, 필요한 정보기술 자원을 필요한 시점에 적절한 전문업체로부터 그때그때 획득한다. 다시 말해 아웃소싱 전문업체들과 장기적이고 친밀한 관계를 형성하기보다는 그들이 보유하고 있는 필요한 지식과 자원을 원하는 시점에 획득하는 것이 주요 관심사이다. 그로 인해 기업들은 아웃소싱 전문업체들을 언제든지 교체할 수 있다.

해당 아웃소싱 전략에서는 전문업체들의 의무와 책임을 상세하고 명확하게 아웃소싱 계약서에 작성해야 하고, 계약서에 명시되지 않은 내용에 대한 책임과 의무는 주로 전문업체에게 귀속된다. 또한 아웃소싱 전문업체들의 기회주의적인 행동을 최소화하기 위해서 장기간의 아웃소싱 관계는 지향하지 않는다. 즉 이 전략의 궁극적인 목적은 시장으로부터 필요한 자원을 적시에 획득함으로써 비용의 효율성을 높이는 데 있다.

요약하자면 한정적 거래 아웃소싱 전략은 선택적 아웃소싱(Selective Outsourcing), 서비스 요금 지불 계약(Fee-for-service Contract), 중기(Medium-term), 복수 전문업체(Multiple Vendors) 전략을 추구함으로써 비즈니스의 재정적, 비용적 효율성을 향상시키는 데 초점을 두고 있다.

● 내재 아웃소싱 전략(Embedded Outsourcing Strategy)

독립적 아웃소싱 전략이 필요한 지식을 외부로부터 획득하여 기업이 원하는 지식을 활용할 수 있는 능력, 즉 지식 활용(Knowledge Application)을 촉진시키는 반면에, 내재 아웃소싱 전략은 지식 이전과 획득(Knowledge Transfer and Acquisition)을 촉진시키는 능력에 초점을 두고 있다.

경제적 교환은 친밀한 사회적 관계를 유지하고 있는 외부 전문업체들과의 안정된 네트워크를 통해 주로 발생한다. 이러한 관계에서 내재 아웃소싱 전략은 가격을 최소화하는 것보다는 오히려 아웃소싱 전문업체들과의 관계를 매우 친밀하게 형성해서 마치 이들이 기업 내부 조직의 일부인 것처럼 만드는 것이다. 다시 말해 내재 아웃소싱 전략은 아웃소싱 전문업체들과 파트너십을 형성해서 마치 한 회사에서 지식 이전을 하는 것 같은 상황으로 만들고자 하는 것이다.

따라서 이 전략을 추구하는 기업들은 아웃소싱 전문업체들과 안정적이면서 장기간의 관계를 형성하고 유지하고자 한다. 아웃소싱 전문업체들의 기회주의적 행동들은 장기적인 관계 형성으로 최소화될 수 있다. 이러한 아웃소싱 관계에서는 프로젝트 진행에서 발생하는 문제들을 해결하기 위해 고객 기업과 아웃소싱 전문업체들이 서로 논의하고, 시장에서 구할 수 없는 정보와 지식들도 서로 공유한다.

결국 내재 아웃소싱 전략을 채택한 기업들은 전체 아웃소싱(Total Outsourcing), 파트너십(Partnership), 장기(Long-term) 그리고 단일 전문업체(Single Vendor)와 관계를 추구하며, 이를 바탕으로 기술적 자원과 서비스의 유연성을 증진시키고 새로운 비즈니스 기회를 창출하는 것에 목적을 두고 있다.

위에서 언급한 세 가지 정보기술 아웃소싱 전략(독립 전략, 한정적 거래 전략 및 내재 전략)을 기준으로 실제 기업들은 어떠한 전략을 주로 채택하고 있으며, 어떠한 전략을 채택했을 때 높은 아웃소싱 성과를 보여주고 있는지를 확인해 보고자 하였다. 이를 위해 국내 1,000대 기업을 대상으로 설문조사를 하였고, 이 중에서 총 311개 기업들이 응답하였다.

응답 결과에 따르면, 독립 전략을 채택한 기업은 전체 기업의 20.1%, 한정적 거래 전략은 20.4%, 내재 전략은 17.6%, 그리고 기타 다양한 소수 전략들을 채택한 기업은 19.6%를 차지하고 있었다. 따라서 위에서 언급한 세 가지 아웃소싱 전략을 현장의 많은 기업들이 집중적으로 채택하고 있다는 것을 확인할 수 있었다.

한 가지 새로운 발견은 이 세 가지 주요 전략 외에 국내 기업들이 집중적으로 채택하는 아웃소싱 전략이 하나 더 있다는 것이다. 전체 기업의 약 22.3%를 차지하고 있는 이 아웃소싱 전략은 전체 아웃소싱(Total Outsourcing), 파트너십(Partnership), 장기(Long-term) 그리고 복수 전문업체(Multiple Vendors)와의 관계로 구성되어 있다. 새롭게 발견된 이 아웃소싱 전략은 기본적으로 내재 전략과 유사하지만, 유일한 차이점은 단일 아웃소싱 전문업체가 아닌 복수의 전문업체들과 계약을 한다는 것이다.

따라서 해당 전략을 채택한 기업들은 내재 전략이 가지고 있는 모든 장점을 얻을 수 있으며, 복수 전문업체들과의 파트너십 관계 형성을 통해 각각의 전문업체들이 보유하고 있는 기술적, 관리적 전문성을 빠르게 획득하고 이를 비즈니스에 적용할 수 있다.

본 설문조사에서 새롭게 발견된 아웃소싱 전략은 내재 전략이 진화된 형태로서, 급변하는 환경에서 다양한 기술과 전문지식이 필요한 기업들이 하나의 전문업체가 아닌 복수의 전문업체들과 관계를 설정하고 이를 통해 원하는 지식을 얻고자 하는 것으로 보인다. 이런 관점에서 본 아웃소싱 전략을 '네트워크 전략(Network Strategy)'이라고 명명하도록 한다. 정리하면 산업 현장에서 채택되는 정보기술 아웃소싱 전략은 크게 독립 전략, 한정적 거래 전략, 내재 전략 그리고 네트워크 전략으로 구분할 수 있다.

그럼 이 네 가지의 아웃소싱 전략을 채택한 기업들 중에서 어떤 전략을 채택한 기업들이 보다 좋은 아웃소싱 성과를 보여주고 있는 것일까? 본 설문조사의 결과를 분석한 내용을 [그림 3-3]에 정리하였다.

우선 한정적 거래 전략을 채택한 기업들은 아웃소싱의 세 가지 목적

그림 3-3 아웃소싱 전략과 성공의 관계

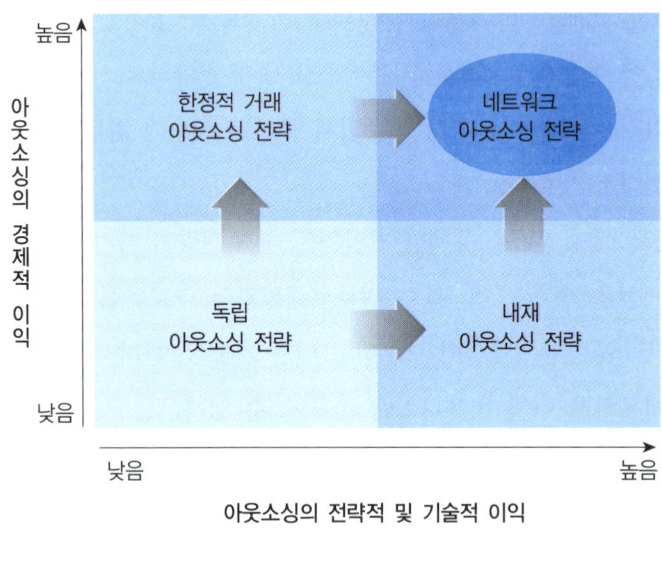

(경제적, 기술적 그리고 전략적 측면) 중에서 경제적 측면에서 가장 좋은 성과를 보여주고 있다. 정보기술을 선택적으로 아웃소싱하고, 제공받은 서비스 양만큼 사용료를 지불하고, 전문업체들의 기회주의적인 행동을 줄이기 위해 장기가 아닌 중기 계약을 선호하는 기업들은 한정적 거래 전략을 통해 정보기술비용의 효율적 관리가 가능하다.

내재 전략을 채택한 기업들의 경우에는 아웃소싱의 경제적 이익보다는 전략적 이익과 기술적 이익 관점에서 높은 성과를 보여주고 있다. 해당 아웃소싱 전략을 채택한 기업들은 아웃소싱 전문업체와 긴밀한 파트너십을 형성해서 전문업체가 마치 고객 기업 내부의 일부분인 것처럼 관계를 설정한다. 이를 통해서 고객 기업은 기술적 서비스의 전문성을 획득하고 업무의 융통성을 향상시킬 수 있게 된다.

본 설문조사에서 새롭게 발견된 네트워크 전략의 경우에는 경제적, 기술적 및 전략적 측면에서 모두 가장 높은 아웃소싱 성과를 보여주고 있다. 내재 전략의 변형된 형태의 전략으로서, 이를 채택한 기업들은 내재 전략이 보여주는 아웃소싱의 전략적, 기술적 이익을 얻을 수 있을 뿐만 아니라 복수의 전문업체들과의 관계 형성을 통해 다양한 지식 획득과 새로운 비즈니스의 기회 창출이 가능하다. 또한 복수의 전문업체들을 서로 경쟁시키고 낮은 성과를 보여주는 전문업체를 쉽게 교체함으로써 경제적 이익을 달성할 수 있다.

마지막으로 독립 전략은 정보기술 자원을 시장에서 필요할 때 획득하고 이를 내부에서 관리함으로써 외부 전문업체에 대한 의존도를 최소화하고 이를 통해 어느 정도의 경제적 이익을 달성할 수는 있지만 아웃소싱의 전략적, 기술적 이익은 다른 전략들에 비해 상대적으로 낮은 것으로 분석되었다.

따라서 어떤 아웃소싱 전략을 선택하느냐에 따라 다른 형태의 아웃소싱 성과를 달성할 수 있으며, 아웃소싱의 전략적, 기술적 및 경제적 이익 관점에서 기업들이 우선적으로 고려해야 하는 전략은 네트워크 아웃소싱 전략인 것으로 보인다.

3.2.2 아웃소싱 전략과 비즈니스 전략 연계

비즈니스 전략은 환경의 변화를 고려하여 내부의 기업 운영을 통합적으로 관리하는 하나의 메커니즘(Mechanism)이라고 할 수 있다. 기업들이 생존하고 경쟁력을 가지기 위해서는 기업 환경과 지속적이고 적절한 연계를 형성하고 유지해야 한다. 다양한 형태의 연계를 통해서 기업들은 여러 유형들의 비즈니스 전략을 고려하고 개발할 수 있다.

이러한 다양한 형태의 비즈니스 전략을 현장의 기업들이 오랫동안 개발하고 적용하여 왔다. 대표적으로 기업이 추구할 수 있는 비즈니스 전략은 크게 수비 전략(Defenders), 혁신 전략(Prospectors) 그리고 분석 전략(Analyzers)으로 구분된다.* 본 장에서는 각각의 비즈니스 전

* Miles and Snow(1978)는 비즈니스 전략의 네 번째 형태인 방어 전략(Reactors)을 제시하였다. 그러나 대부분 이전 연구에서 방어 전략은 독자적인 전략이 아니며, 다른 세 가지의 전략과 다르게 독립적인 전략이기보다는 시간이 지나면서 다른 전략으로 변화되기 때문에 배제되어 왔다. 따라서 본 책에서도 이를 제외한다.

그림 3-4 아웃소싱 전략과 비즈니스 전략의 연계

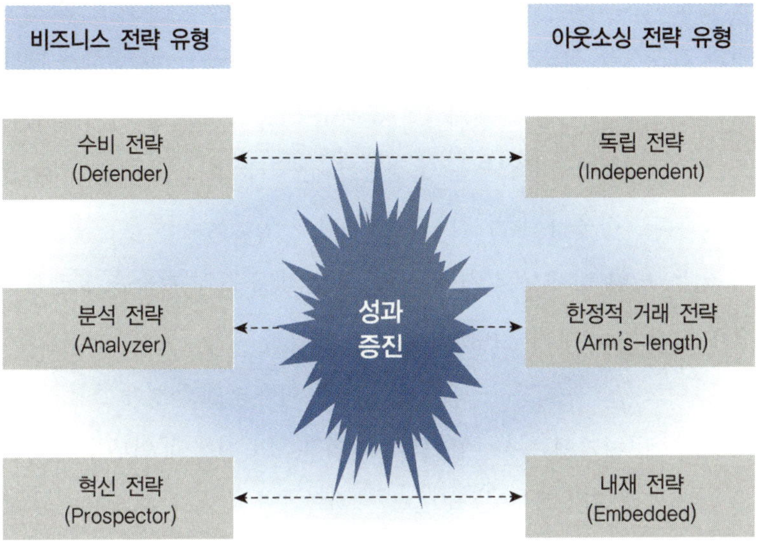

략과 앞에서 언급한 세 가지의 아웃소싱 전략 간의 효과적인 연계에 대하여 논의하고자 한다([그림 3-4] 참조).

● 수비 전략과 독립 아웃소싱 전략의 연계

수비 전략을 채택한 기업들은 상대적으로 안정적인 제품과 서비스를 바탕으로 시장을 결정하고, 이를 지속적으로 관리, 유지하고자 한다. 많은 경우에 기업들은 해당 산업에서 새로운 시장개척을 통해 선두 기업이 되고자 하지는 않는다. 즉 낮은 가격으로 높은 품질과 표준화된 제품 및 서비스를 제공함으로써 해당 산업에서 안정적이고 예측

가능하지만, 한정된 틈새시장을 주로 공략한다.

따라서 비용을 낮추기 위하여 주로 엄격한 관리에 초점을 두고 기업 운영의 효율성을 강조한다. 운영의 효율성으로 인해 수비 전략을 채택한 기업들은 기계적이고 체계적인 조직구조를 가질 뿐만 아니라 다른 비즈니스 전략들에 비해 높은 고정자산 강도(Fixed-asset Intensity)를 가지게 된다. 더욱이 수비 전략을 채택한 기업들은 새로운 기회를 현재의 업무 영역 밖에서 찾지 않으며, 기업의 구조와 기술을 조정하지 않으려고 하는 경향이 있다.

해당 비즈니스 전략은 구조적 안정성과 비용의 효율성에 초점을 맞추기 때문에, 여기에 속한 기업들은 기업구조의 변화와 외부 기업들에 대한 의존도를 최소화하고, 비즈니스 계획과정을 보다 체계적으로 형식화(Formality)하고 이를 통해 규모의 경제를 최대화해서 필요한 자원들을 외부 시장으로부터 획득하고자 한다. 자원을 획득하는 과정이 잘 계획되어 있고 체계적이기 때문에, 수비 전략 기업들은 외부에서 획득한 자원과 지식을 기업 내부의 업무와 연계하고 내재화하는 과정이 매우 효율적이다.

이러한 이유로 수비 전략 기업들에게는 독립 아웃소싱 전략 — 최소 아웃소싱(Minimal Outsourcing), 매입 계약(Buy-in Contract), 단기(Short-term), 단일 전문업체(Single Vendor) 전략 — 이 다른 비즈니스 전략들에 비해 보다 높은 아웃소싱 성과를 얻기에 효과적이다.

● 분석 전략과 한정적 거래 아웃소싱 전략의 연계

분석 전략을 채택한 기업들은 주로 상대적으로 안정적이고 한정된 제품과 서비스를 유지하려고 하기 때문에 새로운 영역으로 이동하기 위해서는 항상 세밀한 분석을 통해 가능성을 확인하고, 높은 가능성이 있는 영역에 대해서만 선택적으로 비즈니스를 확대한다. 이러한 형태의 기업 전략은 공식적인 계획과정을 강조하는 경향이 있으며, 비용과 효율성 간의 균형을 맞춤으로써 시장 내에서 선도 기업이 되기보다는 추종 기업이 되려고 한다.

이런 측면에서 보면 분석 전략 기업들은 어느 정도의 위험 감수와 혁신을 통해 비용절감과 효율성을 추구함으로써 수비 전략과 혁신 전략을 채택한 기업들의 특성을 혼합하여 사용하는 경향이 있다. 분석 전략 기업들은 새로운 시장을 창출하지는 않지만, 혁신 전략 기업들을 빠르게 따라가는 추종 기업이기도 하다. 즉 주어진 상황에 대한 심도 깊은 분석을 통해 성장에 대한 기회를 최대화하고 위험을 최소화하고자 노력한다. 분석된 결과를 바탕으로 직면한 문제를 해결할 수 있는 최적의 가능한 대안들을 도출한다.

분석 전략 기업들은 항상 분석적이고 종합적인 관점에서 주어진 상황을 이해하기 때문에, 외부 기업들과 장기간의 관계는 회피하려는 경향이 있다. 대신에 위험을 줄이고 비용의 효율성을 관리하기 위하여, 외부 기업들과는 항상 명확하고 상세하게 기술된 계약을 통해 관계를 형성한다. 이와 같이 종합적인 의사결정을 가능하게 하는 분석적 접근이 분석 전략 기업들에게 적합하다.

결론적으로 분석 전략 기업들에게는 한정적 거래 아웃소싱 전략 — 선택적 아웃소싱(Selective Outsourcing), 서비스 요금 지불 계약(Fee-for-service Contract), 중기(Medium-term), 복수 전문업체(Multiple Vendors) 전략 — 이 아웃소싱의 이익을 얻는 데 가장 적합하다.

● 혁신 전략과 내재 아웃소싱 전략의 연계

혁신 전략을 채택한 기업들은 주로 새로운 제품과 서비스를 추가하고 변화시킴으로써 시장에서 선두 기업이 되고자 한다. 혁신 전략 기업들은 시장 환경 변화에 대한 신속한 대응을 위해 유연성을 가지고자 노력한다. 다시 말해 혁신 전략은 지속적으로 새로운 상품 또는 서비스 그리고 시장으로부터 새로운 기회를 찾고자 한다.

비록 혁신성과 유연성을 강조하는 것이 기업 통제의 부족과 운영적 효율성 저하를 가져오기는 하지만, 혁신 전략 기업들은 새로운 제품과 서비스를 개발하고 새로운 기회를 찾는 것에 엄청난 노력과 시간을 투자한다. 역동적인 환경에서 이러한 노력이 제구실을 하기 위해서는 유기적인 기업구조와 함께 기술적인 유연성을 추구한다.

유연성에 초점을 두고 있는 혁신 전략 기업들은 상품, 서비스 및 시장이 자주 변화하기 때문에 비즈니스에 대한 비체계적인 계획과정을 보유하고 있는 경향이 있다. 새로운 기회를 발굴하기 위해서 보다 비공식적 계획과정을 가지는 것이 필요한데, 이는 외부 기업들과 관계를 형성할 때 필요한 조건들과 요구사항을 상세하게 명시하는 것은 기업의 유연성과 혁신성을 실현하는 데 저해요인이 된다고 생각하기 때문이다. 다시 말해 상세하게 명시화된 계약보다는 상호 신뢰를 바탕으로 한 독점적인 관계가 선호되고, 이를 통해 혁신 전략 기업과 외부 기업들은 시장 내에서는 얻을 수 없는 가치 있는 정보와 지식을 서로 공유한다.

따라서 혁신 전략을 추구하는 기업들에게는 내재 아웃소싱 전략 — 전체 아웃소싱(Total Outsourcing), 파트너십(Partnership), 장기(Long-term) 그리고 단일 전문업체(Single Vendor) 전략 — 이 성공적인 아웃소싱을 실현하기 위해 가장 적합하다.

비즈니스 전략의 효과적인 설정과 관리는 기업의 성과 향상에 매우 중요하다. 이런 관점에서 비즈니스 전략과 아웃소싱 전략의 효과적인 연계가 반드시 이루어져야 한다. 더욱 중요한 것은 특정 비즈니스 전략이 보다 높은 성과를 도출하기 위해서는 이에 적합한 정보기술 아웃소싱 전략을 개발하고 연계시켜야 한다. 특정 비즈니스 전략과 이 비즈니스 전략에 필요한 특정 아웃소싱 전략 간의 상보성(Complementarity)이 존재하는 것이다. 따라서 비즈니스 전략과 아웃소싱 전략 사이의 적합한 연계를 가진 기업들은 그렇지 못한 기업들에 비해 보다 높은 기업 성과와 아웃소싱 성과를 이끌 수 있다.

실제로 현장에서 기업들이 두 가지 전략 간의 연계를 진행하는 패턴을 알아보기 위해 국내 500대 기업을 대상으로 설문조사를 실시하여, 이 중에서 총 136개 기업의 응답을 받았다. [표 3-6]은 응답한 기업들이 비즈니스 전략과 아웃소싱 전략을 각각 어떻게 채택(a)하고 있는지

표 3-6 ▌아웃소싱 전략과 비즈니스 전략의 연계 형태

(a) 각각의 전략

비즈니스 전략			아웃소싱 전략		
형태	빈도	백분율(%)	형태	빈도	백분율(%)
수비 전략	57	41.9	독립 전략	55	40.4
혁신 전략	39	28.7	한정적 거래 전략	29	21.3
분석 전략	40	29.4	내재 전략	52	38.3
전체	136	100	전체	136	100

(b) 비즈니스 전략과 아웃소싱 전략의 연계 (빈도(백분율 %))

형태		비즈니스 전략			
		수비 전략	혁신 전략	분석 전략	총합
아웃소싱 전략	독립 전략	25(18.4)	14(10.3)	16(11.8)	55(40.5)
	한정적 거래 전략	11(8.1)	11(8.1)	7(5.1)	29(21.3)
	내재 전략	21(15.4)	14(10.3)	17(12.5)	52(38.2)
	전체	57(41.9)	39(28.7)	40(29.4)	136(100)

그리고 이 두 가지의 전략에 대한 연계 패턴(b)을 빈도와 백분율로 정리하였다.

또한 [표 3-6]에 있는 자료를 바탕으로 비즈니스 전략과 아웃소싱 전략 사이에 존재하는 연계 패턴들이 아웃소싱 성공(업무수행의 효율성, 기술적인 리더십 및 업무 요구에 대한 반응성)에 어떠한 영향을 미치는지를 분석하고 그 결과를 [표 3-7]에 간단히 정리하였다.

표 3-7 ▌아웃소싱 성공을 위한 전략적 연계 패턴

(a) 수비 전략과 세 가지의 아웃소싱 전략 (빈도(백분율 %))

패턴 / 아웃소싱 성공	수비 전략 & 독립 전략	수비 전략 & 한정적 거래 전략	수비 전략 & 내재 전략
	평균(표준편차)		
업무수행의 효율성	7.82(1.51)	6.82(1.08)	7.16(1.28)
기술적인 리더십	7.90(1.71)	6.27(1.27)	6.29(2.17)
업무 요구에 대한 반응성	7.45(2.08)	6.36(1.03)	7.22(1.55)
전체 아웃소싱 성공	7.43(1.26)	6.48(1.07)	7.18(1.61)

(b) 분석 전략과 세 가지의 아웃소싱 전략 (빈도(백분율 %))

패턴 / 아웃소싱 성공	분석 전략 & 독립 전략	분석 전략 & 한정적 거래 전략	분석 전략 & 내재 전략
	평균(표준편차)		
업무수행의 효율성	6.38(0.72)	7.14(1.95)	6.59(1.46)
기술적인 리더십	5.81(1.17)	6.73(1.86)	6.00(1.12)
업무 요구에 대한 반응성	5.38(1.36)	6.95(1.62)	6.29(1.21)
전체 아웃소싱 성공	5.85(0.85)	6.94(1.58)	6.29(1.10)

(c) 혁신 전략과 세 가지의 아웃소싱 전략 (빈도(백분율 %))

패턴 / 아웃소싱 성공	혁신 전략 & 독립 전략	혁신 전략 & 한정적 거래 전략	혁신 전략 & 내재 전략
	평균(표준편차)		
업무수행의 효율성	6.50(1.34)	6.57(1.22)	7.45(1.01)
기술적인 리더십	6.50(1.34)	6.57(1.02)	7.00(1.34)
업무 요구에 대한 반응성	6.14(1.46)	7.00(1.11)	7.18(1.60)
전체 아웃소싱 성공	6.38(1.22)	6.71(0.91)	7.21(1.28)

(d) 두 전략 연계에 대한 적합성과 부적합성의 비교 (빈도(백분율 %))

패턴		적합성 패턴*	부적합성 패턴**
		평균(표준편차)	
전체 아웃소싱		7.19(1.21)	6.48(1.27)
경제 성과	판매 성장	0.71(1.66)	0.57(1.79)
	자산수익률(ROA)	0.13(0.09)	0.06(0.08)

* 적합성 패턴은 수비 전략 & 독립 전략, 혁신 전략 & 내재 전략, 분석 전략 & 한정적 거래 전략을 포함

** 부적합성 패턴은 위 세 가지를 제외한 나머지 전략을 포함

수비 전략을 살펴보면 세 가지의 아웃소싱 전략 중에서 독립 전략을 채택한 기업들이 아웃소싱 성공과 아웃소싱 이익의 세 가지 측면에서 모두 가장 높게 나타났다([표 3-7] (a) 참조). 분석 전략을 채택한 기업들에게는 다른 아웃소싱 전략보다는 한정적 거래 전략이 가장 높은 아웃소싱 성과를 보여주는 것으로 나타났다([표 3-7] (b) 참조). 혁신 전략의 경우에는 내재 아웃소싱 전략을 선택했을 때 가장 아웃소싱의 이익이 최대화되는 것으로 분석되었다([표 3-7] (c) 참조). 마지막으로 비즈니스 전략과 아웃소싱 전략 간의 세 가지 적합한 패턴(수비 전략과 독립 전략, 혁신 전략과 내재 전략, 분석 전략과 한정적 거래 전략)을 채택한 기업들이 그렇지 못한 기업들에 비해 아웃소싱 성과와 기업 성과 측면(판매 성장, 자산수익률)에서 보다 높은 성과를 보여주고 있는 것으로 평가되었다([표 3-7] (d) 참조).

이와 같은 분석 결과는 기업들에게 아웃소싱 전략의 중요성을 다시 한번 인식시키고 있다. 더욱이 정보기술 아웃소싱을 수행할 때 단순히

정보기술 차원에서만 아웃소싱 전략을 고려할 것이 아니고 기업의 비즈니스 전략과의 연계성을 함께 고민해야 한다. 정보기술 아웃소싱에 대한 관심이 증가하면서 기업들이 비즈니스 방향과 정보기술 아웃소싱의 전략을 동시에 고려하는 것은 당연하다. 또한 어떻게 두 전략 간의 적합성을 높일 수 있을 것인가에 대한 고민도 필요하다. 그러므로 현재 부적합한 전략적 패턴들을 추구하는 기업들은 보다 높은 아웃소싱 이익과 기업 성과를 얻기 위해서 변화에 대한 심각한 고려가 필요하다.

PART 2

아웃소싱 전문업체 이해

Chapter 4 전문업체 프로세스 개요

아웃소싱은 지난 몇 십년 동안 기업들이 정보기술을 관리하는 중요한 전략적 수단으로 고려되어 왔다. 기업의 정보기술 관련 기능의 일부 또는 전부를 외부의 하나 또는 하나 이상의 전문업체에게 이관하는 과정으로 정의되는 정보기술 아웃소싱은 기업에게 경제적, 기술적 및 전략적 우위를 가져다줄 수 있다. 2015년에 발행된 시장보고서에 따르면 전세계 정보기술 아웃소싱 시장 규모는 약 354조 원에 달하며, 2022년까지 매년 6.2% 정도 성장할 것으로 전망하고 있다. 더욱이 최근에 대두되고 있는 클라우드 컴퓨팅으로 인해 정보기술 아웃소싱의 중요성이 한층 더 부각되고 있으며 기업 경영진들의 전략적 관심사가 되고 있다.

하지만 이와 같은 추세에도 불구하고 여전히 많은 기업들은 정보기술 아웃소싱을 진행하는 데 많은 어려움을 겪고 있는 상황이다. 한 연구에 따르면 전체 정보기술 아웃소싱 프로젝트 중에서 단지 50% 정도만이 기대 수준 이상의 성공을 이루고 있는 실정이다. 이와 같은 상황에서 기업과 아웃소싱 전문업체가 어떻게 하면 성공적으로 아웃소싱을 할 수 있을 것인가? 해답은 두 기업이 서로 상대방의 아웃소싱 프로세스를 보다 깊이 이해하는 것이다. 정보기술의 아웃소싱 프로세스는 다양하고 폭넓은 절차를 포함하고 있기 때문에 아웃소싱의 성과는 이런 프로세스가 어떻게 효과적으로 정의되고 관리되는가에 의해서 결정된다. 다시 말해 아웃소싱 프로세스의 효과적인 관리는 보다 효율적인 비용절감을 가져오며, 아웃소싱을 하는 기업과 전문업체 간에 존재하는 위험과 갈등 또한 아웃소싱 프로세스가 효과적으로 정립되어 있을 때 최소화할 수 있다.

결론적으로 아웃소싱을 하는 기업과 전문업체 간의 아웃소싱 프로세스를 이해하는 것은 아웃소싱 비용을 절감하고 아웃소싱 위험을 최소화할 수 있는 기회를 제공하며, 이를 통해 아웃소싱의 경제적, 기술적 그리고 전략적 이익을 극대화할 수 있게 해준다. 지금까지의 대부분의 연구와 문헌들은 이와 같은 아웃소싱 프로세스를 아웃소싱을 진행하는 기업, 즉 고객 기업 입장에서 주로 이해하려고 했으며, 아웃소싱 전문업체의 측면에서 바라본 아웃소싱 프로세스는 매우 부족한 실정이다. 정보기술 아웃소싱은 고객 기업 혼자 진행하는 것이 아니고 전문업체와 함께 진행하는 것이어서 전문업체의 입장과 전략을 이해하는 것은 성공적인 아웃소싱을 위해 매우 중요한 요소라고 할 수 있다.

아웃소싱 전문업체의 최우선 과제는 고객 기업이 원하는 아웃소싱의 목적을 달성하는 것이지만 전문업체 자체적으로 고객 기업과는 다른 아웃소싱의 목적을 가질 수 있으며 그 목적은 전문업체의 아웃소싱 프로세스를 이해함으로써 현실화될 수 있다. 따라서 전문업체가 가지고 있는 전반적인 아웃소싱 프로세스를 이해하지 않고서는 기업이 원하는 아웃소싱 목적을 달성하기는 쉽지 않다. 그 이유는 아웃소싱의 성공은 단순히 기업이나 전문업체의 아웃소싱 프로세스를 한방향에서 이해하기보다는 그들 간의 관계를 양방향에서 이해함으로써 가능하기 때문이다.

이런 관점에서 본 장의 목적은 정보기술 아웃소싱을 계획하고 있거나 현재 진행하고 있는 기업들에게 전문업체들이 가지고 있는 일반적인 아웃소싱 프로세스를 모델화함으로써 보다 성공적인 아웃소싱을 진행하기 위한 가이드라인을 제공하는 것이다. 또한 본 장은 아웃소싱 프로세스의 주요 단계와 절차를 체계적으로 확립함으로써 전문업체들이 아웃소싱 진행과정에서 어떠한 시점에 무엇을 해야 하는지에 대한 이해를 돕고, 궁극적으로 기업이 원하는 성공적인 아웃소싱을 할 수 있는 기회를 제공하고자 한다.

Chapter 5 전문업체 프로세스 관점

5.1 고객 기업 관점

지금까지 정보기술 아웃소싱은 주로 아웃소싱을 선택하는 기업의 입장에서 논의되어 왔으며, 아웃소싱 전문업체의 관점에 대해 논의된 내용은 거의 없는 실정이다. 따라서 아웃소싱 프로세스에 대한 전반적인 모델을 개발하기 위해서는 아웃소싱을 진행하는 기업 입장에서 논의된 내용들을 먼저 살펴볼 필요가 있다.

고객 기업 관점에서 일반적인 아웃소싱의 프로세스 모델에 따르면, 아웃소싱 프로세스는 아웃소싱 의사결정, 아웃소싱 전략 설정, 서비스 전문업체 평가 및 선정, 아웃소싱 계약 및 협상, 아웃소싱 이행, 아웃소싱 계약관리, 성과 피드백(계약 갱신, 전문업체의 변경, 백소싱

표 5-1 고객 기업 관점에서의 아웃소싱 프로세스 모델의 요약

단계	주요 이슈	관련 연구들
아웃소싱 의사결정	아웃소싱의 이익, 위험 및 영향이 무엇인가?	Baldwin et al.(2001); Buck-Lew (1992); Cullen et al.(2005); Grover et al.(1994); Halvey and Melby (1996)
아웃소싱 전략 설정	아웃소싱의 위험을 최소화하기 위해 가장 적절한 아웃소싱의 정도, 기간, 전문업체 수 및 전문업체와의 관계 형태는 무엇인가?	Cullen et al.(2005); Halvey and Melby(1996); Lee(2006); Lee et al.(2004); Quinn(2000); Willcocks et al.(1995)
서비스 전문업체 평가 및 선정	서비스 전문업체를 적절히 평가하고 선정하기 위해 고려해야 하는 기준들은 무엇인가?	Cullen et al.(2005); Halvey and Melby(1996); McDowell et al.(2003); Michell and Fitzgerald(1997)
계약 및 협상	아웃소싱의 가치와 이익을 최대화하기 위해서 어떠한 계약의 형태(예, buy-in, fee-for-service, partnership)가 가장 적절한가?	Cullen et al.(2005); Diromualdo and Gurbaxani(1998); Goo and Huang(2008); Halvey and Melby (1996); Lacity and Willcocks (1998)
아웃소싱 이행	어떻게 아웃소싱 과정에서 발생할 수 있는 다양한 문제들을 해결하고 아웃소싱 수행과정을 효과적으로 관리할 것인가?	Cullen et al.(2005); Halvey and Melby(1996); Sabherwal(1999); Kern and Willcocks(2002)
계약관리	아웃소싱의 목표 대비 성과를 어떻게 측정(예, 서비스 수준, 성과 목표 등)할 것인가?	Cullen et al.(2005); Goo and Huang(2008); Grover et al.(1996); Halvey and Melby(1996); Kim and Brown(2012); Perry and Devineey (1997)
성과 피드백	현재의 계약을 갱신할 것인가? 현재의 아웃소싱 전략을 변경할 것인가? 또는 더 이상 아웃소싱을 하지 않고 다시 인소싱을 할 것인가?	Bustinza(2010); Chapman and Andrade(1998); Cullen et al.(2005); Hirschheim and Lacity(2000)

(Backsourcing) 결정 등 포함)과 같은 몇 가지 중요한 단계로 구성되어 있다. 이에 대한 대표적인 단계들과 내용을 [표 5-1]에 정리하였다.

1970년대와 1980년대에 정보기술 아웃소싱의 범위와 규모는 매우 한정적이었는데, 그 이유는 그 당시 아웃소싱을 하는 주된 이유가 아웃소싱을 통해 경쟁우위를 창출하거나 유지하기보다는 비용절감에 있기 때문이었다. 따라서 기업들은 정보기술 아웃소싱을 전략으로 보기보다는 하나의 전술로서 고려했다. 그러다 보니 기업들은 가치사슬을 구성하는 중요한 요소들은 기업 내부에서 가지고 있고 단지 비핵심 요소들만 아웃소싱을 하였으며, 아웃소싱의 전략적 가치에 대해서는 전혀 고민하지 않았다.

하지만 1990년대 들어 기업의 외부 환경이 급격하게 변화하면서 기업들은 다양하고 높은 품질의 정보 서비스에 대한 필요성을 인식하고 이를 이루기 위한 방안으로 정보기술의 기능들을 아웃소싱하기 시작했다. 더불어 기업들은 내부에 정보기술 부서를 두고 있는 것이 전략적 우위와는 관련이 없으며 오히려 어떻게 정보기술을 효과적으로 활용할 것인지에 대한 지식을 획득하는 것이 보다 중요한 것이라는 것을 인식하였다. 이런 인식의 변화를 통해 기업들은 정보기술 아웃소싱에 대한 다양한 전략과 옵션을 추구하였다. 예를 들면, 전체 아웃소싱 대비 선택적 아웃소싱, 장기 아웃소싱 대비 단기 아웃소싱, 단수의 전문업체 대비 복수의 전문업체, 서비스 아웃소싱 대비 자산 아웃소싱 등이 이에 포함된다.

이런 다양한 전략과 옵션들로 인해 기업은 전문업체와 정보기술 아웃소싱을 진행할 때 계층적 거버넌스와 같은 전통적인 형태에서 파트너십과 같은 새로운 마켓 위주의 거버넌스로의 변화를 추구하였다. 전통적인 계약 관계는 아웃소싱 전문업체와의 관계에서 중요하게 고려되는 무형요소들(예, 신뢰, 몰입, 호혜성 등)을 고려할 수 없기 때문에 기업과 아웃소싱 전문업체 간의 보다 친밀한 형태의 관계 형성이 성공적인 아웃소싱을 이끌기 위한 효과적인 방안으로 대두되었다.

그 결과 기업들은 아웃소싱 전문업체들과 법률적 계약 관계의 한계점을 인지하고 보다 유연한 형태의 파트너십 관계 형성에 관심을 가지게 되었다. 이런 상황에서 기업과 아웃소싱 전문업체의 중요한 관심사가 무엇인지를 단방향 관점이 아닌 양방향 관점에서 이해하는 것은 아웃소싱 관계의 효과적인 형성뿐만 아니라 기업이 원하는 아웃소싱의 전략적, 기술적, 경제적 이익을 달성할 수 있는 지름길이 될 것이다.

5.2 아웃소싱 전문업체 관점

정보기술 아웃소싱은 정적이기보다는 동적인 현상이라고 할 수 있다. 이런 동적인 본질은 아웃소싱 프로젝트의 진행과정에서 지속적인 니즈의 변화와 발생에 의해 기인되기 때문에 기업들은 이에 효과적으로 대처하기 위해 아웃소싱 관계에 대한 대안들을 모색해 왔다. 이런 측면에서 아웃소싱 전문업체의 입장을 이해하는 것은 기업과 전문업체 간에 발생하는 거래비용 및 조정비용을 줄이고 아웃소싱 프로세스에서 발생하는 위험과 갈등을 감소시키기 위해 매우 중요하다. 그럼에도 불구하고 전문업체의 입장에서 아웃소싱 프로세스를 이해하려는 노력은 부족한 실정이다.

[표 5-2]는 아웃소싱 전문업체 입장에서 아웃소싱 프로세스를 이해하려고 했던 대표적인 연구들을 보여주고 있다. 이 연구들은 크게 두가지 주요 주제들에 초점을 두고 있는데, 하나는 기업과 아웃소싱 전문업체 간의 관계의 적합성에 대한 연구, 그리고 다른 하나는 아웃소싱 전문업체들의 본질에 대한 연구들이다. 이 연구들의 기본 목적은 정보기술 아웃소싱을 통해 기업들이 아웃소싱의 이익을 창출하기 위해 필요한 요인들과 상황을 살펴보고자 했으며, 이를 조사하기 위해 아웃소싱 전문업체가 추구하는 전략이 무엇인지를 검토하였다.

예를 들어, 1990년대 초에 발생한 경제 침체로 인해 아웃소싱 전문업체들이 고객 기업들과 보다 친밀하고 장기간의 관계 형성을 추구한다는 것을 알게 되었다. 전문업체 입장에서 아웃소싱 계약 자체는 현재의 고객 기업과 계약기간 동안 지속적으로 관계를 형성하고 유지할 수 있는 기회를 제공하지만, 향후에 새로운 고객 기업을 창출할 수 있는 중요한 자원이기도 하다. 따라서 아웃소싱 시장을 확대하고자 하는 전문업체 입장에서는 현재의 고객 기업과 가능하면 좋은 관계를 형성해서 미래의 고객들을 발굴하고 싶어한다. 이런 기회를 창출하기 위해 아웃소싱 전문업체들은 고객의 니즈에 부합하도록 정보기술의 디자인, 운영, 관리를 효과적으로 진행하고자 한다.

표 5-2 전문업체 관점에서의 주요 연구 요약

주요 연구	핵심 이슈	접근법	주요 관점
Heeks et al. (2000)	고객 기업과 개발자 간의 적합성 정도	장기간의 사례연구	적합성은 여섯 가지의 상황 차원들에 의해 결정: 조정/통제 시스템, 목적과 가치, 역량, 프로세스, 정보 그리고 기술
Jiang et al. (2008)	전문업체의 아웃소싱 계약을 결정하는 요인들	인터뷰를 통한 사례연구	전문업체들은 세 가지 잠재적 위험을 고려하여 아웃소싱 프로젝트를 선정: 입찰과정의 압력 정도, 요구사항의 불확실성 그리고 비용과 가격의 불확실성
Kavan et al. (1999)	아웃소싱과 불확실성	서베이 및 인터뷰	아웃소싱 이해당사자들(전문업체, 기업, 정규직 직원 및 임시직 직원 등) 간의 갈등과 딜레마에 대한 이해
Kern (1997)	아웃소싱 관계의 형태	인터뷰를 통한 사례연구	아웃소싱 전문업체들은 고객들보다도 보다 호의적인 관계 형성을 선호
Levina and Ross (2003)	전문업체들이 고객 기업들을 위해 어떻게 가치를 창출하는지를 조사	인터뷰를 통한 사례연구	전문업체들은 핵심 역량을 개발하고 의사결정 권한을 집중화함으로써 가치를 창출
Michell and Fitzgerald (1997)	아웃소싱 전문업체의 유형과 본질에 대한 이해	개념적 연구	아웃소싱 전문업체의 유형을 구분하고 전문업체 선정과정과 기준을 추천
Murthy (2004)	아웃소싱 전문업체에 대한 오프쇼어 아웃소싱의 영향	개념적·실무적 연구	아웃소싱의 영향을 결정하기 위해 세 가지의 차원(사람, 프로세스, 제품/서비스)으로 구성된 정보기술 아키텍처의 개발
Saunders (2002)	전문업체 관점에서 아웃소싱 관계의 이해	개념적 연구	아웃소싱의 관계를 일의 본질, 계약서 작성 그리고 복수의 전문업체들과의 협업으로 설명

Swinarski et al. (2002)	아웃소싱 전문업체의 역량과 성과의 관계	개념적 연구	아웃소싱 전문업체의 프로세스 역량은 엔지니어링, 품질 및 관리 능력 정도에 의해 결정
Walden (2002)	아웃소싱 계약의 구성요소	이론적 및 실증적 연구	아웃소싱을 통해 이익을 극대화하기 위해서는 계약에 수행해야 하는 활동, 소유권 및 인수인계 내용을 명확히 명시
Taylor (2007)	아웃소싱 전문업체 관점에서 주요 위험요인들을 확인	반구조화된 인터뷰를 통한 해석연구	아웃소싱 프로젝트에서 전문업체 관점에서 위험요인들을 인지하는 것이 고객 기업의 위험을 감소시키는 효과

또한 아웃소싱의 이익 측면에서 기업이 단기 계약을 선호하는 것은 미래에 대한 불확실성을 감소시키기 때문에 장기 계약보다 높은 비용 절감효과를 가져올 수 있기 때문이다. 이는 고객 기업과 장기 계약을 선호하는 아웃소싱 전문업체 입장과는 상충되는 상황이라고 할 수 있다. 아웃소싱 전문업체들이 장기 계약을 선호하는 것은 아웃소싱 프로세스에서 자원, 지식 및 시간을 집중적으로 투입하기 때문이다. 하지만 아웃소싱을 하는 기업 입장에서도 내부의 필요한 정보를 전문업체들과 공유해야만 이를 활용해서 전문업체들이 보다 높은 품질의 서비스를 제공할 수 있으며 이를 통해 기업이 원하는 경쟁우위를 창출할 수 있다는 것을 인식해야 한다. 결론적으로 아웃소싱을 통해 가치를 창출하고 아웃소싱 성과를 증진시키기 위해서는 기업과 전문업체는 보다 친밀한 관계를 형성해야 한다.

가치를 창출할 수 있는 관계를 형성하고 고객 기업이 원하는 아웃소싱의 결과를 제공하기 위해서는 전문업체들의 차별화된 아웃소싱 서비스가 필수적이며 이를 통해 고객 기업들이 아웃소싱 프로젝트에 대해 가지고 있는 성과의 불확실성을 줄일 수 있다. 또한 고객 기업은 아웃소싱을 통해 어떠한 가치를 창출할 수 있는지를 이해하도록 노력해야 한다. 기업들의 노력 정도에 따라 아웃소싱으로부터 얻을 수 있는 가치의 정도(예, 지식의 축적, 거래비용의 감소, 비즈니스에 대한 통제 및 유연성 등)는 달라진다.

하지만 제일 중요한 것은 정보기술 아웃소싱을 통해 기업들은 혁신을 추구할 수 있다는 것이다. 만약 아웃소싱을 통해 기업들이 혁신을 성공적으로 추진할 수 있다는 확신이 생긴다면 아웃소싱 초기에 과감한 투자가 이루어질 수 있을 것이다. 하지만 이는 아웃소싱 전문업체 입장에서는 상당한 부담으로 다가온다. 따라서 고객 기업과 아웃소싱 전문업체 간에 서로에 대한 전반적인 이해와, 특히 아웃소싱 프로세스에 대한 양방향적인 이해가 필수적이다.

정보기술 아웃소싱에 대한 몇몇 연구들이 전문업체 입장을 설명하려고 했지만, 이들 연구의 대부분이 여전히 아웃소싱 관계에서 고객 기업들의 비용과 이익에 초점을 두고 있다. 다시 말해 아웃소싱 전문업체의 관점을 이해하는 것이 중요함에도 불구하고 전문업체들이 어떻게 아웃소싱의 가치를 창출하고 있는지에 대한 이해는 매우 부족한 상황이다. [표 5-2]에서 보듯이 아웃소싱 전문업체의 관점을 설명하는 연구들은 있지만, 실제로 순수하게 전문업체 입장에서 아웃소싱의 주요 이슈들이 무엇이고 이들을 어떻게 효과적으로 다루어야 하는지에 대한 이해는 전무한 실정이다.

따라서 고객 기업의 아웃소싱 프로세스 모델에 대비해서 전문업체들의 내부 기업구조와 아웃소싱 프로세스를 심도 있게 조사하고 이해하는 것이 절대적으로 필요하다. 이를 통해 어떻게 전문업체들이 고객 기업들에게 필요한 아웃소싱의 가치를 창출, 전달하는지를 이해할 것이다.

Chapter 6 전문업체 특성 및 구조

전문업체들이 진행하는 아웃소싱 프로세스에 대해 논의하기 전에, 전문업체들의 일반적인 기업 유형을 살펴보고 고객 기업과의 아웃소싱 프로젝트들을 진행하기 위해 어떠한 조직적 구성요소들을 가지고 있는지를 이해하는 것이 우선해야 한다. 기존 연구들은 아웃소싱 전문업체들의 기업 유형을 정보기술 컨설팅업체, 시스템 개발업체, 하드웨어업체, 응용프로그램 서비스 제공업체(ASP: Application Service Providers) 등과 같이 시장 상황을 바탕으로 구분하고 있다.

하지만 이런 구분들은 실제로 아웃소싱 전문업체들의 본질을 고려하여 구분하기보다는 고객 기업의 기회나 니즈 측면에서 정의되었다고 할 수 있다. 따라서 아웃소싱 전문업체들의 특성을 고려하고 이를 통해 전문업체들의 내부 조직구조를 이해하는 것이 필요하다.

아웃소싱 전문업체들에 대한 본질과 전문업체들이 보유하고 있는 프로세스를 근본적으로 이해하기 위해서 실제로 아웃소싱 프로젝트에 경험을 가지고 있는 실무자들과 심도 깊은 인터뷰를 진행하였다. 이를 위해서 다음과 같이 2단계 접근 방법을 채택하였다.

● 1단계 인터뷰

1단계에서는 한국에서 아웃소싱 서비스를 제공하고 있는 10개의 전문업체들을 선정하고 이 기업들의 경영진들과 인터뷰를 실시하였다. 이 중에서 5개 전문업체는 한국 기업들이고 나머지 5개 전문업체는 글로벌 기업들이다. 인터뷰들은 반구조화된 형식(Semi-structured)으로 진행하였으며, 각 인터뷰는 대략 2~3시간 정도를 실시하였다. 이런 인터뷰를 통해 전문업체 경영진들이 가지고 있는 아웃소싱 시장에 대한 상황과 의견을 최대한 수집하려고 했으며 필요한 경우 실무자들을 만나서 전문업체들이 가지고 있는 아웃소싱 프로세스와 내부 조직구조에 대한 다양한 자료들과 공식적인 문서들을 취합하였다.

이를 바탕으로 아웃소싱 전문업체들의 내부 조직구조와 아웃소싱 프로세스 모델을 일차적으로 정리하고, 정리된 내용을 해당 아웃소싱 전문업체들에게 다시 배포하여 필요한 부분에 대한 피드백을 받았다. 피드백을 바탕으로 전문업체들의 내부 조직구조와 아웃소싱 프로세스 모델을 재정리하였다.

● 2단계 인터뷰

2단계 인터뷰를 위해서 한국에서 아웃소싱 서비스를 제공하고 있는

5개의 글로벌 전문업체를 추가적으로 선정하였다. 이들 전문업체들과 인터뷰를 진행하기 전에, 1단계에서 개발된 아웃소싱 전문업체들의 내부 조직구조와 아웃소싱 프로세스 모델을 5개 전문업체들에게 먼저 배포하고 검토를 요청하였다. 전문업체들의 검토가 완료된 후에 2단계 인터뷰를 진행하였다.

2단계 인터뷰를 통해 1단계에서 개발한 아웃소싱 전문업체들의 내부 조직구조와 아웃소싱 프로세스 모델이 적절히 개발되었다는 것을 확인하였다. 또한 2단계 인터뷰 동안 전문업체들이 추가적으로 언급한 피드백들을 정리, 반영하여 최종적으로 전문업체들의 아웃소싱 프로세스 모델과 내부 조직구조를 다음과 같이 개발하였다.

6.1 아웃소싱 전문업체 유형

1단계와 2단계 인터뷰를 통해 한국에서 아웃소싱 서비스를 제공하는 총 15개 전문업체들과 심도 있는 논의를 실시하였으며 이를 통해 아웃소싱 전문업체들의 유형을 크게 세 가지로 구분할 수 있게 되었다. [표 6-1]에서 보듯이 이 세 가지 유형은 ① 순수 글로벌 전문업체(Pure Global Vendors), ② 순수 현지 전문업체(Pure Local Vendors), ③ 고객 기업과 아웃소싱 전문업체 간의 합작회사(Joint Companies)로 구성된다.

실질적으로 이와 같은 구분은 아웃소싱 프로젝트의 성공에 주로 관심이 있는 고객 기업들 입장에서는 의미가 없을 수 있지만, 이런 구분을 통해서 아웃소싱 전문업체들의 기원을 이해하고, 이들의 현재와 미래의 시장 전략을 예측하고, 아웃소싱 프로젝트를 지원하기 위한 전문

표 6-1 ▌전문업체들의 대표적인 유형 비교

비교	순수 글로벌 전문업체	순수 현지 전문업체	합작회사
비전	시장에서 리더가 되고자 하는 기업	글로벌 전문업체들과의 협력을 통해 시장을 확대하고자 하는 기업	고객 기업과의 협업을 통해 안정적인 서비스를 제공하고자 하는 기업
특성	성숙되어 있고, 국제적으로 평판이 높음	특정 아웃소싱 분야에서 높은 시장점유율과 현지에서 평판도가 높음. 기술적 지식과 비즈니스 지식을 지속적으로 축적하고자 함	고객 기업들에 대한 이해도가 높고, 큰 규모의 글로벌 아웃소싱 프로젝트를 수행하기에 적합하며, 필요시 고객 기업들의 정보기술 관련 자산들을 합작회사로 이관함
비즈니스 범위	다양한 분야의 아웃소싱 서비스를 제공(예, one-stop 서비스)	현지에 보다 적합한 맞춤형 서비스를 제공	계약을 위주로 한 아웃소싱 서비스에 초점
비즈니스 경계	글로벌 시장	현지 시장과 제한된 글로벌 시장	현지에서 고객 위주의 서비스 제공
강점	규모의 경제, 잘 교육된 직원, 효율적인 내부 프로세스	다른 전문업체들과의 지식 공유, 글로벌 시장에 진입을 위한 발판 마련	계약기간 동안의 안정적인 서비스 수행
약점	현지 시장과 고객에 대한 이해도 부족	현지 시장 지향적이지만 기술적인 숙련도 부족	시장 확장에 대한 어려움
예	EDS, IBM, Oracle	SDS, LG-CNS, SKC&C	M&L, TESK

업체들의 내부 구조와 의사소통 프로세스를 이해하는 것은 매우 중요하다. 아웃소싱 전문업체들의 세 가지 유형에 대한 비교 내용을 [표 6-1]에 정리하였다.

● 순수 글로벌 전문업체(Pure Global Vendors)

첫 번째 아웃소싱 전문업체의 유형은 순수 글로벌 전문업체로서 고객기업들과 다른 아웃소싱 전문업체들과 재정적으로 전혀 연관성이 없다. 일반적으로 이 유형의 전문업체들은 이미 아웃소싱 시장에서 자리매김하고 있고 국제적인 역량을 가진 성숙된 기업들이다. 대표적인 예들은 EDS Korea(www.edskorea.kr), IBM Korea(www.ibm.com/kr-ko), Oracle Korea(www.oracle.co.kr) 등이다.

이들은 다른 아웃소싱 전문업체들과 작업을 같이 하는 것을 선호하지 않으며, 정보기술 계획, 애플리케이션 설계 및 개발, 정보기술의 운영 및 관리 등과 같이 다양한 분야의 아웃소싱 서비스를 제공하고 있다. 또한 이 유형의 전문업체들은 일반적으로 잘 교육된 내부 직원들을 보유하고 아웃소싱 활동에 대한 효율적인 내부 프로세스를 가지고 있기 때문에 규모의 경제를 추구하며 새로운 시장을 개발하거나 기존 시장을 확대하는 데 초점을 두고 있다.

● 순수 현지 전문업체(Pure Local Vendors)

두 번째 유형의 아웃소싱 전문업체들은 순수 현지 전문업체들인데, 이들은 주로 현지에서 고객 기업들에게 적합한 맞춤형 서비스를 제공하지만 글로벌 시장에서는 제한된 아웃소싱 서비스를 제공한다. 이 전문업체들은 다른 업체들에 비해 경쟁력이 있는 특정 분야에 대해 아웃소싱 서비스를 제공하며 이를 통해 시장 평판도를 높이고자 노력한다. 또한 아웃소싱 사업에 대한 역량을 증대시키기 위해서 글로벌 시장에서 잘 알려진 순수 글로벌 전문업체들과 파트너십을 형성하기도 한다.

이런 파트너십을 통해서 글로벌 전문업체들이 가지고 있는 기술적, 관리적 지식을 획득하고 글로벌 시장에 적합한 비즈니스 지식을 얻고자 한다. 특히 대형 아웃소싱 프로젝트가 있을 경우에 이 유형의 전문업체들은 순수 글로벌 전문업체들과 컨소시엄을 구성하여 해당 프로젝트에 참여하기도 하는데 이는 순수 글로벌 전문업체들이 가지고 있는 시장성, 평판도 그리고 아웃소싱에 대한 기술적, 관리적 지원을 통해 대형 프로젝트의 수주 가능성을 높이고자 하는 것이다.

또한 이런 활동들을 통해 글로벌 시장에 진입하기 위한 발판을 마련하고 싶어한다. 이 유형에 있는 대표적인 아웃소싱 전문업체들로는 한국시장에서 현재 선두 기업이라고 할 수 있는 삼성SDS(Samsung Data Systems; www.samsungsds.com), LG-CNS(www.lgcns.co.kr), SK C&C (cc.sk.co.kr) 등이 있다. 이들은 각각 삼성, LG, SK 그룹의 계열사들에 있던 정보기술 부서들을 하나로 통합하고 분사한 전문업체들로서, 내부의 그룹 계열사들에게 아웃소싱 서비스를 제공할 뿐만 아니라 외부의 기업들에게도 동일한 서비스를 제공하고 있다.

● 고객 기업과 아웃소싱 전문업체 간의 합작회사(Joint Companies)

마지막 세 번째 유형의 아웃소싱 전문업체들은 고객 기업과 전문업체 간의 합작회사들이다. 이 합작회사들은 고객 기업이 위치하고 있는 지역이나 나라에 주로 위치하며 특정 아웃소싱 전문업체의 자회사라고 볼 수 있다. 이 유형에 있는 전문업체들은 일반적으로 고객 기업과 파트너십을 형성하고 이를 통해서 아웃소싱 계약이 가지고 있는 위험성을 줄이고자 노력한다.

또한 아웃소싱을 수행하는 고객 기업들도 특히 대형 아웃소싱 프로젝트를 진행하는 경우에 프로젝트의 위험성을 줄이기 위해 아웃소싱 전문업체들과 합작회사 설립을 선호하기도 하며, 이 합작회사를 통해 아웃소싱 서비스를 제공하도록 하기도 한다. 이런 경우에 아웃소싱 고객 기업과 전문업체는 각각 50퍼센트 정도의 지분을 투자하여 합작회사를 설립한다. 예를 들어, 미국의 아웃소싱 전문업체인 EDS가 말레이시아의 BCB(Bumiputra-Commerce Bank)와 약 2,800억 원의 대형 프로젝트를 진행할 때 이런 방법을 적용하였다. 합작회사가 설립되고 나면 고객 기업들은 아웃소싱 프로젝트가 진행되는 기간 동안 해당 합작회사에 관련된 모든 권한을 주고 아웃소싱 서비스를 제공하게 한다. 아웃소싱 프로젝트의 계약기간이 완료되면 합작회사는 해당 프로젝트의 성과에 따라 계약을 연장할 수 있으며 또한 다른 고객 기업들과 새로운 아웃소싱 프로젝트 계약을 할 수도 있다.

한국에서 이와 같은 대표적인 예로는 매일유업(www.maeil.com)이 모든 정보기술 기능을 링크웨어(www.linkware.co.kr)에 아웃소싱할 때 서로 50 대 50으로 투자해서 M&L이라는 합작회사를 설립한 경우이다. 또 다른 예는 SK Telecom이 두 개의 아웃소싱 전문업체들(SK C&C와 TELES Communication Systems)과 TESK라는 합작회사를 설립한 경우이다.

6.2 아웃소싱 전문업체 조직구조

아웃소싱 전문업체들을 이해하기 위한 다음 단계는 전문업체들이 아웃소싱 프로젝트를 효율적으로 진행하기 위해 내부적으로 어떠한 의사소통의 구성요소들을 가지고 있는지를 살펴보는 것이다. 2단계에 걸친 인터뷰와 다양한 사례연구들을 통해서 대부분의 아웃소싱 전문업체들은 아웃소싱 전문업체의 유형과 비즈니스의 범위와는 무관하게 서로 다른 아웃소싱 프로젝트에 대한 고객 기업들의 다양한 니즈에 효율적으로 대응하기 위해서 주로 매트릭스 근간(Matrix-based) 또는 프로젝트 근간(Project-based)의 기업구조를 가지고 있는 것으로 확인되었다.

아웃소싱 전문업체의 규모와 제공하는 서비스 종류에 따라 차이는 있지만, 대부분의 아웃소싱 전문업체들은 적어도 다음의 세 가지 대표적인 구성요소들을 포함하고 있다. 즉 ① 검토위원회(Review Board), ② 기업 차원의 아웃소싱 지원 그룹(Enterprise Outsourcing Support Group), ③ 현재 및 향후 아웃소싱 프로젝트 진행을 위한 실제 프로젝트 그룹(Actual Project Group)이 여기에 해당한다. 검토위원회는 주로 특정 아웃소싱 프로젝트의 실현 가능성 및 이익 창출성을 판단하며, 기업 차원의 아웃소싱 지원 그룹은 비용 센터 사업부(Cost-center Division)하에 독립적인 그룹으로 존재하고, 현재 및 향후 아웃소싱 프로젝트 진행을 지원하는 프로젝트 그룹은 주로 이익 센터 사업부(Profit-center Division)의 통제하에 있다. 아웃소싱 전문업체들의 전반적인 내부 구조를 그림으로 나타내면 [그림 6-1]과 같다.

아웃소싱 전문업체 내부에 있는 이들 세 가지 구성요소들은 계층적인 형태로 서로 유기적으로 연결되어 있다. 우선 특정 사업부에 있는

그림 6-1 전문업체의 주요 내부 조직 구성요소

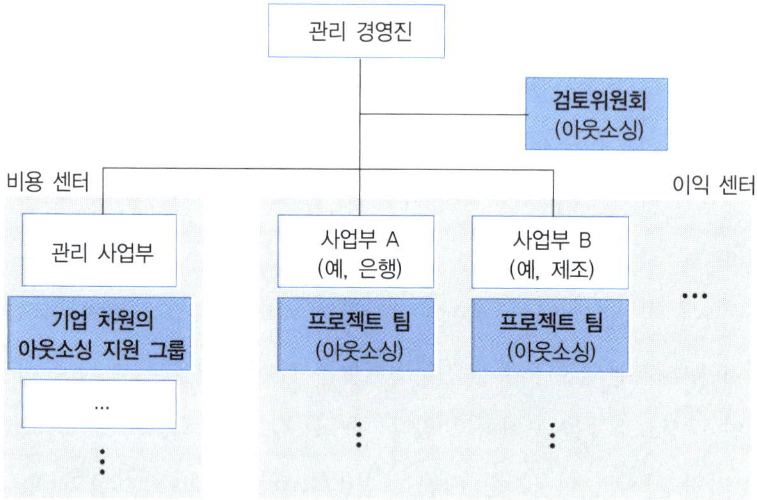

* 색 박스가 아웃소싱 프로젝트와 직접적으로 연관된 구성요소임

아웃소싱 프로젝트 팀은 특정 고객 기업과 직접적으로 의사소통하며 실제적으로 프로젝트를 진행하고, 내부적으로 해당 아웃소싱 프로젝트의 진행 상황을 기업 차원의 아웃소싱 지원 그룹에 주기적으로 보고하는 역할을 한다. 그리고 아웃소싱 지원 그룹은 각 프로젝트 팀에서 보고된 내용을 바탕으로 프로젝트들의 상황을 검토하고, 필요시 검토위원회에 지원과 조언을 요청한다. 아웃소싱 전문업체들이 일반적으로 가지고 있는 이와 같은 프로젝트 근간의 구조(Project-based Structure)는 고객 기업과 전문업체 간의 효율적인 의사소통 메커니즘을 제공할 뿐만 아니라 전문업체 내부의 관련 기관들 간에도 효율적으로 정보를 공유할 수 있는 기반을 제공한다.

● 검토위원회(Review Board)

아웃소싱 전문업체에서 검토위원회의 주된 역할은, 첫째 주어진 상황에서 고객 기업에게 프로젝트의 가치를 제공할 수 있을 것인가에 대한 평가와, 둘째 특정 아웃소싱 프로젝트의 실현 가능성과 이익 창출 여부를 결정하는 것이다. 이 검토위원회는 조직적으로 아웃소싱 전문업체의 본사에 위치하는데, 순수 현지 전문업체의 경우는 해당 지역에 그리고 순수 글로벌 전문업체와 합작회사의 경우에는 글로벌 사무실이 있는 본사에 위치한다.

일반적으로 검토위원회는 대표이사, 부대표이사(들), 재무관리자, 사업부 본부장, 그리고 내부 또는 외부 변호사(들)로 구성된다. 아웃소싱 전문업체의 회사 규모가 커질수록 해당 검토위원회의 구성원 수도 증가한다. 대부분의 경우에 한 전문업체는 하나의 검토위원회가 있지만, 전문업체가 제공하는 서비스의 다양성과 회사의 규모에 따라 하나 이상의 검토위원회가 있기도 한다.

● 기업 차원의 아웃소싱 지원 그룹 (Enterprise Outsourcing Support Group)

두 번째 구성요소인 아웃소싱 지원 그룹의 주된 역할은 현재 수행하고 있는 모든 정보기술 아웃소싱 프로젝트들의 성공적인 진행을 위해 아웃소싱 프로세스에 대한 기준, 가이드라인 및 방향성을 제시하는 데 있다. 아웃소싱 지원 그룹은 일반적으로 전문업체 내부의 비용 센터에 하나의 독립적인 형태로 존재하며(예, R&D 센터), 과거에 수행했던 아웃소싱 프로젝트들의 경험을 바탕으로 내부 규칙, 규정 및 체크 포인트 등을 설정하고 지속적으로 수정·보완을 진행한다.

따라서 아웃소싱 지원 그룹의 이름은 전문업체의 상황에 따라 조금씩 다를 수 있다(예, 품질관리팀, 품질보증팀, 표준화팀, 아웃소싱 태스크포스팀 등). 규모가 큰 아웃소싱 전문업체의 경우에 아웃소싱 지원 그룹은 이와 같은 다양한 형태의 팀들을 모두 포괄하는 하나의 개념적 용어로 사용하기도 한다. 이 아웃소싱 지원 그룹은 아웃소싱 프로젝트를 진행하는 데 매우 중요한 역할을 하기 때문에 다양한 정보기술 프로젝트들을 수행해 본 경험이 있는 전문가들만이 구성원으로 참여할 자격이 있다.

● 현재 및 향후 아웃소싱 프로젝트 진행을 위한 실제 프로젝트 그룹(Actual Project Group)

세 번째 구성요소는 아웃소싱 프로젝트 그룹이다. 전문업체 내부에서 아웃소싱 프로젝트 그룹은 현재 진행되고 있거나 향후에 진행될 프로젝트를 지원하는 역할을 하기 때문에 각 이익 센터별로 여러 개의 아웃소싱 프로젝트 그룹들이 별도로 존재할 수 있다. 예를 들어, 아웃소싱 전문업체 내부에 은행산업에 초점을 두고 있는 사업부가 있을 경우에 이 사업부는 향후에 발생할 수 있는 정보기술 아웃소싱에 대한 기회들을 인지하고 이를 각 고객 기업별로 지원하기 위한 프로젝트 그룹을 만들 수 있으며, 모든 프로젝트 그룹들은 해당 사업부의 사업부장의 통제하에 있다. 또한 같은 아웃소싱 전문업체에서 내부적으로 제조산업에 초점을 두고 있는 사업부도 시장의 니즈에 따라 필요한 만큼의 프로젝트 그룹을 만들 수 있다. 이런 프로젝트 그룹의 주요 역할은 시장에서 아웃소싱 프로젝트에 대한 기회를 발굴하고, 고객 기업이 아웃소싱 여부를 결정하는 과정을 지원하며, 고객 기업이 아웃소싱 전문업체를 선정하는 과정을 지원하는 것이다. 이런 과정은 고객 기업들이 아웃소싱 여부를 결정하는 데 중요한 요인으로 작용하므로, 고객 기업이 원하는 정보를 적시적소에 제공하는 것이 필요하다.

또한 이런 과정을 효과적으로 수행하기 위해서는 고객 기업과 관련된 분야의 전문가들이 프로젝트 그룹의 구성원으로 반드시 참여하여야 하며, 프로젝트 그룹을 책임지는 관리자는 기술적으로나 행정적으로 충분한 자질이 검증되어야 한다.

Chapter 7 전문업체 프로세스 모델

앞에서 언급했듯이 고객 기업과 아웃소싱 전문업체가 서로의 상황을 이해할 때 정보기술 아웃소싱 프로젝트의 성공 가능성은 가장 높다고 할 수 있다. 고객 기업 관점에서 아웃소싱 프로세스 모델에 대한 논의는 있었지만, 이에 비해 아웃소싱 전문업체 관점에서 아웃소싱 프로세스에 대한 프레임워크나 모델을 제시한 것은 매우 부족한 상황이다. 따라서 전문업체들이 보유하고 있는 아웃소싱 프로세스를 체계적으로 모델화하고 이를 통해 아웃소싱의 시작부터 끝까지 전반전인 주요 단계들과 관심사를 이해하는 과정이 필요하다.

[그림 7-1]은 국내 15개 아웃소싱 전문업체의 경영진과 인터뷰를 실시하고 지난 10년간(2007~2016년) 진행되었던 대표적인 정보기술 아웃소싱 프로젝트 사례들을 분석한 결과를 정리한 것이다. 이를 위해 각 전문업체가 가지고 있던 아웃소싱 매뉴얼과 아웃소싱 프로젝트의

최종 보고서들도 함께 분석하였다.

전문업체 입장에서의 아웃소싱 프로세스 모델은 크게 5단계로 이루어져 있다: ① 발견 단계(Discovery Phase), ② 정의 단계(Definition Phase), ③ 확인 단계(Confirmation Phase), ④ 이전 단계(Transition Phase), ⑤ 실행 및 관리 단계(Execution and Management Phase).

[그림 7-1]은 아웃소싱 프로세스의 전반적인 흐름을 아웃소싱 프로젝트의 범위, 주요 활동, 주요 참여 주체들 관점에서 보여주고 있다. 앞 장에서 설명했듯이 아웃소싱 프로세스에 참여하는 전문업체들의 구성요소는 크게 검토위원회, 기업 차원의 아웃소싱 지원 그룹(관련 관리자 및 직원), 현재 및 향후 아웃소싱 프로젝트 진행을 위한 실제 프로젝트 그룹(프로젝트 관리자 및 구성원)으로 이루어져 있다. 아웃소싱 프로세스 모델에서 한 단계의 결과는 다음 단계의 중요한 투입 자료로 사용되므로 각 단계의 성공은 이전 단계의 결과에 따라 달라질 수 있다.

전문업체들의 프로세스 모델은 아웃소싱 프로젝트가 어떻게 발견 단계에서 고객 기업에 의해 시작이 되며, 이 프로젝트가 정의, 확인, 이전 단계들을 거쳐 어떻게 진행되는지를 순차적으로 보여주고 있다. 또한 궁극적으로 이런 단계들을 통해 최종적으로 실행 및 관리 단계에 도달하는 과정을 설명하고 있다. 각 단계들은 다시 진행되는 일의 본질에 따라 두 개의 하위 단계들로 구분된다([그림 7-1] 참조). 전체적인 프로세스의 효율성은 전문업체 사업부(사업부들, 부서들, 팀들 및 개인들), 전문업체의 본사 그리고 고객 기업 간의 친밀한 협조와 의사

그림 7-1 전문업체의 전반적인 프로세스 모델 요약

단계	Ⅰ. 발견 단계	Ⅱ. 정의 단계	Ⅲ. 확인 단계	Ⅳ. 이전 단계	Ⅴ. 실행 및 관리 단계
하위 단계	1. 영업 이전 단계 2. 초기 분석 단계	1. 팀 구성 단계 2. 사전조사 단계	1. 협상 단계 2. 계약 단계	1. 사전조사 이후 단계 2. 변화관리 단계	1. 계약관리 단계 2. 가치증진 단계
범위	시장 기회를 발견하고 고객 기업의 요구사항을 이해	타당성 조사를 실시하고 고객 기업의 상황을 이해	아웃소싱 프로젝트에 대한 협상을 실시하고 계약을 체결	사전조사를 바탕으로 이전 계획을 세우고 아웃소싱 환경을 설정	아웃소싱 서비스를 제공하고 관련 프로세스들을 개선
주요 활동	• 시장의 기회를 개발 • RFI를 받고 분석 • 초기 타당성 조사 실시 • 비즈니스 전략을 개발	• 공식적인 프로젝트 팀을 구성 • 프로젝트의 범위를 정의 • 고객 기업의 상황과 시스템을 분석 • 벤치마킹을 실시 • RFP 작성 및 제출	• MOU 체결 • 협상 전략을 정의 • 성과 측정을 준비 • 협상 진행 • 계약서 초안 개발 • 계약 체결	• 이전 계획을 개발 • 이전 대상을 정의 • 이전 방법 및 일정을 결정 • 선정된 자산을 이전 • 아웃소싱 진행을 위한 환경 설정	• 아웃소싱 서비스를 실행 • 성과 및 고객의 만족도 측정 • 개선을 위한 대안들을 제시 • 프로세스의 개선 진행
주요 참여 주체	• 아웃소싱 프로젝트 그룹 • 아웃소싱 지원 그룹	• 아웃소싱 프로젝트 그룹 • 아웃소싱 지원 그룹 • 검토위원회	• 아웃소싱 프로젝트 그룹	• 아웃소싱 프로젝트 그룹 • 아웃소싱 지원 그룹	• 아웃소싱 프로젝트 그룹

소통의 정도에 따라 결정된다. 이하에서는 각 단계에 대해 보다 자세히 설명한다.

7.1 발견 단계(Discovery Phase)

인터뷰를 진행했던 대부분의 아웃소싱 전문업체의 경영진들은 아웃소싱 프로세스의 시작 단계에서 적절한 프로젝트를 선정하는 것이 매우 중요하다고 언급했다. 아웃소싱 전문업체들은 정보기술의 기능 또는 자산을 아웃소싱하려고 계획하는 잠재적인 고객 기업을 시장에서 인지하려고 노력하지만 아웃소싱 프로젝트 자체가 실현 가능하고 이익을 창출할 수 있을 것인지를 평가하는 것은 쉽지 않다.

몇몇 고객 기업들의 경우에는 정보기술 아웃소싱을 통해 모든 정보기술 관련 문제점들을 해결할 수 있을 것으로 생각하여, 아웃소싱에 대한 명확한 목적 없이 진행하는 경우가 있다. 이런 경우에 대부분의 고객 기업들이 일방적으로 전문업체에게 한정된 예산 내에서 과도한 아웃소싱 서비스를 제공하도록 요구하고, 최악의 경우에는 아웃소싱 프로젝트가 실패하는 상황에 이르기도 한다. 그러므로 발견 단계에서 적절한 아웃소싱 프로젝트를 선별하는 작업은 전문업체 입장에서 매우 중요하다.

발견 단계의 주된 목적은 잠재적인 아웃소싱 프로젝트를 시장에서 발굴하는 것과 발굴된 프로젝트들의 실현 가능성과 이익 창출성을 명확히 평가하는 것이다. 아웃소싱 전문업체 입장에서는 위험성이 낮으며 비즈니스에 대한 영향도가 높은 아웃소싱 프로젝트를 선정하도록 최선을 다해야 한다. [그림 7-2]에서 보듯이 발견 단계는 크게 영업 이

그림 7-2 전문업체의 아웃소싱 프로세스 모델: 발견 단계

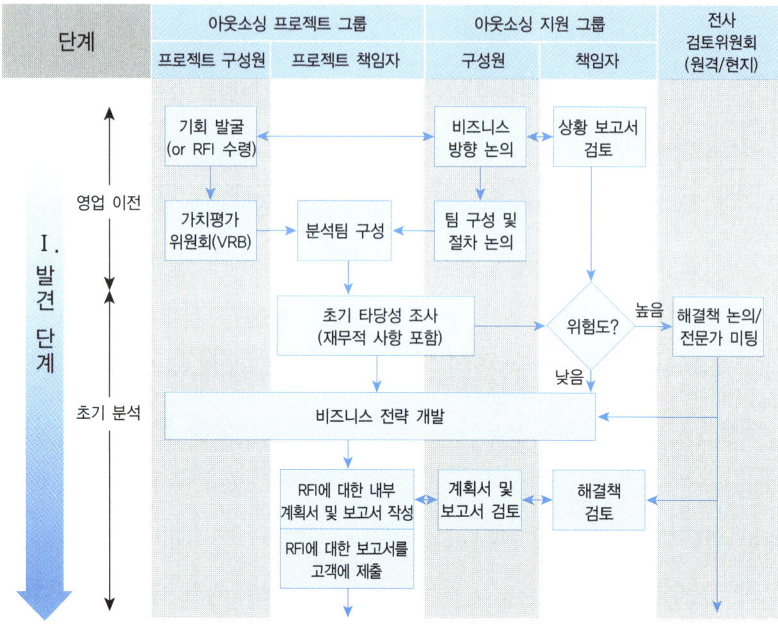

전 단계(Pre-sales Stage)와 초기 분석 단계(Initial Study Stage)로 구성되어 있다.

● 영업 이전 단계(Pre-sales Stage)

첫 번째 하위 단계인 영업 이전 단계에서는 아웃소싱 프로젝트 그룹이 시장에 대한 동향 정보를 지속적으로 수집하고 현재 및 잠재 고객 기업들과의 주기적인 의사소통을 통해 그들이 무엇을 원하는지를 확인해야 한다. 이런 과정을 통해서 수집된 시장 및 고객 정보를 정리하

고 분석하여 아웃소싱 프로젝트 그룹은 가능성이 높은 미래의 비즈니스 기회들을 발굴할 수 있다.

영업 이전 단계의 또 다른 중요한 역할은 아웃소싱 프로젝트 그룹이 아웃소싱을 진행하고자 계획하고 있는 고객 기업들로부터 정보 의뢰서(RFI: Request for Information)를 받고 이에 대응하는 것이다. 자체적인 시장 분석을 통해 발굴된 비즈니스 기회나 고객 기업으로부터 정보 의뢰서를 받게 되면 이에 대한 정보를 내부의 아웃소싱 지원 그룹으로 전달한다. 아웃소싱 지원 그룹에서는 수령한 내용들을 바탕으로 해당 아웃소싱 프로젝트의 가능성을 판단하고 필요한 비즈니스 전략을 개발하며, 이 결과를 정리한 보고서를 기업 차원의 아웃소싱 지원 그룹에 제출한다.

한편 이 과정에서 아웃소싱 프로젝트 그룹은 어떻게 초기 분석팀(Initial Study Team)을 적절히 구성하고 다음 단계로 어떤 프로세스를 진행해야 하는지를 논의한다. 이 논의 결과와 아웃소싱 프로젝트 그룹에 있는 가치평가위원회(VRB: Value Review Board)의 논의 결과를 바탕으로 해당 아웃소싱 프로젝트의 초기 분석팀을 최종적으로 구성한다.

● 초기 분석 단계(Initial Study Stage)

두 번째 하위 단계인 초기 분석 단계는 해당 아웃소싱 프로젝트에 대한 조직적, 기술적 및 재무적 이슈들을 고려하여 초기 타당성 조사를 시작하는 것에서 시작된다. 초기 타당성 조사에 대한 결과 보고서는 기업 차원의 아웃소싱 지원 그룹에 전달되는데, 이를 바탕으로 고객 기업의 자원, 역량 및 위험 정도를 분석한다. 만약 분석 결과를 통해 해당 아웃소싱 프로젝트의 위험도가 높은 것으로 판명되면, 이 결과를 검토위원회에 제출하여 추가적인 분석을 진행하도록 요청한다. 이런 경우 해당 아웃소싱 프로젝트의 진행 여부는 대부분 검토위원회의 최종 결정에 따른다.

만약 검토위원회의 추가 분석 결과가 해당 아웃소싱 프로젝트의 위험도가 낮은 것으로 판단되면, 다음 단계는 타당성 조사 결과를 바탕으로 아웃소싱 비즈니스 전략을 수립하는 것이다. 위험도가 낮은 아웃소싱 프로젝트인 경우에도 아웃소싱 비즈니스 전략은 반드시 수립해야 한다. 해당 아웃소싱 프로젝트에 대한 전략 수립은 프로젝트 그룹, 기업 차원의 아웃소싱 지원 그룹 그리고 검토위원회가 함께 참여하여 진행한다. 아웃소싱 비즈니스 전략을 개발하고 나면, 프로젝트 그룹은 고객 기업의 정보 의뢰서에 따라 필요한 초기 계획과 보고서를 작성한다. 그런 후에 이 보고서를 기업 차원의 아웃소싱 지원 그룹에 보내 검토한다. 마지막 단계는 아웃소싱 지원 그룹과 검토위원회의 최종 검토 의견을 반영하여 정보 의뢰서에 적합한 보고서를 작성하고 이를 고객 기업에 제출하면 완료된다.

7.2 정의 단계(Definition Phase)

정의 단계의 궁극적인 목적은 아웃소싱 전문업체가 고객 기업에 대한 정보와 상황을 수집, 분석해서 고객 기업이 원하는 아웃소싱의 요구사항을 충족시킬 수 있도록 적절한 아웃소싱 프로젝트 그룹을 구성하는 것이다. 전문업체들의 경영진과 인터뷰한 결과에 따르면 전문업체들은 내부적으로 아웃소싱 프로젝트를 효과적으로 지원하기 위한 자체적인 아웃소싱 프로세스 모델을 가지고 있는 것으로 보인다. 대부분의 아웃소싱 프로세스 모델은 초기에 고객 기업들이 무엇을 원하고 있는지를 명확히 이해하는 것이 궁극적으로 아웃소싱의 성공 여부를 결정하는 중요한 요소로 간주하고 있다. 그러기 위해서는 아웃소싱 전문업체들 내부 그룹들 간의 효과적인 의사소통과 고객 기업과 전문업체 간의 주기적인 정보 공유가 필요하다.

아웃소싱 전문업체들은 내부적인 의사소통의 오류가 얼마나 심각한 결과를 초래하는지를 잘 알고 있다. 예를 들어, 특정 아웃소싱 전문업체의 경우에는 아웃소싱 프로젝트 그룹에 있는 관리자들 간에 완전한 동의 절차 없이 고객 기업의 아웃소싱 프로젝트의 진행 여부를 결정하는 경우가 있다. 이런 경우 결정사항에 대해 동의하지 않은 관리자나 결정 내용 자체를 전혀 인지하지 못하고 있는 관리자는 프로젝트 진행 과정에서 배제되거나 참여한다고 해도 다른 관리자들과 의견 조율을 위해서 별도의 추가적인 절차가 있어야 한다. 이런 문제들은 아웃소싱 전문업체 내부적으로 비효율적인 의사결정과정을 가져오기 때문에 고객 기업의 아웃소싱 프로젝트를 효과적으로 지원하기 어려운 상황이 된다.

정의 단계는 크게 팀 구성 단계(Team Formation Stage)와 사전조사 단계(Pre-due Diligence Stage)로 구분된다([그림 7-3] 참조). 고객 기업이 요청한 정보 의뢰서를 분석하고 이에 적절한 보고서를 작성, 제출한 이후에 아웃소싱 프로젝트 그룹은 지속적으로 고객 기업과 해당 프로젝트에 대한 논의와 의사소통을 진행한다. 이를 통해서 아웃소싱 전문

그림 7-3 전문업체의 아웃소싱 프로세스 모델: 정의 단계

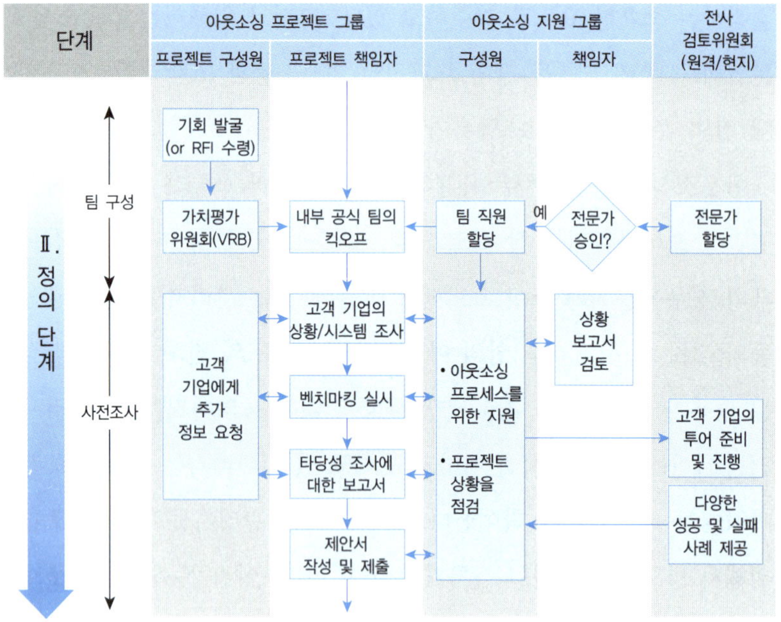

업체는 고객 기업의 구체적인 요구사항들과 니즈를 이해하고, 향후 발생할 수 있는 추가적인 비즈니스의 기회를 발견한다.

● 팀 구성 단계(Team Formation Stage)

정의 단계의 첫 번째 하위 단계는 내부적 팀 구성이다. 어떤 경우에는 고객 기업이 정보 의뢰서를 보내지 않고 직접적으로 제안 요청서(RFP: Request for Proposal)를 아웃소싱 전문업체에게 보내기도 한다. 고객 기업으로부터 제안 요청서를 받으면, 이 내용을 가치평가위원회에 전달하고, 가치평가위원회는 이를 분석, 평가하여 비즈니스 기회 여부를 판단하고 그 판단 결과를 아웃소싱 지원 그룹에게 전달한다. 일반적으로 아웃소싱 전문업체의 검토위원회나 아웃소싱 지원 그룹은 해당 프로젝트를 지원하기 위해 내부 전문가들을 할당한다. 만약 전문업체 내부적으로 고객 기업이 가지고 있는 이슈들을 적절히 다룰 전문가가 없을 경우에는 외부로부터 전문가를 영입하기도 한다.

하지만 이런 과정들은 기본적으로 아웃소싱 지원 그룹을 통해 전문업체 내부적으로 먼저 논의되고 승인되어야 한다. 그럼으로써 아웃소싱 지원 그룹이 고객 기업의 구체적인 요구사항에 부합하는 전문가를 적절히 선정, 할당하고 공식적으로 프로젝트 그룹을 구성할 수 있기 때문이다. 또한 구성된 그룹들이 해당 아웃소싱 프로젝트를 공식적으로 지원할 수 있게 된다.

● 사전조사 단계(Pre-due Diligence Stage)

두 번째 하위 단계인 사전조사 단계가 진행되는 동안에 프로젝트 그룹은 고객 기업을 직접 방문하여 함께 아웃소싱 프로젝트를 진행할 고객 기업의 담당자들과 관련 업무에 대해 논의한다. 아웃소싱 프로젝트 그룹은 주로 고객 기업의 상황과 사용하고 있는 시스템들을 조사하고, 고객 기업이 아웃소싱을 통해 무엇을 원하는지를 명확히 이해하려고 한다. 이 과정에서 필요하면 비슷한 아웃소싱 프로젝트를 수행했던 관련 기업들을 방문하거나 조사해서 벤치마킹을 진행하기도 한다. 그런 후에 사전조사 단계에서 분석 결과를 보고서로 작성해서 고객 기업과 전문업체 내부의 아웃소싱 지원 그룹에 제출한다.

이런 과정들은 전문업체 내부적으로 효율적인 절차 및 의사소통 없이는 불가능하다. 아웃소싱 프로젝트 그룹은 고객 기업에 대한 추가적인 정보를 수집하고 이를 프로젝트 그룹의 관리자와 지속적으로 공유해야 한다. 그래야만 해당 프로젝트에 대한 제안서를 고객 기업이 원하는 방향으로 작성할 수 있기 때문이다. 제안서 작성과정을 효율적으로 진행하기 위해서 프로젝트 그룹은 사전조사의 절차를 지원하고 아웃소싱 프로젝트의 진행 상황을 간접적으로 점검하고 있는 아웃소싱 지원 그룹과 지속적으로 의사소통을 해야 한다. 또한 아웃소싱 프로젝트에 대한 상황 정보는 주기적으로 전문업체의 검토위원회에 보고되어야 한다. 필요하다면 아웃소싱 전문업체는 고객 기업을 직접 회사로 초대하여 전문업체가 보유하고 있는 시설, 인력, 업무 환경 등을 고객 기업에게 보여주기도 한다.

이 과정에서 고객 기업이 아웃소싱 전문업체의 경험과 준비가 부족하다고 판단하면 해당 아웃소싱 프로젝트에 대한 논의를 중단하기도 한다. 또한 아웃소싱 전문업체 입장에서도 고객 기업이 정보기술 아웃소싱을 하고 싶어하지만, 명확한 목적 없이 준비가 부족한 상태라고 판단되면 더 이상의 논의와 협상을 중단할 수도 있다.

7.3 확인 단계(Confirmation Phase)

아웃소싱 프로세스에서 프로젝트에 대한 협상과 계약에 대한 중요성은 인터뷰를 진행한 모든 전문업체의 경영자들이 언급한 내용이다. 고객 기업들은 일반적으로 아웃소싱 전문업체들이 생각하는 이상으로 예산은 최소화하면서 전문업체가 제공하는 서비스는 높은 수준을 유지하기를 원한다. 따라서 아웃소싱 전문업체가 서비스, 가격, 품질 등에 대한 명확한 협상 전략을 가지고 있지 않다면 고객 기업이 원하는 모든 아웃소싱 서비스를 제공하는 불공평한 계약을 체결할 가능성이 높아진다.

인터뷰 과정에서 한 아웃소싱 전문업체가 전기통신산업에 있는 한 고객 기업과 아웃소싱 프로젝트에 대해 협상하는 과정에서 있었던 안 좋은 경험을 이야기했다. 해당 전문업체는 전기통신 기업에게 아웃소싱 서비스를 제공하기로 동의하고 이에 대한 서비스 수준 협약서(SLA: Service Level Agreement)를 논의하기 시작했다. 하지만 이 전문업체는 과거에 비슷한 아웃소싱 프로젝트를 진행한 경험이 부족해서 고객 기업에 대한 협상 전략을 제대로 설정하지 못하고 있었다. 그러다 보니 협상과정에서 아웃소싱 전문업체는 고객이 원하는 대부분의 요구사항들을 수용하게 되었다. 전문업체의 아웃소싱 프로젝트팀은 논의된 서비스 수준 협약서를 회사에 제출하였으나 검토위원회는 이 협약서를 최종적으로 거부하고, 고객 기업과의 계약은 무산되고, 전문업체는 계약파기에 대한 위약금을 고객 기업에게 지불해야 했다.

한편 또 다른 아웃소싱 전문업체는 고객 기업과의 효율적인 협상과 계약 프로세스를 경험하였다. 이 전문업체의 경우에는 금융산업에 있는 한 고객 기업과의 계약협상 기간이 모두 합쳐서 한 달도 걸리지 않았다. 그 이유는 고객 기업뿐만 아니라 전문업체 양방이 모두 서비스 수준, 가격, 계약기간, 성과 측정 등에 대한 협상 전략을 보유하고 있었기 때문이다. 더욱이 두 기업들은 아웃소싱 프로젝트의 성공적인 진행을 위한 핵심 성공요인들이 무엇인지를 정의하고 서로에게 윈윈(Win-win)할 수 있는 시나리오를 수립하려고 노력하였다. 이와 같이 잘 정립된 협상 프로세스로 인해 최종 계약 완료까지 한 달도 채 걸리지 않았으며, 양방이 모두 계약에 만족하였다.

결론적으로 아웃소싱 전문업체가 프로젝트 협상에 대한 자세하고 명확한 계획과 전략을 가지고 있는 것이 필요하다. 전문업체가 협상에 대한 전략을 가지고 있다는 것은 그만큼 고객 기업이 원하는 아웃소싱 목적이 무엇인지를 이해하고 이에 적합한 가이드라인을 고객 기업에게 제공한다는 뜻이다. 이는 결국 협상과 계약에 대한 노력을 줄여 주고 궁극적으로 아웃소싱 프로젝트의 성공 가능성을 높인다.

확인 단계는 크게 두 개의 주요 하위 단계인 협상 단계(Negotiation Stage)와 계약 단계(Contract Stage)로 이루어져 있다. [그림 7-4]는 확인 단계의 주요 구성요소의 업무 절차를 보여주고 있다.

● 협상 단계(Negotiation Stage)

확인 단계에서 첫 번째 하위 단계는 협상 단계이다. 아웃소싱 프로젝트 그룹은 해당 고객 기업과 지속적으로 작업을 하면서 아웃소싱 프로젝트에 대한 충분한 정보를 수집하고 이를 바탕으로 프로젝트제안서를 작성한다. 협상 단계에서는 작성된 제안서를 실질적으로 확정하는 단계이다. 그러기 위해서 아웃소싱 프로젝트 그룹은 작성한 제안서를 기준으로 고객 기업과 양해각서(MOU: Memorandum of Understanding) 또는 동의서(LOI: Letter of Intent)를 체결하고, 이를 최종 확정하기 위해 가치평가위원회에 전달한다.

체결된 양해각서 또는 동의서를 바탕으로 아웃소싱 프로젝트 그룹에 있는 프로젝트 책임자는 협상 전략을 정의하고 서비스 수준, 고객만족도 등과 같은 성과 측정 방법을 준비한다. 그런 후에 아웃소싱 프로젝트 그룹은 고객 기업과 실질적으로 협상을 진행하고 이를 통해 가격, 품질, 산출물, 지불 방법, 사후 서비스 등과 같은 자세한 계약 내용을 정의한다. 이 과정에서 아웃소싱 지원 그룹은 아웃소싱 프로젝트 그룹과 전문업체 경영진 간의 조정자로서 역할을 수행한다. 전문업체 경영진은 협상과정에서 고객 기업이 요구하는 관리적, 기술적 솔루션

그림 7-4 전문업체의 아웃소싱 프로세스 모델: 확인 단계

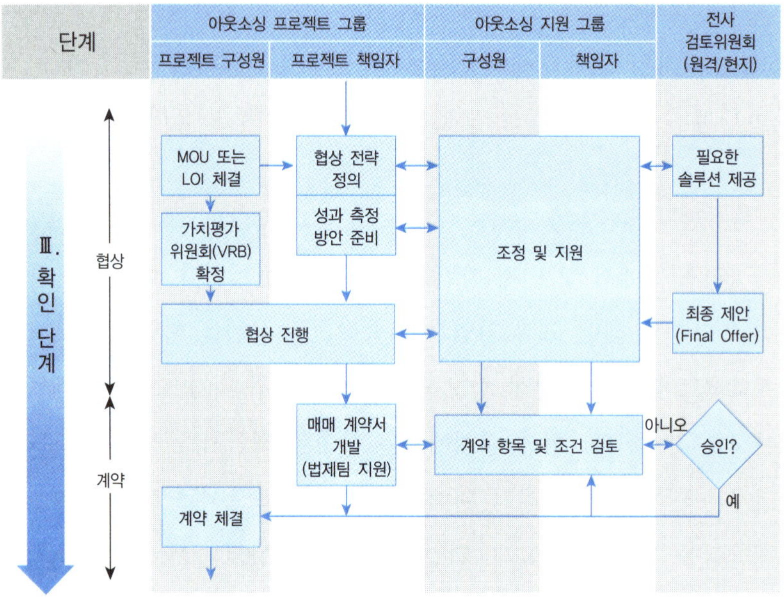

들을 제공할 수 있고 아웃소싱 지원 그룹을 통해 아웃소싱 프로젝트 그룹에 최종 제안이나 의사결정을 전달한다.

● 계약 단계(Contract Stage)

두 번째 하위 단계인 계약 단계에서는 아웃소싱 프로젝트 그룹이 내부 법제팀과 협조하여 매매 계약서(Contract Sheet)를 작성한다. 프로젝트 그룹과의 작업을 통해 법제팀은 아웃소싱 계약이 실질적으로 합법적인 것인지를 보증한다. 또한 아웃소싱 지원 그룹은 프로젝트 그룹에서 작성한 매매 계약서의 항목들과 조건들을 검토하고 문제가 없으면 최종

승인을 얻기 위해 검토위원회에 제출한다(때에 따라서는 아웃소싱 지원 그룹이 보유하고 있는 매매 계약서의 견본을 사용하기도 한다).

만약 검토위원회가 매매 계약서를 승인하면 프로젝트 그룹은 고객 기업과 함께 최종 계약 체결을 진행한다. 승인이 되지 않는다면 매매 계약서를 아웃소싱 지원 그룹으로 돌려보내서 추가적인 검토 후에 필요한 수정 작업을 진행한다.

7.4 이전 단계(Transition Phase)

이전 단계의 기본적인 목적은 아웃소싱 계약이 완료된 후에 변화관리(Change Management)에 관련된 이슈들을 고려하여 이전 계획(Transition Plan)을 명확히 정의하고 실제 이전을 문제없이 진행하는 것이다. 특히 직원, 하드웨어, 소프트웨어, 라이선스 등과 같은 정보기술 자산들이 이전 계획에 포함되어 있을 경우 이전 단계를 효율적으로 진행하는 것은 매우 중요하다.

예를 들어, 제조산업에 있는 고객 기업과 대형 아웃소싱 프로젝트를 진행했던 한 전문업체 경영진은 이전 단계에서 겪었던 어려움을 털어놓았다. 해당 제조 기업은 정보기술 아웃소싱을 통해 정보기술 직원들을 아웃소싱 전문업체로 이관하려고 계획하고 있었는데, 실제 계약이 체결되기 전에 이와 같은 이전 계획에 대해 내부 정보기술 직원들과 전혀 논의하지 않았다. 이로 인해서 아웃소싱 프로젝트 자체에 대해 고객 기업 내부의 정보기술 직원들의 강력한 반대에 봉착하였다. 이런 난처한 상황에 처한 고객 기업은 아웃소싱 전문업체에게 도움을 요청하였는데, 다행인 것은 이 전문업체는 과거에 자산 이전에 대한 비슷한 경험을 가지고 있었다. 그래서 이 아웃소싱 전문업체는, 우선 해당 고객 기업과 이전 계획에 대해 공식적 및 비공식적 미팅을 여러 번에 걸쳐 진행했다.

그런 후에 아웃소싱 전문업체는 고객 기업의 정보기술 직원들을 회사의 데이터 센터로 초대하여 시설, 장비, 근무 환경 등을 직접 살펴볼 수 있는 기회를 제공하고, 전문업체의 비즈니스 활동 및 성과에 대해서도 설명하는 기회를 가졌다. 마지막으로 전문업체는 고객 기업에서 일괄적으로 모든 정보기술 직원들을 전문업체로 이관하기보다는 직원들 본인이 각자 이전 여부를 결정하도록 하는 오픈 도어 정책(Open Door Policy)을 제안하고, 직원들에게 이전의 장단점을 명확히 설명하는 일대일 미팅을 실시하였다. 결론적으로 대부분의 정보기술 직원들이 전문업체로 이동하기로 결정하여 어려움을 성공적으로 극복하였다. 정보기술 직원들의 이전에 대한 이 성공 사례는 아웃소싱 전문업체가 매우 효율적인 이전 프로세스와 적절한 비상 계획(Contingency Plan)을 가지고 있었기 때문에 가능했다.

이전 단계는 크게 두 개의 하위 단계, 즉 사전조사 이후 단계(Post-due Diligence Stage)와 변화관리 단계(Change Management Stage)로 이루어져 있다. [그림 7-5]는 이 단계에서 진행되는 업무의 프로세스를 보여주고 있다.

그림 7-5 전문업체의 아웃소싱 프로세스 모델: 이전 단계

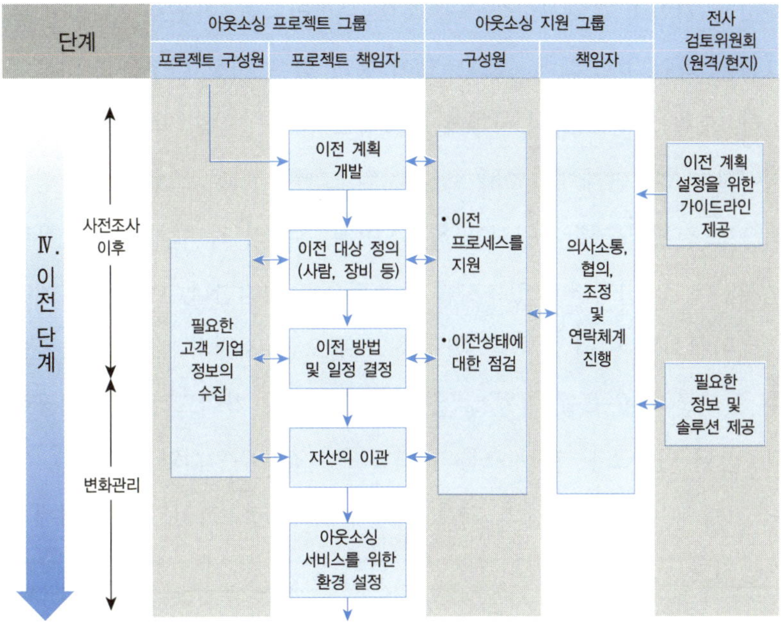

● 사전조사 이후 단계(Post-due Diligence Stage)

이전 단계의 첫 번째 하위 단계는 사전조사 이후 단계이다. 아웃소싱 계약이 체결되고 나면 전문업체의 아웃소싱 프로젝트 그룹은 실질적으로 프로젝트에 참여하고 진행한다. 사전조사 이후 단계에서 아웃소싱 프로젝트 그룹은 고객 기업과의 계약을 기준으로 이전 계획을 설정한다. 적절한 이전 계획을 수립하기 위해서 아웃소싱 프로젝트 그룹은 정의 단계에서 진행했던 고객 기업의 상황과 니즈를 다시 한번 확인하기 위해 고객 기업에 머물면서 조사를 실시하며, 이 과정에서 고

객 기업의 추가적인 요구사항들이 있는지를 확인한다.

고객 기업의 요구사항이 최종적으로 정리되면, 아웃소싱 프로젝트 그룹은 직원, 하드웨어, 소프트웨어 등과 같은 이전 대상을 정의해야 한다. 또한 고객 기업의 상황에 적절하도록 이전 방법 및 이전 일정을 결정한다. 이 단계에서 아웃소싱 지원 그룹은 이전 프로세스가 성공적으로 진행되도록 지원해야 하며, 이전 계획의 각 절차들이 아무런 문제없이 잘 진행되고 있는지를 주기적으로 점검한다. 이런 과정에서 검토위원회는 이전 계획을 확정하고 필요한 지원과 대책을 마련할 수 있도록 아웃소싱 지원 그룹에게 기본적인 가이드라인을 제공한다. 한편 아웃소싱 지원 그룹의 책임자는 검토위원회와 아웃소싱 지원 그룹의 구성원들 간의 의사소통, 협의, 조정, 그리고 연락체계를 책임진다.

● 변화관리 단계(Change Management Stage)

이전 단계의 두 번째 하위 단계인 변화관리 단계에서는 이전으로 인해 발생할 수 있는 모든 중요한 이슈들을 관리한다. 우선 이전하기로 결정된 모든 자산들이 아웃소싱 전문업체에게 이관되어야 한다. 하지만 필요한 자산들이 모두 이관되었다고 해서 아웃소싱 프로젝트가 끝난 것은 아니다. 이전 계획을 아무리 세밀하게 설정했다고 하더라도 전혀 생각하지 못했던 다양한 문제들이 발생할 수 있으며, 이 문제들을 적절히 해결하지 못하면 이전 프로세스에 문제가 발생할 수 있으며 최악의 경우에는 최종 아웃소싱 성과에도 악영향을 미칠 수 있다. 그러므로 이 단계에서 아웃소싱 프로젝트 그룹이 중점적으로 관심을 가져야 하는 것은 이전 프로세스의 각 단계에서 혹시라도 발생할 수 있는 변경사항들이 무엇인지를 확인하는 것이다.

변화관리 단계에서 중요한 이슈 중 하나는 현재의 업무 환경과 새로운 업무 환경을 복합적으로 운영관리하는 것이다. 예를 들면, 고객 기업들은 아웃소싱 프로젝트를 통해 새로운 정보기술 업무 환경을 만들고자 하지만, 이 과정에 필요한 시스템을 지속적으로 개발, 이행, 관리하기 위해서는 새로운 업무 환경이 완성되기까지 한동안 현재의 정보기술 업무 환경을 유지해야 할 필요가 있다. 따라서 아웃소싱 전문업체는 새로운 업무 환경을 설정하기 위해 필요한 자원과 함께 현재의 업무 환경을 특정 기간 동안 유지하기 위해 필요한 자원을 추가적으로 할당하는 것이 필요하다.

변화관리 단계와 사전조사 이후 단계에 관련된 모든 정보는 아웃소싱 전문업체의 내부 그룹들과 항상 공유되어야 하며 필요하다면 이전 계획 자체가 갱신되도록 해야 한다. 이전 단계의 성공은 궁극적으로 아웃소싱 프로젝트의 성공을 결정하는 가장 중요한 단계 중 하나라는 것을 명심해야 한다.

7.5 실행 및 관리 단계 (Execution and Management Phase)

실행 및 관리 단계는 전문업체 입장에서 아웃소싱 프로세스 모델을 구성하는 마지막 단계이기도 하지만 새로운 아웃소싱 프로젝트를 발굴하기 위한 첫 번째 단계이기도 하다. 이 단계의 목적은 크게 두 가지이다. 첫 번째 목적은 아웃소싱 서비스를 실질적으로 제공하는 것이고, 두 번째 목적은 현재의 아웃소싱 서비스의 품질을 개선하고 향상시킬 수 있는 방법을 찾는 것이다. 고객 기업이 아웃소싱 프로젝트로부터 얻고자 하는 실제 이익들(경제적, 기술적 및 전략적)이 실행 및 관리 단계에서 현실화될 수 있다. 물론 아웃소싱 이익은 실질적으로 본 단계를 통해 현실화되지만 이전 단계들이 얼마나 효율적으로 수행되었는지에 의해 결정된다.

대부분의 인터뷰에서 언급되었듯이 실행 및 관리 단계의 성과는 아웃소싱 전문업체 입장에서는 매우 중요하다. 왜냐하면 고객 기업이 아웃소싱의 성과를 평가할 때 이 단계의 결과가 중요한 자료로 사용되며, 향후에 현재의 아웃소싱 전문업체와 계약 갱신을 할 것인지를 결정하는 기준으로 활용되기 때문이다.

실행 및 관리 단계는 크게 두 개의 하위 단계로 구성되어 있다: 계약관리 단계(Contract Management Stage)와 가치증진 단계(Value Improvement Stage). [그림 7-6]에 이 단계의 하위 구성 단계와 업무 프로세스를 정리하였다.

그림 7-6 전문업체의 아웃소싱 프로세스 모델: 실행 및 관리 단계

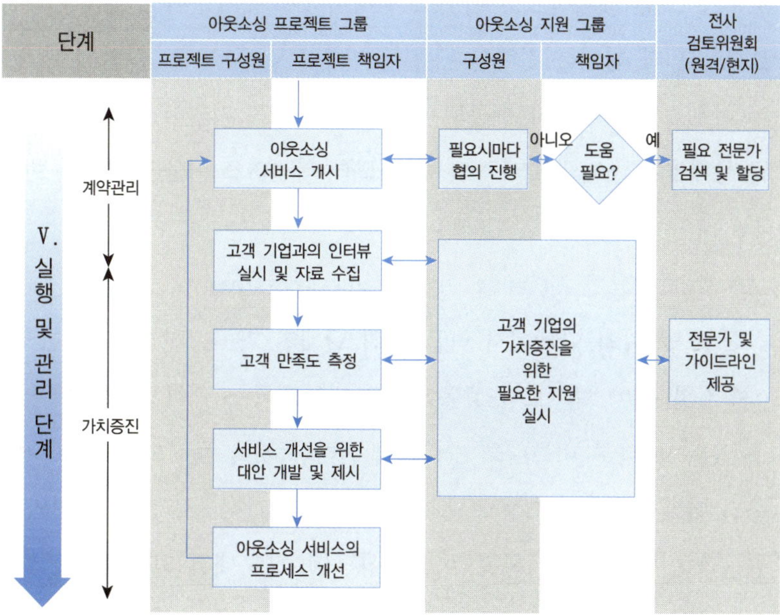

● 계약관리 단계(Contract Management Stage)

이전 단계에서 아웃소싱 서비스를 제공할 환경 설정이 완료되면, 아웃소싱 프로젝트 그룹은 계약에 따라 실질적으로 서비스를 제공하기 시작한다. 계약관리 단계에서 전문업체의 아웃소싱 그룹은 서비스 제공을 위해 내부적 또는 외부적으로 전문가들의 도움이 필요한지 여부를 결정해야 한다.

아웃소싱 프로젝트 그룹이 전문가의 도움이 필요하다고 판단되면, 검토위원회에 요청하여 필요한 분야의 전문가들을 찾아서 아웃소싱

프로젝트에 참여할 수 있도록 해야 한다. 그렇지 않다면 아웃소싱 프로젝트 그룹 자체적으로 아웃소싱 서비스가 문제없이 진행되도록 필요한 지원과 협의를 진행한다. 결국 아웃소싱 프로젝트 그룹의 관리자는 아웃소싱 서비스가 제공되는 과정에서 고객 기업이 원하는 서비스를 문제없이 계획대로 제공될 수 있도록 최선의 노력을 기울여야 한다.

● 가치증진 단계(Value Improvement Stage)

실행 및 관리 단계에서 다음 하위 단계인 가치증진 단계는 현재의 아웃소싱 서비스를 보다 효율적으로 만들도록 노력하고 향후에 있을 수 있는 또 다른 비즈니스 기회를 발굴하는 것을 목적으로 한다. 가치증진 단계에서 아웃소싱 프로젝트 그룹은 주기적으로 고객 기업의 직원들과 인터뷰를 실시하고, 아웃소싱 서비스에 대한 의견을 수집하며, 아웃소싱 서비스의 수준과 만족도를 측정해야 한다.

이를 바탕으로 아웃소싱 프로젝트 그룹은 아웃소싱 서비스의 전반적인 적절성을 평가하고 효율성을 개선할 수 있는 대안들을 개발하고 제시한다. 이 단계의 궁극적인 목적은 제공하는 아웃소싱 서비스를 어떻게 보다 효율적으로 만들어서 고객 기업에게 맞춤형 서비스를 제공할 것인가를 항상 고민하는 것이다.

고객 기업의 만족도 증진을 위해 아웃소싱 전문업체는 검토위원회를 통해 아웃소싱 프로젝트 그룹이 필요로 하는 전문가들을 적절한 시점에 파견하고, 아웃소싱 서비스에 대한 적절한 가이드라인을 제공해야 한다. 아웃소싱 지원 그룹은 검토위원회와 프로젝트 그룹 간의 매개 역할을 수행하며, 고객 기업의 가치를 증진시킬 수 있도록 프로젝트 그룹을 항시 지원하는 책임이 있다.

아웃소싱 서비스의 개선은 단타로 진행되는 프로세스가 아니라 고객의 만족도가 지속적으로 향상될 수 있도록 반복적으로 진행되어야 한다. 유능한 아웃소싱 전문업체는 전문업체의 경쟁력과 시장의 평판도를 높이기 위해 잘 정비된 가치증진 프로세스를 보유하는 것이 필요하다. 이것만이 아웃소싱 전문업체가 미래의 비즈니스 기회를 발굴하고 빠르게 급변하는 시장 환경에서 살아남을 수 있는 유일한 방법이다.

Chapter 8

전문업체와 고객 기업 프로세스 연계

아웃소싱의 전략적, 경제적, 기술적 이익들을 실현하기 위해서 전문업체들은 전반적인 아웃소싱 프로세스의 필요성을 인식하고 전문업체에 적합한 아웃소싱 프로세스 모델을 개발, 보유하고 있어야 한다. 전문업체가 아웃소싱 프로세스 모델을 가지고 있다고 하더라도, 많은 경우에 전문업체 내부적으로만 사용하고 실질적으로 아웃소싱 프로젝트를 발굴하고 서비스를 제공하는 과정에서 고객 기업의 아웃소싱 프로세스 모델과 무관하게 운영되기도 하는데 이는 심각한 비즈니스 문제를 야기할 수 있다.

아웃소싱 프로젝트는 고객 기업이나 전문업체 독자적으로 진행하는 것이 아니라 두 기업 간의 이해와 협의를 통해 진행되어야 성공적인 결과를 끌어낼 수 있다. 더욱이 두 기업에 의해 수행되는 아웃소싱 프로세스는 서로 밀접하게 연계되어 독립적으로 구분하는 것은 의미가 없다. [표 8-1]은 앞 장에서 제시한 아웃소싱 전문업체의 일반적인 프로세스 모델과 이전 연구에서 제시하고 있는 고객 기업의 아웃소싱 프로세스 모델의 연관성을 단계별로 보여주고 있다.

아웃소싱 전문업체의 프로세스 모델과 고객 기업의 모델을 연계시키는 것은 이들 간의 차이를 보여주는 것이 목적이 아니고 이들이 어떻게 서로 유기적으로 연계되어 있는지를 보여주기 위함이다. 고객 기업들은 단순하게 그들의 아웃소싱 프로세스 모델은 전문업체들의 모델과 별개이고 다르다고 생각하지만, 실질적으로 이 두 개의 아웃소싱 모델들은 밀접하게 연계되어 있으며 아웃소싱 이익을 최대화할 수 있는 중요한 성공요인으로 보아야 한다. 또한 아웃소싱 전문업체의 프로세스 모델(또는 고객 기업의 프로세스 모델)에서 생성되는 산출물들은 고객 기업의 프로세스 모델(또는 전문업체의 프로세스 모델)의 중요한 입력 자료가 된다.

아웃소싱 전문업체의 경영진들과 진행한 인터뷰에서 아웃소싱 프로젝트를 수행 시 가장 중요한 것은 고객 기업과 전문업체 간의 아웃소싱 프로세스를 이해하고 이를 통해서 아웃소싱 프로젝트의 시작에서 끝까지 효율적, 선행적으로 서로의 프로세스를 관리하는 것이라고 언급하고 있다. 이런 양방향 접근이야말로 서로의 기업을 이해하고 아웃소싱 프로젝트의 위험과 갈등을 줄이면서 경제적 이익을 최대로 창출하는 최선의 방법이라고 할 수 있다.

표 8-1 고객 기업과 전문업체의 프로세스 모델의 연계

<table>
<tr><th colspan="3">전문업체의 프로세스 모델</th><th colspan="2">고객 기업의 프로세스 모델</th></tr>
<tr><th>단계</th><th>하위 단계</th><th>주요 활동</th><th>주요 활동</th><th>단계</th></tr>
<tr><td rowspan="2">발견</td><td>영업 이전</td><td>• 영업 기회 개발
• RFI 수령 및 분석</td><td>• 내부 및 외부 환경 평가
• 아웃소싱 여부 결정
• RFI의 개발 및 배포</td><td>아웃소싱 의사결정</td></tr>
<tr><td>초기 분석</td><td>• 초기 타당성 조사 실시
• 비즈니스 전략 개발</td><td rowspan="2">• 아웃소싱 대상 정의
• 기본 아웃소싱 접근법 정의(정도, 기간, 업체 수 등)
• 내부 합의 도출</td><td rowspan="2">아웃소싱 전략 설정</td></tr>
<tr><td rowspan="2">정의</td><td>팀 구성</td><td>• 프로젝트 팀 구성
• 업무 범위 정의</td></tr>
<tr><td>사전 조사</td><td>• 고객 상황 조사
• 벤치마킹 수행
• RFP 작성 및 제출</td><td>• 전문업체 조사
• RFP 접수 및 평가
• 후보업체 명단 작성</td><td>전문업체 평가 및 선정</td></tr>
<tr><td rowspan="2">확인</td><td>협상</td><td>• MOU 체결
• 협상 전략 정의
• 성과 평가기준 마련
• 협상 실시</td><td rowspan="2">• MOU 사인
• 협상팀 구성(직원, 변호사 등)
• 가격, 서비스, 소유권 등 정의
• 성과 평가기준 설정
• 협상 실시 및 계약</td><td rowspan="2">계약 및 협상</td></tr>
<tr><td>계약</td><td>• 계약서 개발
• 계약 수행</td></tr>
<tr><td rowspan="2">이전</td><td>사전 조사 이후</td><td>• 이전 계획 개발
• 이전 대상 정의
• 이전 방법 및 일정 설정</td><td rowspan="2">• 이전 대상 정의
• 이전 절차 관리
• 이관 시 현재 환경 유지
• 이관 후 새로운 환경 설정/유지</td><td rowspan="2">아웃소싱 이행</td></tr>
<tr><td>변화 관리</td><td>• 선정된 자산 이관
• 새로운 업무 환경 정의</td></tr>
<tr><td rowspan="2">수행 및 관리</td><td>계약 관리</td><td>• 아웃소싱 서비스 실행
• 성과 및 만족도 측정</td><td>• 아웃소싱 프로젝트 상황 감독
• 계약서를 근거로 성과 측정</td><td>계약 관리</td></tr>
<tr><td>가치 증진</td><td>• 개선을 위한 대안 제시
• 프로세스 혁신/개선</td><td>• 효과적 아웃소싱 절차 개발/적용
• 전문업체 성과 측정을 통한 재계약, 업체 변경, 전략 수정 등 결정</td><td>성과 피드백</td></tr>
</table>

이제 아웃소싱의 고객 기업과 전문업체의 프로세스 모델이 어떻게 서로 연결되고 필요한 정보를 주고받는지를 살펴보도록 한다. 이에 대한 설명은 아웃소싱 전문업체의 프로세스 모델 관점에서 설명하도록 한다.

● 아웃소싱 프로세스 모델 연계 Ⅰ: 발견 단계 대비 아웃소싱 의사결정 단계

아웃소싱 전문업체의 프로세스 모델에서 첫 번째 단계는 발견 단계인데, 이 단계는 영업 이전과 초기 분석 하위 단계로 구성된다. 영업 이전 단계에서 수행되는 시장 기회의 발굴, 정보 의뢰서의 수령 및 분석 등과 같은 모든 활동들은 고객 기업의 프로세스에서 아웃소싱 여부를 결정하는 단계(Outsourcing Decision Phase)에 연관되어 있다([표 8-1] 참조: 발견 단계 대비 아웃소싱 의사결정 단계).

아웃소싱을 할 것인지 말 것인지를 결정해야 하는 고객 기업은 최우선적으로 내부 정보기술 역량을 평가하고 외부 정보기술 관련 비즈니스 환경을 분석한다. 이 분석과정을 통해 고객 기업이 아웃소싱을 진행하기로 결정하면 정보 의뢰서를 개발하고 이를 잠재력을 가진 아웃소싱 전문업체들에게 배포한다. 아웃소싱 전문업체들은 전달받은 고객 기업의 정보 의뢰서를 바탕으로 발견 단계의 두 번째 하위 단계인 초기 분석 단계를 진행한다. 이를 통해 전문업체들은 초기 타당성 조사를 실시하고 비즈니스 전략 개발에 착수한다.

● 아웃소싱 프로세스 모델 연계 Ⅱ: 정의 단계 대비 아웃소싱 전략 설정과 전문업체 선정 단계

초기 타당성 조사 결과와 개발된 비즈니스 전략을 기준으로 아웃소싱 전문업체들은 공식적으로 프로젝트 팀을 구성하고 아웃소싱 프로젝트의 업무 범위를 정의한다. 이 단계에서 고객 기업은 아웃소싱 대상을 정의하고, 아웃소싱 유형(전체 대비 선택적 아웃소싱, 자산 대비 서비스 아웃소싱 등), 아웃소싱 기간(단기, 중기, 장기 아웃소싱 등), 아웃소싱 관계(계약 위주 대비 파트너십 위주의 아웃소싱 등), 전문업체의 수(단일 대비 복수 전문업체 등)와 같은 기본적인 아웃소싱 전략(Outsourcing Strategy Phase)을 결정한다. 이를 기준으로 고객 기업은 내부적으로 아웃소싱 프로젝트와 관련된 부서 및 관리자들과 아웃소싱의 필요성에 대한 합의를 도출해야 한다([표 8-1] 참조: 정의 단계 대비 아웃소싱 전략 설정 단계).

다음 단계로 고객 기업은 아웃소싱 프로젝트를 수행할 잠재력을 가지고 있는 전문업체들을 일차적으로 평가하여 3~5개의 후보업체 명단(Shortlist)을 만들고 명단에 있는 전문업체들을 다시 발표 및 면접을 통해 심도 있게 평가하여 최종 전문업체를 선정한다. 이 전문업체의 선정과정(Vendor Evaluation and Selection Phase)은 전문업체 입장의 아웃소싱 프로세스에서 사전조사 단계와 연계되어 있다([표 8-1] 참조: 정의 단계 대비 전문업체 평가 및 설정 단계).

사전조사 단계의 주요 목적은 고객 기업의 비즈니스 상황과 정보기술의 환경을 평가하고 이해하는 것이다. 따라서 고객 기업에 의해 선정된 후보업체들은 고객 기업을 직접 방문하여 필요한 정보를 수집하고, 이를 통해서 고객 기업의 정보 의뢰서에 적합한 제안 요청서를 작성, 제출한다. 그리고 고객 기업은 이 단계에서 정의된 아웃소싱 전략을 기준으로 후보업체 명단에 있는 전문업체들 중에서 가장 적합한 아웃소싱 업체를 단일 또는 복수로 최종 선정한다.

● 아웃소싱 프로세스 모델 연계 Ⅲ: 확인 단계 대비 계약 및 협상 단계

최종적으로 아웃소싱 전문업체가 선정되고 나면, 계획 및 협상 단계에서 아웃소싱 프로젝트에 대한 보다 자세한 논의와 결정이 이루어진다. 고객 기업의 계약 및 협상 단계(Contract and Negotiation Phase)는 전문업체의 아웃소싱 프로세스 모델에서 확인 단계의 활동들과 친밀하게 연계되어 있다([표 8-1] 참조: 확인 단계 대비 계약 및 협상 단계).

이 단계에서 고객 기업과 최종 선정된 아웃소싱 전문업체는 아웃소싱 프로젝트에 대한 양해각서 또는 동의서를 체결하고, 성과 측정 방안을 정의하며, 계약서 항목과 조건들을 논의하고, 협상을 통해 최종 계약을 진행한다. 고객 기업은 이 과정에 협상에 필요한 지식을 가진 관리자와 전문가를 포함하여 협상팀(Negotiation Team)을 구성하고, 아웃소싱 전문업체는 내부적으로 협상을 효율적으로 진행하기 위한 협상 전략을 개발하여 서로가 만족스러운 조건으로 계약할 수 있도록 준비해야 한다. 협상을 통해 계약의 조건들에 대해 쌍방이 의견 일치를 도출하면, 합의된 내용을 바탕으로 최종 아웃소싱 계약을 체결하고, 체결된 계약서는 고객 기업과 전문업체가 서로 보관한다.

● 아웃소싱 프로세스 모델 연계 Ⅳ: 이전 단계 대비 아웃소싱 이행 단계

아웃소싱 프로젝트에 대한 계약이 완료되면, 두 기업은 이전 대상과 절차를 논의하고, 이를 통해 이관 일정과 아웃소싱 프로젝트 결과물에 대한 확산 계획을 설정한다. 더욱 중요한 것은 아웃소싱 프로젝트를 성공적으로 진행하기 위해 새로운 업무 환경에 대한 정의가 수반되어야 한다. 아웃소싱 전문업체의 프로세스에서 이전 단계는 고객 기업의 프로세스 측면에서 아웃소싱 이행 단계(Implementation Phase)에 해당한다([표 8-1] 참조: 이전 단계 대비 아웃소싱 이행 단계).

이 연계과정에서 중요하게 고려해야 하는 것은 이전을 통해 발생하는 새로운 업무 환경을 정의하고 설정하는 것이다. 하지만 또 다른 중요한 사항은 새로운 업무 환경의 부정적인 영향을 최소화하기 위해서 현재의 업무 환경을 유지해야 한다는 것이다. 따라서 새로운 업무 환경과 기존의 업무 환경을 복합적으로 유지하는 것이 필요하다. 이런 복합적인 업무 환경을 효과적으로 설정, 관리하기 위해서는 계약을 체결하는 시점에서 고객 기업과 선정된 전문업체 간의 비즈니스 요구사항에 대한 충분한 이해가 절대적으로 요구된다.

● 아웃소싱 프로세스 모델 연계 V: 수행 및 관리 단계 대비 계약관리 및 성과 피드백 단계

전문업체 입장에서 아웃소싱 프로세스의 최종 단계는 체결된 계약을 효과적으로 관리하고 아웃소싱을 통해 고객 기업에게 제공하는 가치를 최대화하도록 노력하는 것이다. 아웃소싱 전문업체의 해당 프로세스는 고객 기업의 최종 단계인 계약관리 및 성과 피드백 단계(Contract Management Phase and Performance Feedback Phase)와 직접적으로 연계되어 있다([표 8-1] 참조: 수행 및 관리 단계 대비 계약관리 및 성과 피드백 단계).

우선 계약관리 단계에서 전문업체는 아웃소싱 서비스를 실질적으로 수행하고, 제공된 서비스에 대한 성과와 고객의 만족도 정도를 객관적으로 측정한다. 반면에 고객 기업은 자체적으로 측정한 아웃소싱 서비스의 산출물 및 만족도 또는 전문업체가 제공한 서비스 산출물과 만족도 정보를 사용하여 계약 대비 적절히 아웃소싱 서비스가 제공되고 있는지를 관찰하고 통제해야 한다. 만족도 측정은 서비스 수준 협약의 내용에 따라 주기적으로 진행한다.

그런 후에 측정된 성과 정보는 반복적으로 피드백 프로세스를 통해 아웃소싱 전문업체에게 적절한 시점에 전달한다. 만약 아웃소싱 서비스의 수준이 기대 이하라면 전문업체는 내부적으로 아웃소싱 서비스에 대한 효율성을 개선하기 위한 가능한 대안들을 개발하고 이를 고객 기업에게 제시해야 한다. 이 과정에서 고객 기업은 어떠한 이슈들이 발생할지 모르기 때문에 아웃소싱 전문업체와 함께 항상 긴밀하게 작업을 수행하고, 필요시 적절한 의사결정을 내리고 이를 전문업체에게 알려준다.

장기적인 관점에서 측정된 성과 정보는 향후에 해당 전문업체와 계약을 갱신하거나 전문업체를 변경하기 위한 중요한 입력 자료로 사용할 수 있다. 또한 아웃소싱 계약이 완료된 이후에 고객 기업이 아웃소싱 전략을 변경(선택적 아웃소싱에서 전체적 아웃소싱, 계약 위주의 관계에서 파트너십 위주의 관계, 단일 전문업체 관계에서 복수 전문업체 관계 등)하고자 할 때도 중요한 자료로 고려해야 한다. 필요하다면 이런 성과 정보를 기준으로 아웃소싱했던 정보기술을 다시 내부 인소싱(Insourcing)으로 전환할 수도 있다.

Chapter 9

전문업체 프로세스 단계별 이슈

지금까지 아웃소싱 전문업체들 관점에서 일반적인 아웃소싱 프로세스를 살펴보았다. 기업은 경쟁력을 강화하고 급격하게 변화하는 비즈니스 환경에 대응하기 위해서 정보기술 아웃소싱을 지속적으로 도입하고 있다. 이런 상황에서 고객 기업과 전문업체 양방향 관점에서 아웃소싱 프로세스를 정립하고 이해하는 것은 매우 중요하다. 이를 통해 기업은 아웃소싱의 이익을 극대화하고 외부의 기업들과 보다 효과적인 비즈니스 관계를 형성할 수 있게 된다.

본 책에서는 정보기술 아웃소싱에 대해 기존 연구에서 지금까지 언급되지 않았던 두 가지의 이슈를 중점적으로 논의하였다. 하나는 아웃소싱 전문업체의 본질을 기업의 유형과 구조 측면에서 살펴보았고, 다른 하나는 전문업체들의 경영진들과의 심도 있는 인터뷰를 통해 일반적인 아웃소싱 프로세스 모델을 개발한 것이다.

첫째로 아웃소싱 전문업체들의 본질에 관련해서는 크게 세 가지 형태의 유형(순수 글로벌 전문업체, 순수 현지 전문업체, 고객 기업과 아웃소싱 전문업체 간의 합작회사)으로 구분하여 설명하였다. 둘째로 아웃소싱 전문업체의 내부적 관리구조 측면에서 세 가지 구성요소(검토위원회, 기업 차원의 아웃소싱 지원 그룹, 실질적으로 아웃소싱 프로젝트를 진행하는 아웃소싱 프로젝트 그룹)를 제시하고 이에 대한 논의를 진행하였다. 마지막으로 지금까지 논의된 적이 없었으며 본 책에서 처음 언급하는 전문업체의 아웃소싱 프로세스 모델을 정립하고 제시하였는데, 이 모델은 발견, 정의, 확인, 이전 그리고 실행 및 관리 단계로 구성되어 있다.

아웃소싱 전문업체의 프로세스 모델을 처음으로 개발하였기 때문에 향후에 추가적인 검증이 필요하겠지만, 본 책에서 강조하고 있는 전문업체 입장에서의 전반적인 아웃소싱 프로세스 모델을 이해하는 것은 아웃소싱 프로젝트를 보다 성공적으로 이끌기 위해 불가결한 것이다. 아웃소싱 프로젝트의 전반적인 과정을 처음부터 끝까지 개념화하고 이해하는 것은 고객 기업, 실무자, 연구자 그리고 아웃소싱 전문업체 입장에서 매우 중요하다.

고객 기업 관점에서 기업 자체적인 아웃소싱 프로세스를 정립하고 이를 효과적으로 아웃소싱 프로젝트에 적용하는 것은 반드시 필요하다. 하지만 더욱 중요한 것은 실제로 아웃소싱 프로젝트를 함께 수행한 전문업체들의 프로세스 모델을 이해해야만 고객 기업이 원하는 아웃소싱 목적을 효과적으로 달성할 수 있다는 것이다. 그 이유는 정보기술 아웃소싱이 단순히 전술적인 수단이 아니라 기업의 경쟁력을 유지하고 창출할 수 있는 중요한 전략적 수단이기 때문이다. 즉 아웃소싱은 고객 기업 관점에서만 진행되는 단방향 트랜잭션(One-way Transaction)이 아니며 고객 기업과 전문업체가 함께 진행해야 하는 양방향 프로세스(Two-way Process)의 특성을 가지고 있다. 더욱이 고객 기업은 이 과정에서 다양한 전략적 의사결정을 내려야 하기 때문에, 고객 기업과 전문업체의 관점을 동시에 이해해야만 효과적인 의사결정이 가능하고, 이를 통해 아웃소싱 프로젝트를 성공적으로 이끌 수 있는 것이다.

또한 아웃소싱 프로세스 모델이 효과적으로 정립되어 있다면 아웃소싱 프로젝트에서 계약 및 관계관리에 들어가는 노력을 현저히 줄일 수 있으며, 프로젝트의 시작에서부터 끝까지 전반적으로 발생할 수 있는 잠재적 위험들을 대부분 감소시키거나 회피할 수 있다. 이런 측면에서 고객 기업은 아웃소싱 전문업체를 선정할 때 프로젝트를 수행하는 파트너로서 효과적으로 정립된 아웃소싱 프로세스 모델을 보유하고 있는 전문업체를 선정해야 한다. 이것이 아웃소싱 프로젝트의 전반적인 비용을 줄이고 이익을 최대화할 수 있는 최선이다.

이하에서는 전문업체의 아웃소싱 프로세스 모델에서 각 단계별 주요 이슈를 정리하였다. 전문업체가 각 단계별로 어떠한 이슈를 가지고 있는지를 이해하는 것은 고객 기업, 실무자 그리고 연구자들 입장에서 모두 중요하다. 고객 기업은 아웃소싱 프로젝트 진행과정에서 파트너인 전문업체의 관심사를 미리 인식하고 이에 대응함으로써 효과적으로 프로세스를 진행한다. 실무자 입장에서도 서로의 이슈와 관심사를 미리 알게 된다면 업무 진행과정의 비용과 노력을 상대적으로 줄일 수 있다. 고객 기업과 실무자들의 효과적이고 효율적인 대응은 결국 아웃소싱 프로젝트를 성공으로 유도하는 지름길이 될 것이다. 연구자 입장에서도 각 단계별 이슈를 이해하는 것은 향후에 어떤 연구들을 수행하는 것이 필요하고, 이를 통해 정보기술 아웃소싱 분야에 공헌할 수 있는 방법이 무엇인지를 모색하는 것이다.

아웃소싱 전문업체 입장에서 프로세스 모델의 각 단계별 주요 이슈들을 정리하면 다음과 같다.

● 발견 단계의 주요 이슈

- 고객 기업과 전문업체 입장에서 아웃소싱의 이익과 위험에는 어떠한 차이가 있는 것인가? 두 기업이 함께 서로의 아웃소싱 이익을 획득하고 위험을 줄일 수 있는 방법이 있을까?
- 고객 기업과 전문업체가 아웃소싱의 이익과 위험을 다르게 인식하도록 만드는 구체적인 상황은 무엇인가?
- 아웃소싱 전문업체가 아웃소싱 프로젝트의 규모, 유형, 기간 등의 측면에서 선호하는 고객 기업이 있다면 어떤 기업일까?

● 정의 단계의 주요 이슈

- 아웃소싱 프로젝트팀을 구성하기 위해 필요한 팀원의 수 및 구성원의 특성은 무엇인가?
- 아웃소싱 전문업체 관점에서 가장 적절한 아웃소싱 전략은 무엇인가?
- 아웃소싱 전문업체가 고객 기업과 프로젝트를 진행하려고 할 때 가장 적절한 아웃소싱 정도(전체 대비 선택적 아웃소싱), 아웃소싱 기간(단기, 중기 대비 장기), 전문업체의 수(단일 대비 복수 전문업체) 그리고 아웃소싱 관계 형태(계약 위주 대비 파트너십 위주)는 무엇인가?
- 고객 기업의 잠재적 아웃소싱 전문업체들 중 하나로 최종 후보자 명단에 들어가기 위해서 전문업체는 어떠한 역량을 가지고 있어야 하는가? 또한 특정 전문업체가 최종 후보자로 선정되기 위해서는 어떠한 선정기준들을 고려해야 하는가?

● 확인 단계의 주요 이슈

- 아웃소싱 전문업체 관점에서 아웃소싱 계약을 작성할 때 고려해야 하는 중요한 프로세스와 관리적, 기술적 이슈들은 무엇인가?
- 아웃소싱 계약서를 작성할 때 고객 기업과 전문업체가 가지고 있는 서로 다른 관심사는 무엇인가? 두 기업의 서로 다른 관심사를 유도하는 특성과 이유는 무엇인가?

- 아웃소싱 프로젝트에서 고객 기업과 아웃소싱 전문업체의 관계를 일대일(One-to-one) 또는 일대다(One-to-many)로 구성하도록 하는 근본적인 요인들은 무엇인가? 그리고 일대일 또는 일대다 관계의 장단점은 무엇인가?

이전 단계의 주요 이슈

- 아웃소싱 전문업체가 어떻게 현재의 업무 환경과 새로운 업무 환경을 효과적으로 관리하고 만들 수 있을 것인가?
- 아웃소싱 전문업체 측면에서 효과적인 이전을 결정하는 주요한 요인들은 무엇인가?
- 아웃소싱 프로젝트에서 다른 형태의 정보기술 자산을 성공적으로 이관하기 위해 고려할 수 있는 대안들은 무엇인가?

실행 및 관리 단계의 주요 이슈

- 어떻게 아웃소싱 전문업체가 프로젝트의 성과를 효과적으로 개선할 수 있는가?
- 어떠한 요소들이 아웃소싱 프로젝트의 성공과 실패를 결정하는가?
- 고객 기업과 아웃소싱 전문업체 입장에서 성공과 실패를 다르게 정의하도록 하는 구체적인 상황과 환경은 무엇인가?
- 아웃소싱 전문업체가 효과적으로 아웃소싱 성과를 평가하고 검증하려면 무엇을 어떻게 해야 하는가?

- 아웃소싱 성과를 평가할 때 실질적으로 전문업체의 역할은 무엇인가?
- 아웃소싱 전문업체의 어떠한 특성들이 아웃소싱의 가치를 증대시킬 수 있게 하는가? 있다면 그 특성들은 무엇인가?

● 기타 주요 이슈

- 아웃소싱 전문업체 관점에서 계약 위주의 관계와 파트너십 위주의 관계는 어떠한 차이가 있는 것인가? 이 두 가지의 관계에서 전문업체에게 보다 적절한 것은 무엇인가? 어떠한 특성과 환경이 전문업체가 특정 관계를 선호하게 만드는가?
- 아웃소싱 프로젝트를 진행할 때 고객 기업과 전문업체 간의 문화적 유사성과 차이점이 어떻게 아웃소싱 성공에 영향을 주는가?
- 아웃소싱 전문업체가 특히 관심을 가지고 관리해야 하는 문화와 관련된 중요한 요인들은 무엇인가?
- 아웃소싱 전문업체는 본질적으로 다른 유형의 아웃소싱 프로젝트(순수 아웃소싱, 전사적 자원관리(ERP: Enterprise Resource Planning), 애플리케이션 서비스(ASP: Application Service Provider), 클라우드 서비스(Cloud Service) 등)에 대한 다른 프로세스 모델을 가지고 있는가? 있다면 이들은 서로 어떻게 다른가?
- 아웃소싱 전문업체는 위에서 언급한 다른 유형의 아웃소싱 프로젝트에 대한 어떠한 형태의 비즈니스 모델, 가격 모델, 전략적 포지셔닝을 추구하는가?

- 특정 아웃소싱 전문업체가 다른 전문업체들을 경쟁자가 아닌 파트너로 고려할 수 있는가? 있다면 어떠한 상황에서 파트너로 고려해야 하는가?
- 아웃소싱 전문업체 스스로 아웃소싱 시장의 크기와 경쟁력을 높이기 위해서 무엇을 어떻게 해야 하는가?

PART 3

아웃소싱 고객 기업 이해

Chapter 10 고객 기업 프로세스

지금까지 정보기술 아웃소싱을 전문업체 입장에서 전문업체의 내부 기업구조, 아웃소싱 프로세스, 그리고 프로세스에서 각 단계별 주요 이슈들에 대하여 논의하였다. 이와 같은 아웃소싱 전문업체에 대한 이해를 바탕으로 지금부터는 고객 기업들의 입장에서 정보기술 아웃소싱의 전반적인 프로세스를 좀 더 자세히 논의하도록 한다.

국내에서는 대규모 장기 형태의 정보기술 아웃소싱 프로젝트를 진행하는 경우가 많지 않아서 향후 아웃소싱 시장을 주도할 전문업체들과 고객 기업들은 아웃소싱에 대한 전문 지식과 경험이 부족한 상황이다. 하지만 다양한 형태의 정보기술 아웃소싱(예, 클라우드 서비스, 전사적 자원관리, 응용프로그램 서비스 등)이 보편화되면서 이를 성공적으로 이끌기 위하여 많은 문제가 고려되어야 한다. 무엇보다도 정보기술은 발전속도가 빠르기 때문에 아웃소싱의 계약 규모가 크고 기간이

길어질수록 기업은 높은 불확실성으로 인해 발생되는 위험을 감소시킬 수 있는 관리 기법을 터득해야 한다.

따라서 본 장에서는 고객 기업 관점에서 정보기술 아웃소싱의 접근 방법을 단계별로 나누어서 각 단계별 내용과 중요사항들을 검토해 봄으로써 아웃소싱을 진행하고 있거나 고려하고 있는 기업들에게 기본적인 가이드라인을 제공하고자 한다. 특히 아웃소싱에 관련된 의사결정은 계약이 종료된 다음에도 일정한 형태의 관리 방안이 고려되어야 하는 지속적인 활동이므로 아웃소싱에 대하여 총체적인 시각을 갖고 접근하기 위하여 총 네 단계의 생명주기로 나누어 접근하도록 한다.

10.1 아웃소싱 기본적 이해

고객 기업 입장에서 정보기술 아웃소싱의 단계별 추진 방법을 자세히 설명하기 이전에 기업이 아웃소싱을 고려하거나 계획 중인 경우에 우선적으로 다음의 내용들에 관하여 이해를 하는 것이 필요하다.

- **아웃소싱 전문업체의 비용구조가 고객 기업의 비용구조보다 반드시 좋은 것은 아니다**

일반적으로 규모와 범위의 경제를 가지고 있는 아웃소싱 전문업체들이 고객 기업들보다 비용 측면에 있어서 우위에 있다고 알려져 있다. 하지만 비용우위가 어디에 있는지 정확히 평가해야 한다. 일반적으로 전문업체는 보다 전문화된 인력과 우수한 기술을 보유하고 있을 것이라고 생각하지만, 전문업체들이 다수의 우수한 인력을 보유하기 위해서는 그만큼의 비용을 지불하고 있다는 사실을 기업들은 인식해야 한다.

정보기술 아웃소싱은 일반적으로 저가 입찰(Bidding)에 의하여 전문업체를 선정하기 때문에, 전문업체들은 고객 기업보다 원가절감을 위하여 한층 더 많은 노력을 하고 있는 것은 사실이다. 만일 비용절감이 아웃소싱의 중요한 동기라면, 고객 기업은 우선적으로 동일한 아웃소싱 프로젝트를 내부에서 진행할 때 들어갈 비용을 미리 평가해 보아야 한다. 기존 연구에 따르면 정보기술을 아웃소싱하지 않고 내부적으로 운영을 하더라도 20~50% 정도의 비용절감이 가능한 것으로 보고되고 있다. 물론 기업이 클라우드 서비스와 같은 아웃소싱을 수행한다면 일반적으로 대략 30% 정도의 비용절감효과가 있다고 알려져 있다.

하지만 정보기술을 기업 내부에서 관리할 때와 아웃소싱을 통해 전문업체가 관리할 때 비슷한 비용절감효과가 있다면, 기업 입장에서는 굳이 아웃소싱을 도입할 이유가 없다. 만일 아웃소싱을 하지 않고 내부적으로도 비용절감이 가능하다는 평가가 되었음에도 불구하고 아웃소싱이 기업 내부에서 심각하게 고려된다면, 그 이유가 무엇인지를 명확히 정의(예, 전략적 목적, 기술적 목적, 경제적 목적 등)하는 것이 필요하다. 왜냐하면 이것은 향후 아웃소싱의 성과를 평가하는 데 있어서 명확한 동기와 목표를 제공하기 때문이다.

● 전문업체와 고객 기업은 아웃소싱을 통하여 윈 윈(Win-Win)이 되는 자세로 임해야 한다

정보기술을 아웃소싱하는 데 만일 고객 기업이 원하는 모든 요구사항들을 전문업체들이 보다 싼 비용으로 알아서 해줄 것이라는 기대를 가지고 있다면 아웃소싱 프로젝트를 성공적으로 수행하기는 어려울 것이다. 또한 전문업체들도 저가 입찰을 통한 매출 경쟁에만 치중한다면 고객 기업이 원하는 아웃소싱 서비스를 제공하기는 어려우며, 이럴 경우 전문업체는 추가적인 비용 발생을 경비로 요구하기 때문에 서로 간의 불신감이 생기는 원인이 된다.

정보기술 아웃소싱이 시스템 통합 프로젝트와 다른 점은 일회성의 단기 프로젝트가 아니라는 것이다. 아웃소싱은 장기적인 관계와 신뢰를 바탕으로 만들어지는 것이므로 상호 간의 요구사항과 비즈니스 니즈를 충분히 파악하고 프로젝트에 임해야 한다. 두 기업 서로 간의 아웃소싱 목표가 일치되는 것은 어려운 일이지만, 아웃소싱이 장기적인 관계로 발전되기 위해서는 일치되지 않는 목표를 최소화하는 것이 반드시 필요하다.

● 아웃소싱하고자 하는 정보기술을 하나의 독립적인 기능으로 구분하여 평가해야 한다.

정보기술 아웃소싱의 서비스 영역은 일반적으로 다음과 같이 구분한다.

- 정보기술 전략 및 계획(Information Technology Planning)

- 애플리케이션 개발(Application Development)
- 애플리케이션 유지 및 보수(Application Maintenance)
- 데이터 센터 관리(Data Center Management)
- 교육 및 훈련(Education and Training)
- 네트워크 관리(Network Management)
- 데스크톱 관리(Desktop Management)
- 헬프데스크 관리(Helpdesk Management)
- 기타

아웃소싱 전문업체들도 위에서 구분한 서비스 영역을 기반으로 중점적 사업 영역을 개발하고 있다. 국내 시장의 경우에는 전문업체들이 주로 시스템 통합 위주의 아웃소싱 프로젝트를 진행해 왔기 때문에 모든 영역에 대하여 폭넓게 서비스를 제공하지는 못하고 있다. 하지만 아웃소싱을 고려하는 고객 기업은 정보기술을 기능별로 분류하고 분류된 정보기술 기능들이 서로 독립적일 때 평가 작업이 용이하다.

또한 아웃소싱의 서비스 영역을 독립적으로 구분하고자 하는 가장 중요한 이유는 관리 및 통제의 용이성 때문이다. 만일 서비스 영역이 다른 분야와 복잡하게 얽혀 있다면, 내부적으로 업무의 조정 작업이 먼저 선행되어야 한다. 즉 독립적인 정보기술 기능을 외부의 전문업체에게 일임할 때 관리와 통제는 훨씬 용이해진다.

● 전략적인 정보기술 기능도 아웃소싱 대상이 될 수 있다

어떠한 정보기술 영역을 아웃소싱할 수 있는가에 대하여 기업들은 많은 고민을 한다. 일반적으로 고려하는 기준은 그 정보기술 기능이 기업 입장에서 핵심 또는 비핵심 영역(Core vs. Non-core)에 해당되는가, 일상적인 또는 비일상적인 기능(Commodity vs. Non-commodity)인가 하는 것이다.

이 기준들에 따르면 핵심 영역이나 비일상적인 기능에 해당된다면 아웃소싱을 하지 말고 비핵심 영역이나 일상적인 기능에 해당되면 아웃소싱의 대상으로 고려할 수 있다는 것이다. 이 기준이 일반적인 가이드라인은 될 수 있으나, 실제 업무를 이분법을 사용하여 핵심 영역 또는 비핵심 영역으로 구분하는 것은 매우 어려운 일이다. 예를 들어, 일반 데이터 센터 운영에 있어서 운영 자체는 일상적인 기능일지라도 다루어지는 데이터와 정보 자체는 핵심 영역으로 볼 수 있기 때문이다.

이러한 일반적인 기준이 자주 거론되는 이유는 크게 두 가지로 볼 수 있다. 첫 번째는 위험도 때문이다. 만약 일상적인 기능을 전문업체에게 아웃소싱하면 문제가 발생한다고 해도 해결책을 찾기가 용이하며 그 파급효과도 적다. 두 번째 이유는 전문업체의 사업 영역과 관련이 있다. 일반적인 단순 기능에 대해서는 시장에 다수의 전문업체들이 있을 수 있지만 기업의 핵심 또는 비일상적 업무에 해당되는 기능을 지원할 수 있는 경험과 능력을 가진 전문업체들은 숫자가 적으며 찾기도 어렵다. 만약 능력 있는 전문업체와 장기적으로 우호적인 관계를 유지해 왔다면, 해당 전문업체에게 핵심적이고 비일상적인 기능도 아웃소싱할 수 있으며, 이런 상황에서는 위험도를 최소화할 수 있다.

● 정보기술에서 핵심 영역과 업무수행 중요성은 다른 개념이다

아웃소싱을 결정하는 중요한 지침으로 사용되는 핵심 영역(Core Area)과 업무수행의 중요성(Mission Critical Area)은 다른 개념이다. 업무수행의 중요성이란 해당 업무가 전체 임무 달성을 위하여 얼마나 큰 비중과 중요도를 가지고 있는가 하는 것이다.

예를 들어, 전기 설비가 제기능을 수행할 때는 사용자들은 그 전기 설비의 중요성에 관하여 크게 인식하지 않는다. 그리고 특별한 경우를 제외하고는 누구도 내부 시설을 갖추고 자체적으로 전원을 공급하려 하지 않는다. 이렇게 하는 것은 많은 비용이 들어갈 뿐만 아니라, 전기에 관한 전문지식이 없는 일반 사용자들에게는 어려운 일이기 때문이다. 이러한 관점에서 전기 설비도 아웃소싱을 할 수 있을 것이다. 전기 설비를 자체적으로 보유하고 내부적으로 운영하여 전원을 공급한다고 하더라도 사용자가 직접 확보할 수 있는 경쟁적 우위나 장점은 미비하다. 그러나 만일 전기 설비에 문제가 생겨 전원 공급이 중단된다면 사용자들은 많은 불편함을 겪게 된다. 다시 말해, 전기 설비는 업무수행의 중요성은 높지만, 업무의 핵심 영역은 아니다. 핵심 영역이 아닌 전기 설비를 단순히 업무수행의 중요성 때문에 내부적으로 운영 관리하는 것은 불합리할 수 있다.

일반적으로 정보기술 업무는 특성상 업무수행의 중요성은 높다고 할 수 있지만, 그렇다고 모든 정보기술 업무가 전략적 우위를 창출하는 핵심 영역은 아니다. 예를 들어, 정보기술 기능에서 데스크톱 및 시설관리와 같은 영역은 업무수행의 중요성은 높지만 핵심 영역은 아니므로 아웃소싱을 고려할 수 있는 대표적인 정보기술 업무 영역이다. 즉 정보기술 아웃소싱을 고려할 때 단순히 업무수행의 중요성 때문에 아웃소싱의 대상에서 제외시킬 필요는 없는 것이다.

● 아웃소싱의 서비스 영역을 단계별로 확대하는 방안도 고려해야 한다

정보기술 아웃소싱은 새로운 기술을 적용하기보다는 새로운 관리 방법을 도입하는 것이다. 그렇기 때문에 아웃소싱을 성공적으로 수행하기 위해서는 서비스 영역과 서비스 수준의 정의, 비용 산정의 문제, 계약서 작성의 문제 등 새로운 경영 기법의 도입이 필요하다.

따라서 만약 아웃소싱에 관한 경험이 부족하다면, 일차적으로 위험을 최소화할 수 있도록 한정된 정보기술 서비스 업무 영역만을 아웃소싱 대상으로 고려할 수 있다. 또한 이런 경우에는 전문업체와 장기 계약보다는 단기 계약을 진행하는 것이 좋으며, 단기 계약을 통해 서로의 업무와 목표를 이해하고 이를 통해 신뢰를 구축하는 것이 필요하다. 그런 후에 단기 계약이 완료될 때 점차적으로 서비스 영역과 계약 기간을 확대하는 방법을 고려할 수 있다.

10.2 아웃소싱 단계별 활동

[그림 10-1]은 고객 기업 관점에서 정보기술 아웃소싱의 단계를 도식화한 것이다. 아웃소싱의 시작부터 계약이 완료되는 최종 단계까지를 하나의 생명주기로 보고 전체적인 관리 기법을 설명하고자 한다. 이런 생명주기 측면에서 아웃소싱 프로세스를 이해해야만 각 단계들의 역할은 무엇이고 이들이 어떻게 서로 유기적으로 연결되어 있는지를 이해할 수 있기 때문이다.

고객 기업 관점에서 아웃소싱은 크게 네 개의 단계로 구성되어 있다. 첫 번째 단계는 준비 및 평가 단계(Preparation and Assessment Phase), 두 번째는 선정 및 계약 단계(Selection and Contract Phase), 세 번째는 관리 단계(Management Phase), 그리고 네 번째는 변화관리 단계(Change Management Phase)로 구분된다. 그리고 각 단계들은 몇 개의 하위 단계들로 구성되어 있다([그림 10-1] 참조). 각 단계별로 제시되는 관리 항목은 내용에 따라 아웃소싱 고객 기업, 전문업체 또는 두 기업 모두에게 적용될 수 있다.

그리고 아웃소싱 프로세스 모델에 대해 단계별 논의를 하면서 아웃소싱에 관한 전반적인 이해도를 높이기 위하여 실무자들이 일반적으로 갖게 되는 의문사항들도 함께 설명하도록 한다.

그림 10-1 고객 기업의 아웃소싱 프로세스 모델

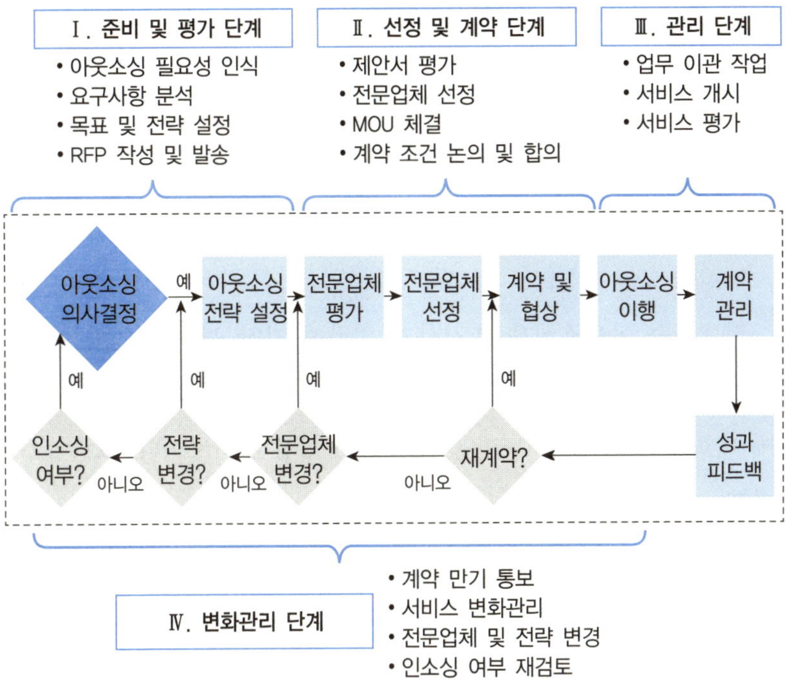

10.2.1 준비 및 평가 단계(Preparation and Assessment Phase)

준비 및 평가 단계에서는 우선 기업의 정보기술에 대한 운영 상태와 관련 문제점들을 파악하여 아웃소싱 가능성을 타진하며, 이에 따라 아웃소싱의 업무 영역을 결정한다. 내부적으로 수행되는 평가 결과에 따라 아웃소싱을 하지 않기로 결정할 수 있으며, 만일 아웃소싱을 하기로 결정하면 그 동기와 목표를 명확히 정의하는 것이 필요하다.

정보기술을 아웃소싱하기로 결정하면 어떤 형태로 아웃소싱을 진행할 것인지 아웃소싱 전략을 설정(제3장 참조)하고 이를 바탕으로 전문업체 선정을 위한 정보 의뢰서(RFI: Request for Information)와 제안요청서(RFP: Request For Proposal)를 준비하는 단계이다.

준비 및 평가 단계에서는 다음과 같은 이슈들을 고려한다.

● 아웃소싱 추진팀을 구성하고 아웃소싱 전문가를 보유해야 한다

정보기술 아웃소싱을 추진하기 위하여 가장 필요한 인력은 요구사항을 정확히 평가할 수 있는 전문 기술자와 아웃소싱의 전체 과정에 대한 관리와 교섭 능력을 갖춘 아웃소싱 관리자이다([그림 10-2] 참조).

아웃소싱 전문가는 계약서 작성에서도 중요한 역할을 수행할 수 있어야 하며, 전문 인력은 해당 분야에 대한 충분한 지식을 갖고 전문업체의 담당자들과 관련 분야에 관한 논의와 평가를 할 수 있는 능력을 갖추고 있어야 한다. 필요하다면 외부 컨설턴트의 도움을 받는 것도 고려할 수 있다. 아웃소싱 컨설턴트는 전문업체 선정뿐만 아니라 고객기업의 아웃소싱 의사결정과정을 지원할 수 있는 역량을 가지고 있어야 한다. 국내의 경우 아웃소싱 컨설턴트의 역량이 아직은 상대적으로 부족한 편이지만 향후 아웃소싱이 활성화된다면 이 부분의 컨설팅도 활성화될 것으로 기대된다. 또한 외부 컨설턴트의 중요한 역할 중의 하나는 다른 아웃소싱 전문업체들과의 벤치마킹을 가능하도록 지원하는 것이다.

그림 10-2 아웃소싱의 평가 준비 절차

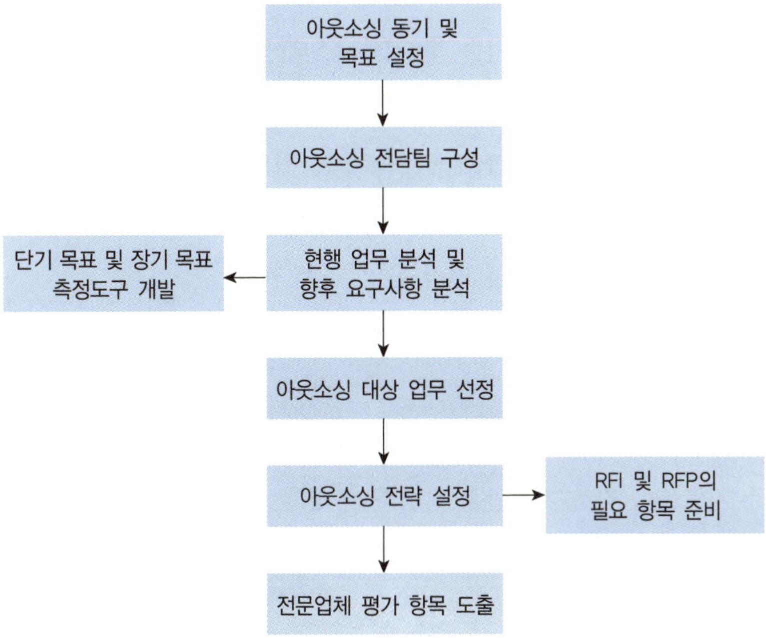

이 단계에서 아웃소싱 추진팀을 구성하는 것이 필요하기는 하지만, 팀의 구성원 모두가 기존의 업무를 버리고 아웃소싱 추진팀에 상근할 필요는 없다. 중요한 것은 각 분야별로 전문 인력의 의견이 반드시 반영되도록 하는 것이며 아웃소싱 관리자는 이것을 총괄하고 평가하기 위해 필요로 하는 전담인력만 배치시키도록 한다.

● 현재의 업무에 관한 명확한 평가가 선행되어야 한다

현행 업무에 대한 분석과 이해는 아웃소싱 프로젝트를 진행하기 전에 반드시 수행해야 하는 과정으로 다음과 같은 주요 내용들이 포함되어야 한다.

- 관련된 모든 정보기술 및 정보시스템에 대한 재고조사
- 정보기술 및 정보시스템의 모든 업무 기능 도출
- 현재의 내부 정보기술 서비스 수준 정도 평가
- 내부 정보기술 운영에 소요되는 비용 평가
- 현재의 조직체계 및 인력 운영 현황 파악
- 향후 예측되는 정보기술 서비스의 수요조사

이 과정에서 고객 기업은 현재의 내부 정보기술 서비스에 관련된 모든 자료를 근거로 기준안을 작성하여, 향후 아웃소싱을 추진할 때 기본 현황 자료로 사용하고, 전문업체의 요구에 따라 필요한 자료를 제공한다.

이런 현행 업무 평가는 방대한 작업이므로 최소 3개월에서 6개월 정도의 시간이 소요되며, 아웃소싱의 전체 프로세스에서 아주 중요한 출발점이라고 할 수 있다. 만일 고객 기업이 단독으로 평가를 수행할 능력이 없다면, 전문 컨설팅업체의 도움을 받아야 할 부분이다. 경우에 따라서 입찰과정을 거치지 않고 아웃소싱 전문업체가 미리 선정된다 하더라도 전문업체는 고객 기업에게 현행 업무에 관한 필요한 기본 자료를 요구해야 한다. 이런 현행 업무 분석은 언젠가는 반드시 이루어져야 하는 작업이며, 현행 업무에 대한 분석 자료는 아웃소싱 계약의 협상에 있어서 유리한 위치를 차지하기 위하여 반드시 필요한 자료

이다. 따라서 아웃소싱 프로세스의 초기 단계에 고객 기업 스스로 준비하는 것이 유리하다.

● 아웃소싱에 대한 명확한 목표와 요구사항을 설정한다

현행 업무의 평가를 실시한 후에 고객 기업은 해당 정보기술 기능의 강점과 약점을 파악하여 어떠한 기능을 아웃소싱할 것인가를 평가하고 결정해야 한다. 이에 따라 아웃소싱의 동기가 정립되고, 아웃소싱의 명확한 목표와 요구사항이 설정되어야 한다.

이를 근거로 아웃소싱 프로젝트를 성공적으로 수행하기 위한 주요 성공요소(CSF: Critical Success Factors)가 무엇인지를 설정하도록 한다. 또한 이를 근거로 고객 기업은 전문업체의 평가 항목, 제안 요청서의 필요 항목, 그리고 장단기 목표에 대한 측정값들을 도출하도록 한다.

● 정해진 동기와 목표를 근간으로 전문업체의 평가 목록을 작성한다

전문업체의 평가 항목에는 기술적 요구사항(정보기술 역량, 과거 업무 수행 경력 등) 및 관리적인 요구사항(인사관리, 재무, 전문업체의 자격 요건, 계약 조건 등)이 명확히 명시되어야 한다.

여기에서 작성된 평가 목록은 향후 전문업체를 선정하고 선정된 전문업체의 성과를 측정하는 데 기초 자료로 활용된다. 따라서 아웃소싱의 초기 단계부터 신중하게 작성되어야 한다. 효과적인 전문업체의 평가를 위해서 평가 목록에 의한 매트릭스를 작성하는 것이 필요하다.

[표 10-1]은 전문업체의 평가 항목과 방법을 단순화시킨 하나의 예를 보여주고 있다. 평가 항목을 일반 항목과 주요 성공요인으로 구분하고, 각 항목에 적절한 가중치를 부여하여 전문업체들을 평가하도록 한 예이다. 실제 전문업체 평가 시에는 주요 성공요인을 세부 항목으로 자세히 구분하여 기술해야 한다.

표 10-1 ▌전문업체 평가 방법의 예제

일반 평가 항목	가중치 (%)	전문업체 1	전문업체 2	전문업체 3
평판도의 정도				
재무 상태의 정도				
기업문화의 일치 정도				
정보기술 역량의 수준				
제3의 업체의 관리 능력 정도				
과거의 업무수행 경력				
기타				
CSF에 따른 평가 항목	**가중치 (%)**	**전문업체 1**	**전문업체 2**	**전문업체 3**
인사 부분				
재무 부분				
기술 부분				
계약 조건				
기타				
합계	100(%)			

● 기본 평가 항목을 바탕으로 기대되는 아웃소싱 효과를 예측한다

평가 분야별로 달성되어야 하는 최소한의 목표치, 허용될 수 있는 최대 한계값, 달성하였으면 하는 최대 목표치 등에 관한 평가를 하는 작업이 필요하다. 이것은 아웃소싱에 대한 목표와 동기에 대한 재평가를 하는 기회를 제공한다.

정보기술 아웃소싱에 대한 의사결정은 일반적으로 경영진 수준에서 이루어지는 경우가 많다. 특히 정보기술 아웃소싱은 기업의 비즈니스 전략과 연계되어야 하기 때문에 최고 정보관리 책임자(CIO: Chief Information Officer)보다는 최고경영자(CEO: Chief Executive Officer)의 의사결정이 절대적으로 중요하다. 그러나 최고경영자가 정보기술 아웃소싱에 대해 결정할 때는 주로 비용절감 측면만 초점을 두고 다른 측면에 대한 평가는 간과하기 쉽다. 정보기술에 대한 역량을 보유하고 있는 우수한 전문업체를 선정하기 위해서는 다양한 측면에서 아웃소싱의 동기와 목표가 평가되어야 한다.

● 정보기술 자원의 이전이 포함된 아웃소싱 계약에서는 이전 방법 및 관련 이슈들에 대한 논의가 필요하다

정보기술 아웃소싱을 진행할 때 자원의 이전, 특히 정보기술 직원들의 이전이 포함된 경우에는 이전에 관련된 이슈들을 명확히 논의해야 한다. 정보기술 직원들 개인에게는 아주 민감한 문제이므로 이에 대한 합리적인 처리가 필요하다. 만일 직원의 이전 및 처우에 대한 내용이나 처리과정이 합리적이지 못하면 아웃소싱 프로젝트는 실패할 가능성이 상당히 높다.

정보기술 아웃소싱이 결정되고 해당 소식이 전해질 때, 다수의 직원들은 부정적인 입장을 취하는 경향이 높으며, 때에 따라서는 아웃소싱을 저지하거나 의도적인 태업이 발생하기도 한다. 따라서 아웃소싱을 추진하는 데 있어서 내부적으로 어느 정도까지의 정보를 직원들과 공유할 것인가에 관한 논의와 계획이 수립되어야 한다. 모든 사항을 비밀로 하여 추진할 것인지 아니면 모든 내용을 진솔하게 공유할 것인지를 각각의 장단점을 고려하여 결정해야 한다.

해외의 경우에 예전에는 직원들의 저항감을 최소화하기 위해서 정보기술 아웃소싱을 은밀히 진행하기도 하였다. 직원들의 저항감을 감소시키기 위하여 여러 가지 방법이 사용될 수도 있지만, 그 중에서 특히 향후 경력관리 프로그램은 고객 기업과 아웃소싱 전문업체가 높은 관심을 가지고 논의해야 할 부분이다. 아웃소싱은 우수한 인력으로 하여금 자신의 전문 분야를 개발할 수 있는 기회를 제공하기 때문에 직원들은 경력개발 측면에서 좋은 장점이 있다는 것을 인식할 필요가 있다. 아웃소싱을 중요한 사업 영역으로 생각하는 전문업체라면, 이전되는 직원을 위하여 체계적인 경력관리 프로그램을 미리 계획하여 아웃소싱 프로젝트를 성공으로 이끌 수 있어야 한다.

● 제안 요청서 작성 시 요구사항을 명확히 기술하도록 한다

정보 의뢰서(RFI: Request For Information)에는 일반적인 요구사항을 정리하고 제시해도 문제가 없지만, 제안 요청서(RFP: Request For

Proposal)에는 보다 정확한 정보가 포함되어야 한다. 기본 자료는 정보기술 아웃소싱을 하고자 하는 동기와 목표에서 도출되며, 각 분야(예, 재무, 인사, 정보기술 분야 등)의 실무 담당자들의 의견을 반영하여 요구사항이 작성되어야 한다.

만일 제안 요청서에서 언급한 요구사항이 모호한 경우에는 여러 전문업체들의 제안서를 동일한 기준에서 평가하기 어렵고 향후 선정된 전문업체와 계약을 위한 교섭 단계에서도 요구사항에 대해 서로 다른 해석을 하게 되어 이견과 갈등이 생긴다.

제안 요청서에 요구사항을 정확히 기술하기 위해서 고객 기업은 현행 정보기술의 수준과 문제점을 명확히 파악할 수 있는 능력이 있어야 한다. 만일 이러한 능력이 없이 전문업체 선정과 평가를 진행한다면 고객 기업은 아웃소싱 경험이 많은 전문업체들의 제안 내용과 계약 조건을 정확한 평가 없이 수용하는 오류를 범한다.

10.2.2 선정 및 계약 단계(Selection and Contract Phase)

선정 및 계약 단계는 전문업체 평가, 선정, 교섭, 계약서 작성으로 진행된다. 경쟁입찰(Open Bidding)로 할 것인가 지정 입찰(Closed Bidding)로 할 것인가에 따라 지원하는 전문업체의 수가 다를 수 있지만, 최종적으로 평가되는 전문업체는 적게는 2개에서 많게는 5개 정도로 좁혀진다.

일차적으로 선정된 전문업체들은 고객 기업에 대한 실사 또는 사전조사(Due Diligence)를 실시한다. 실사된 내용을 바탕으로 최종적인 전문업체로 선정되고 나면, 전문업체와 고객 기업은 제안 요청서와 제안서를 바탕으로 양해각서(MOU: Memorandum of Understanding) 또는 동의서(LOI: Letter of Intent)를 교환하고, 최종 계약서를 작성하기 위한 교섭을 시작한다. 교섭을 진행하는 동안 전문업체는 고객 기업에게 현행 업무 분석을 위한 기본 정보를 요청하고, 제공받은 정보를 바탕으로 선정된 전문업체는 기본 안을 작성하고 계약금액과 조건 등을 협상한다. 이 단계가 향후 전문업체와 고객 기업의 관계를 정립하는데 있어서 매우 중요하다. 만일 상호 간에 서비스 조건이나 비용에 관한 합의점을 찾지 못한다면 계약이 성사되지 않을 수도 있다.

이 단계에서는 다음과 같은 이슈들을 고려하는 것이 중요하다.

● 계약서는 아웃소싱의 가장 중요한 부분이다

만일 고객 기업과 전문업체가 모두 대규모 장기 아웃소싱 계약을 수차례 실행해 본 경험이 있다면, 양측은 문제가 발생할 경우 과거 사례의 관례를 따르면 된다. 그러나 경험이 많더라도 새로운 아웃소싱 프로젝트를 진행하는 경우에는 과거의 관례와 관계없이 새로운 규칙을 만들어야 하는 어려움이 있다.

또한 정보기술이 급격히 변화하는 상황에서 아웃소싱 계약서를 작성해야 하기 때문에, 계약 시점에 발생 가능한 모든 문제들을 예측하기는 쉽지 않다. 아웃소싱 계약을 체결한 후에 문제가 발생하면 계약서가 문제해결의 기본 지침서가 되기 때문에 계약서의 작성은 두 기업에게 가장 중요한 부분이라고 할 수 있다.

따라서 아웃소싱 계약서 작성 시 고려되어야 할 부분은 유연성(Flexibility)으로 향후 문제가 발생할 때 재협상에 의하여 수정될 수 있는 여지를 남기도록 해야 한다. 아웃소싱 계약서 자체에 모든 경우와 조건을 포함하기는 어렵다. 모든 경우를 고려하여 포함한다 하더라도 기술의 발전으로 인하여 비현실적인 조항이 될 수도 있다. 그러므로 불확실한 요소에 대한 부분은 기본적인 취지와 의도를 기술하는 방향으로 합의하여 상호 간의 유연성이 보장되도록 하는 것이 좋다.

[표 10-2]는 아웃소싱 계약서에 기본적으로 포함되어야 할 주요 항목들을 정리한 것이다. 이 표의 내용은 주계약서(Main Contract Sheet)에 포함되는 항목들이다. 예를 들면, 시스템 구성도(System Configuration), 업무 처리 방법(Business Procedure), 서비스 수준 협약서(Service Level Agreement)와 같은 내용이 포함될 수 있으며, 이 항목들은 두 기업의 담당자들 간에 협의를 통해 결정되어 계약서의 첨부 자료나 세부 계약 명세서에 포함된다.

● 서비스 수준에 대한 내용을 문서화하고 지속적으로 관리해야 한다

제공되는 서비스 범위, 측정치, 변화관리, 문제관리 등의 내용이 포함된 서류를 일반적으로 서비스 수준 협약서(SLA: Service Level Agreement)라고 하며, 이것은 서로 간의 서비스 비용 산정의 근거가 된다. 일반적으로 포함될 수 있는 서비스 측정치들은 컴퓨터 CPU 가용시간, CPU 응답시간, 헬프데스크 응답시간, 서비스 완료시간 등이

표 10-2 ▌아웃소싱 계약의 주요 항목들

<table>
<tr><th colspan="2">아웃소싱 계약서상의 주요 항목들</th></tr>
<tr><td>1. 서비스의 범위(Scope)
• 애플리케이션 개발 및 유지 보수
• 데이터 센터 운영
• 네트워크 운영
• 사용자 교육
• PC 구입 및 관리
• 기타 서비스 내역
2. 계약기간
3. 서비스 수준(Service Level)
• 서비스 수준의 측정 방법
• 서비스료의 산정 방법
• 서비스료의 지급 일정
• 서비스료의 조정 방법
• 최소 서비스료(Minimum Payment) 조건
4. 인사에 관한 협의
• 직원 이전의 조건 및 방법
• 직원의 임용 및 배치
• 임금 조건
• 후생 복리
5. 서비스 공간의 사용 및 비용 처리
6. 업무 이관(Transition)에 관한 협의
• 작업 추진팀의 구성 및 체계
• 업무 이관의 범위
• 작업 추진 일정
• 운영을 위한 테스트 방법</td><td>7. 제3자 계약에 관한 관리 및 책임
• 현재의 제3계약자
• 새로운 제3계약자
8. 소유권
• 데이터
• 하드웨어
• 소프트웨어
9. 보안(Security)의 방법 및 절차
10. 라이선스의 취급
11. 지식재산권의 취급
12. 기밀 정보의 범위 및 준수
13. 배상의 방법 및 조건
14. 분쟁의 조정 방법
15. 감사의 방법
16. 재계약 방법 및 조건
17. 계약해제의 조건 및 방법
18. 계약 만기에 따른 협조 준수
19. 계약서의 변경 방법
20. 보증기간 및 조건
21. 세금
22. 보험
23. 천재지변
24. 최우선 고객 조건
25. 상호 신의 준수
26. 기타</td></tr>
</table>

다. 이러한 측정치는 시간, 일 단위뿐만 아니라 빈도 수로도 기술될 수 있다([표 10-3] 참조). 정해진 특정 기간 동안(예, 주, 월)에 기대 수준 이하의 서비스가 몇 회 발생하였는가로 표시할 수도 있다. 이러한 측정치들은 평균치와 최대 허용치의 방법으로도 명시될 수 있다. 이렇게

표 10-3 ▮ 서비스 수준 측정 항목의 예

항목	내용
가용시간(Availability)	• 업무시간의 98%
신뢰도(Reliability)	• 서비스 장애의 빈도: 일주일에 1번 이하 • 서비스 장애의 시간: 일주일에 3시간 이하
응답도(Responsiveness)	• 일반 거래 업무: 거래의 95%는 2초 이하, 평균 1초 • 우선 거래 업무: 거래의 95%는 1초 이하, 평균 0.5초
총용량(Capacity)	• 사용자 기준: 최대 600명, 평균 450명
거래량 (Transaction Volume)	• 일반 거래 업무: 하루 1,000,000건 • 우선 거래 업무: 하루 100,000건

지수화된 측정치는 서비스의 품질을 측정하기에는 어려운 단점이 있어서 이를 보완하기 위한 방법으로 서비스 자체에 대한 만족도를 측정하기도 한다. 이렇게 다양한 방법의 기술이 요구되는 이유는 예상하지 않은 문제가 발생하였을 경우 서로 간의 오해를 방지하기 위한 예방책을 마련해야 하기 때문이다.

측정치의 설정에 관한 부분은 아웃소싱에서 비용 산정과 서비스 수준을 판단하는 기초 자료가 되기 때문에 서비스 수준 협약을 설정하기 위해 두 기업의 신중한 논의와 접근이 필요하다. 고객 기업은 아웃소싱을 고려하기 전에 현재 내부 운영에서 어느 정도의 서비스 수준이 달성되고 있는지에 대한 정확한 자료를 준비해야 하며, 이를 근거로 아웃소싱 이후의 서비스 수준을 비교 평가해야 한다. 또한 고객 기업은 전문업체가 타 고객 기업들에게 제공하는 서비스 수준을 파악하기 위해 관련 자료를 요청하고 이를 바탕으로 목표치를 설정하는 참고 자료로 사용하기도 한다.

아웃소싱을 한 후 서비스 수준에 관하여 양측은 지속적인 평가 작업을 통하여 가장 현실적인 목표치를 설정해야 한다. 만일 고객 기업과 전문업체가 서비스 수준에 대하여 과거의 누적된 자료가 있다면 현실적인 목표치의 설정은 용이하지만 일반적으로 누적된 자료가 없는 경우가 많다. 현실적인 목표치가 설정될 때까지 양측의 실무자들은 지속적으로 노력을 기울여야 한다.

● 복수 전문업체가 참여하거나 또는 제3의 전문업체가 참여하는 경우에 그들의 업무 및 책임 범위에 대한 규정을 명시해야 한다

정보기술의 구축과 운영은 몇 개의 전문화된 영역으로 나누어져 있어서 아웃소싱의 계약을 단일 전문업체와 했더라도 특정 영역에 있어서는 제3자의 전문업체가 개입되는 경우가 종종 발생한다. 이런 경우 각 전문업체들은 전문 분야별로 업무를 분장하고, 이를 기준으로 기능별 조직을 만들게 된다.

그러나 이러한 기능별 조직은 문제가 발생하였을 경우 책임의 소재가 불분명하다는 단점이 있어 전체 아웃소싱 목표를 달성하는 데 저해요인으로 작용할 수 있다. 물론 고객 기업과 전문업체는 문제해결을 위하여 노력하겠지만 잘못하면 양측은 많은 시간을 허비하고 나서도 상호 간의 불신감을 갖기가 쉽다.

따라서 제3의 전문업체에 대한 관리와 통제 권한을 누구에게 둘 것인가를 명확히 해야 한다(예, 고객 기업 또는 대표 전문업체). 또한 아웃소싱 프로젝트 진행과정에서 고객 기업이 기존의 전문업체가 아닌 새로운 업체와 새로운 시스템을 개발할 필요성이 제기된다면, 이런 경우를 위하여 양측은 업무 협조의 방법, 책임과 권한 범위 등에 대하여 미리 협의할 필요가 있다.

- **지식재산권 및 지적소유권에 대한 항목을 계약서에 포함시켜야 한다**

고객 기업이 자신이 개발한 소프트웨어에 지식재산권이 있고, 이에 대한 권리 또는 관리가 아웃소싱을 통해 전문업체에게 양도될 경우, 양측은 관련 소프트웨어의 소유권을 명확히 할 필요가 있다. 마찬가지로 아웃소싱에 의하여 양측이 공동으로 소프트웨어를 개발하여 (잠재적) 지식재산권이 새롭게 생길 경우를 대비하여 소유권에 관한 부분을 계약서에 명확히 해 두어야 한다.

- **계약 파기, 인플레이션, 시스템 업그레이드 등에 대한 부분도 중요한 고려 대상이 되어야 한다**

아웃소싱 프로젝트를 진행하면서 발생할 가능성은 낮지만 파급효과가 큰 이슈들에 대하여 고객 기업과 전문업체는 사전협의를 해야 한다. 두 기업이 상호 신의를 준수한다 할지라도 합병, 인수, 부도와 같은 경우로 인해 계약이 파기될 수 있으므로 이에 관한 적용 조항을 반드시 포함한다.

또한 환율이나 물가인상률에 의해 계획된 서비스 지급료가 비현실적으로 증가 또는 감소할 경우도 대비해야 한다. 예를 들면, 예측비용과 실제의 비용이 10% 이상의 차이가 있을 때는 물가인상률을 적용하든지 아니면 재협상을 통해 조정할 수 있도록 하는 조항을 포함하여 서로 간의 손실을 최소화한다.

● 고객 기업은 전문업체의 비용 산정 방법이 적절한지 검토해야 한다

향후에 발생할 수도 있는 모든 형태의 서비스를 미리 논의하고 도출하는 것은 고객 기업과 전문업체 모두에게 많은 시간과 노력이 요구된다. 그러나 아웃소싱 프로젝트에서 실제로 고객 기업이 전혀 예상하지 않았던 추가비용이 발생하는 경우를 자주 겪게 된다.

예를 들면, 반드시 필요한 기능임에도 불구하고 기본 명세서에는 선택 사양의 항목으로 분류되어 있는 경우가 종종 있으며 이것은 차후에 고객 기업의 추가비용으로 산정되기도 한다. 일회성으로 끝나는 아웃소싱 프로젝트는 상관이 없지만, 장기 계약의 아웃소싱인 경우에는 지속적으로 추가비용이 발생하는 원인이 된다.

● 비용 산정은 현실적인 협의를 통해 진행한다

만약 고객 기업이 예전부터 정보기술 서비스를 비용으로 계산하여 본 경험이 있다면 그 방법을 기준으로 비용 산정할 수 있다. 그러나 과거의 자료나 방법이 없을 경우에는 신뢰성 있는 자료가 축적될 때까지 단계적인 접근방법을 취하도록 해야 한다.

비용 계산의 방법은 일반적으로 [표 10-4]에 나열된 것과 같이 크게 네 가지 방법이 적용될 수 있다. 서비스 수준에 대한 과거의 자료가 없다면, 초기에는 예측 비율을 중심으로 비용을 산정하고 시간이 지나면서 고정 비율과 고정비를 혼용하여 사용할 수 있다. 이 네 가지 방법 외에 고려될 수 있는 것은 최소 서비스료(Minimum Payment)인데 이는 전문업체가 고객 기업으로부터 최소한의 사용료를 보장받는 방법이다.

표 10-4 ▌아웃소싱 비용 산정의 대표 방법

접근 방법	내용
고정비 (Fixed Cost)	서비스 비용을 일정 금액으로 고정시키는 것이다. 서비스의 정도를 반영하기 어려운 단점이 있으나 상호 간의 신뢰가 있을 때는 편리하다는 장점이 있다.
고정 비율 (Fixed Rate)	서비스의 제공 정도가 예측하기가 용이한 경우에 사용하는 방법으로 서비스의 정도에 따라 고정 비율을 곱하여 계산하는 방법이다. 예를 들면, 1인당 서비스료(Man-hour)에 의하여 계산될 수 있는 시스템 개발, 유지 보수, 데이터 입력 등이 있다.
고정비와 고정 비율의 혼용	사용의 정도에 따라 서비스료의 차이가 많이 발생하는 경우에 쓰일 수 있는 방법으로 기본 서비스는 고정비로 하고 그 이상은 서비스의 정도에 따라 계산하는 방법이다. 예를 들면, CPU의 사용 정도, 접속의 정도에 따라 비용을 계산할 때 적용될 수 있는 방법으로 일정 수준까지는 기본료에 의하여 계산하고, 그 이상은 고정 비율을 곱하여 계산한다.
예측 비율 (Adjustable Rate 또는 Estimation Rate)	사용의 정도에 따른 비용 예측이 어려울 때 적용할 수 있는 방법으로 새로운 서비스를 시작할 때 적용할 수 있으며, 차후에 예측이 가능해질 때 고정 비율로 바꿀 수 있다. 예로는 데이터 센터 운영에 관한 간접비용은 잠정적으로 직접비용의 5%로 명시하여 시작할 수 있으며, 차후에 양측의 협의에 의하여 비율을 현실화하는 방법이다.

10.2.3 관리 단계(Management Phase)

관리 단계는 고객 기업과 전문업체가 계약을 완료한 후에 시작되는 업무 이전 작업에서부터 계약 만료기간까지의 지속적인 서비스 활동들을 포함한다. 따라서 본 단계의 중요한 활동은 원활한 업무의 이전과 계약서에 명시된 수준의 서비스를 지속적으로 유지하는 것이다.

본 단계를 수행하는 동안 고려해야 하는 중요한 이슈들을 간략히 나열하면 다음과 같다.

- **아웃소싱은 새로운 기술의 도입이 아니라 새로운 운영방식의 도입이다**

고객 기업은 아웃소싱을 통해 새로운 정보기술을 도입하고 적용하는 것이라고 생각할 수 있으나, 중요한 것은 아웃소싱을 통해 기업의 운영 및 관리 방식이 바뀐다는 것이다. 따라서 고객 기업과 전문업체 양측은 우선적으로 새로운 관리 지침에 관한 협의를 진행해야 한다. 예를 들면, 업무 협의 방법, 업무의 지휘 계통, 업무의 권한 등에 관한 논의와 정립이 필요하다.

- **최종 사용자들에게 아웃소싱으로 인해 변경되는 관리 및 운영 절차를 인지시켜야 한다**

아웃소싱을 실시한 이후에는 내부 정보기술 부서와 관련된 운영 절차가 바뀌는데 이에 대한 적절한 교육 및 홍보가 필요하다. 과거 친분에 의하여 비공식적으로 이루어지던 업무 협조가 아웃소싱을 함으로써 공식화, 문서화될 수 있다. 업무 요청을 하는 최종 사용자 입장에서는 아웃소싱 이후에도 상대하는 담당자가 기존과 동일하기 때문에 변경된 절차에 반감을 느낀다. 특히 전문업체들은 최종 사용자들의 만족도가 서비스 성과를 측정하는 지표로 쓰인다는 점을 감안하여 이 점에 주의를 기울여야 한다.

● 고객 기업과 전문업체는 모임을 주기적으로 가져야 한다

아웃소싱 계약서를 아무리 잘 작성하였다 하더라도 아웃소싱 프로젝트를 진행하면서 관련 조항들에 대하여 이견이 발생하거나 예측하지 않은 상황이 발생할 수 있다. 이러한 모든 문제들은 담당자들 간의 이해를 통하여 해결해야 한다. 따라서 주 단위 또는 월 단위 회의를 정규적으로 갖도록 해야 하며, 이 회의에는 관련 담당자들과 문제의 성격에 따라 경영진이 반드시 참석하도록 한다. 아웃소싱으로 발생된 문제가 실무 담당자의 권한을 벗어날 경우 최고 경영진의 참여와 해결이 수반되어야 한다.

● 추가적인 무료 서비스보다는 벌칙금 조항이 효과적이다

제공되는 아웃소싱 서비스에 문제가 생겼을 때, 고객 기업은 추가로 무료 서비스를 받거나 벌칙금 조항(Penalty Clause)을 적용할 수 있다. 추가적으로 무료 서비스를 받음으로써 고객 기업은 손해를 본 것이 없다고 생각할 수도 있지만, 향후 비슷한 문제가 지속적으로 발생할 수 있는 가능성이 남는다. 추가적인 무료 서비스는 서류상에 기록이 남지 않기 때문에 문제가 생긴 서비스에 대한 근본적인 해결책이 될 수 없다. 반면에 벌칙금은 장부상 기록이 남는 거래로 전문업체의 수익에 직접적인 영향을 미친다. 즉 금액에 의한 거래가 있을 경우 전문업체는 수익성에 직접적인 영향을 받으므로 향후 같은 문제가 발생하지 않도록 세심한 주의를 더 기울이게 된다.

● 고객 기업과 전문업체는 모든 서비스에 대한 기록을 보관하여 정기적으로 벤치마킹을 해야 한다

벤치마킹의 대상은 관련 업계에서 아웃소싱을 실시한 기업이 될 수도 있고 혹은 과거의 자료를 통해 비교할 수도 있다. 이러한 벤치마킹은 아웃소싱 서비스의 수준을 일관성 있게 유지하기 위해서 필요하지만 더욱 중요한 이유는 향후 비용 계산의 근거를 마련하기 위한 것이다.

● 보안 문제는 기술적인 부분과 관리적인 부분으로 구분하여 관리한다

정보기술 아웃소싱이 쉽게 받아들여지지 못하는 주요 이유 중의 하나는 고객 기업이 보유하고 있는 자료와 정보에 대한 보안을 우려하기 때문이다. 외부에서 의도적인 침입으로 인해 발생하는 문제는 대부분 기술적인 방법으로 전문업체가 해결해야 할 부분이다. 그러나 관리적인 부분은 고객 기업과 전문업체의 직원이 함께 연관될 수 있어서 두 기업 간의 합의를 통해 관리 절차 지침을 정확히 설정해야 한다.

보안 문제를 해결하기 위하여 시도될 수 있는 방법 중의 하나는 아웃소싱을 할 때 소유 지분을 공유하는 방법이다(예, 호주 Commonwealth Bank가 EDS와 아웃소싱 계약 시 호주 EDS 자회사를 설립하고 이 자회사 지분의 35%를 확보). 지분 공유는 고객 기업과 전문업체로 하여금 높은 책임감과 신뢰감을 가지도록 하는 좋은 방법이지만, 보안에 대한 완벽성을 기하기 위하여 기본적으로 기술적인 부분과 관리적인 부분에 대한 지침을 설정하는 것이 바람직하다.

● 아웃소싱 서비스에 대한 지속적인 평가와 감리가 필요하다

아웃소싱 서비스 수준에 대한 평가는 고객 기업이 내부 전문 인력에 의하여 지속적으로 실시할 수 있다. 감리(Auditing)는 내부 감리와 외부 감리로 나누어진다. 아웃소싱 프로젝트의 규모가 작고 일상적인 감리는 주로 고객 기업 내부의 감리팀이 실시하지만, 규모가 큰 프로젝트이거나 중요한 문제가 발생했을 때는 외부 전문 감리업체가 진행할 수 있다. 특히 외부 감리업체가 감리를 진행할 경우에는 업체에 따라 그 결과가 다르게 나올 수 있기 때문에 감리업체의 선정 방법 그리고 감리 결과에 대한 협의 방법을 계약서에 기술하여 감리가 체계적이고 공정하게 이루어지도록 해야 한다.

10.2.4 변화관리 단계(Change Management Phase)

아웃소싱 계약이 만료되는 시점이 되면 고객 기업은 향후에 어떠한 방법으로 아웃소싱했던 기능을 운영할 것인지를 결정해야 한다([그림 10-1] 참조). 해당 정보기술 기능을 동일한 업체와 재계약을 통해 다시 아웃소싱할 것인지, 다른 전문업체를 선정하여 운영할 것인지, 아웃소싱 전략을 변경하여 다시 아웃소싱을 진행할 것인지(예, 선택적 아웃소싱을 전체 아웃소싱으로 변경, 단기 아웃소싱을 장기 아웃소싱으로 변경 등), 아니면 해당 기능을 다시 내부적으로 운영할 것인지를 결정해야 한다.

이 단계에서 고객 기업은 다음과 같은 이슈들을 고려해야 한다.

● 아웃소싱 운영 방식에 대해 장기적인 계획을 가지고 접근한다

일반적으로 아웃소싱 계약은 고객 기업이나 전문업체 입장에서 초기 발생비용이 크기 때문에 중간에 아웃소싱 운영 방식을 바꾸는 것은 쉽지 않다. 또한 다양한 문제와 상황의 변화로 현재의 아웃소싱 전문업체와의 관계가 아래와 같이 여러 형태로 변화될 수 있다.

- 계약만료 이전에 서비스 수준이 만족스럽지 못하여 계약을 파기하는 경우
- 계약만료 이전에 불가피한 이유로 계약이 종료되는 경우
- 계약이 만료되어 현재의 조건을 재협상하는 경우
- 계약이 만료되어 새로운 전문업체로 바꾸는 경우

- 계약이 만료되어 아웃소싱에서 다시 인소싱으로 바꾸는 경우

특히 불가피한 상황(예, 도산, 지급불능, 합병 등)이 발생할 경우에 그에 대한 적절한 처리 방안을 계약서에 명시하는 것이 좋다. 그리고 각각의 경우에 대해서 일차적 대응 방안을 준비하여 위험도를 최소화해야 한다.

● 초기 계약파기비용(Early Termination Charge)과 초기 계약파기 금지 조건을 고려한다

정보기술 아웃소싱을 시작할 때 고객 기업과 전문업체는 서비스 수준의 미달, 서비스료의 체납 등과 같이 계약이 파기될 수 있는 조건을 계약서에 명시하도록 한다. 그러나 전문업체가 아웃소싱을 진행하기 위해 초기에 투자한 비용을 회수하지 못한 상태에서 계약파기가 된다면 전문업체는 많은 손해를 입는다. 일반적으로 초기 계약파기비용은 고객 기업의 몫이므로 전문업체는 초기 계약파기 금지와 초기 계약파기비용에 대한 조항을 아웃소싱 계약서에 명시하거나 별도의 서류로 첨부해야 한다.

● 계약만료 시점에 현재의 전문업체와 운영 형태를 바꾸고자 한다면 전문업체의 협조는 필수적이다

아웃소싱 계약이 만료되어 새로운 전문업체를 선정하거나 아웃소싱을 그만하고 다시 내부 운영으로 변경하고자 할 때, 만약 현재의 전문

업체가 협조하지 않는다면 고객 기업은 큰 위험에 처한다. 이런 명확한 상황에도 불구하고 관련 내용이 계약서에 포함되지 않는 경우가 자주 발생한다. 고객 기업은 계약이 만료될 때 전문업체가 원활한 업무 이관을 위해 적극적으로 협조한다는 조항을 계약서에 반드시 첨부해야 한다. 그렇지 않으면 때때로 전문업체는 계약이 종료되는 시점에 서비스를 일방적으로 중단하거나 혹은 이것을 재계약을 위한 수단으로 사용할 수 있기 때문이다.

만일 이와 같은 업무 협조를 위해 추가비용이 발생한다면 양측은 협의를 통해 업무 이관에 지장이 없도록 해야 한다. 고객 기업은 원활한 업무 이관을 위하여, 그리고 전문업체는 지속적으로 좋은 평판도를 유지하기 위하여 계약만료 시점에도 상호 원만한 해결책을 모색해야 한다.

10.3 아웃소싱 단계별 산출물

본 장에서는 국내외에서 수행되는 정보기술 아웃소싱 사례들을 분석하여 시사점을 도출하고, 아웃소싱의 과정을 크게 네 단계로 구분하여 각 단계별로 중요한 관리 포인트를 논의하도록 한다.

향후 국내 정보기술 아웃소싱 시장은 크게 두 가지 형태로 발전될 것으로 예측할 수 있다. 첫 번째 형태는 아웃소싱 시장이 클라우드 서비스와 같이 서비스 위주로 변화될 수 있을 것이다. 두 번째 형태는 정보기술 역량이 부족한 중소기업을 중심으로 아웃소싱이 발전할 수 있을 것이다. 두 가지 형태의 주요 차이점은 아웃소싱 전문업체가 고객 기업의 핵심 기능인 정보 전략과 기획 부분을 어느 정도 책임지는가에 있다. 전자의 경우에는 정보기술 전략 및 기획 기능은 대부분 고객 기업 내부에서 관리되며 이를 위하여 필요한 정보기술 인력도 고객 기업에 여전히 잔류하고, 후자의 경우에는 전문업체가 이러한 주요 기능도 함께 담당할 것으로 예상된다. 기업의 중요한 전략적 기능을 아웃소싱 전문업체에게 얼마만큼 이전할 것인가에 따라 아웃소싱의 접근 방법과 전략이 달라지겠지만, 아웃소싱에서 계약서의 작성과 교섭 능력의 중요성은 여전히 변함이 없을 것이다.

앞에서 논의한 고객 기업의 아웃소싱 프로세스 모델에 대하여 각 단계별 주요 업무, 활동, 준비물 및 결과물을 [표 10-5]에 정리하였다. 이는 현재 정보기술 아웃소싱을 수행하고 있거나 향후에 고려하고 있는 기업들이 적절한 아웃소싱 접근 방향을 찾는 데 도움이 될 것이다.

표 10-5 ▌아웃소싱의 단계별 주요 산출물 목록

업무	활동	준비물	결과물
Ⅰ. 준비 및 평가 단계			
1. 프로젝트 팀 구성	• 착수회의 • 의사소통 채널 확립 • 작업 장소 확인 • 필요 장비 및 비품 확인	• 고객 기업의 현행 조직도	1. 프로젝트 팀 구성도 2. 팀원의 전문 분야 및 담당 업무 확정
2. 일정 확립	• 업무 분야 확정		1. 프로젝트 일정

3. 프로젝트 교육	• 세미나(업무 분야를 주제로)	• 교육 자료	
4. 사용자 교육	• 세미나(일반적인 주제로)	• 교육 자료	
5. 요구도 조사(1차)	• 설문 및 인터뷰 • 아웃소싱 동기/목표 조사 • 설문결과에 대한 세미나	• 사용자용 설문지 • 팀원용 설문지	1. 설문결과(CSF 도출) 2. 아웃소싱의 목표설정
Ⅱ. 선정 및 계약 단계			
1. 시스템 현황 파악	• 현재의 시스템 현황 조사	• 현황 파악 양식	1. 시스템 구성도 2. 하드웨어(Mainframe, Server, Printer 등) 3. 소프트웨어(응용시스템, 개발 Tool 등) 4. 위치별 기기 현황 5. 기기별 유지보수업체 현황
2. 역량 계획 설정	• 향후시스템 사용량 조사 및 추정	• 과거의 용량 증가 자료 • 과거의 비용 증가 자료	1. 시스템 첨가 계획연도 및 예상비용
3. SLA 사전 조사	• SLA 현행 수준 파악 • 향후 요구 정도 파악 • 벤치마킹 자료 수집	• SLA 조사 설문지 • 샘플 계약서 • 벤치마킹 일정	1. 현재 서비스 수준 결과 2. SLA 요구도 및 목표치 3. SLA 초안
4. 관리 절차 조사	• 현재 시스템 운영 및 관리 방법에 대한 조사	• 현행 조직도 • 업무별 점검표 • 부분별 샘플 계약서	1. 데이터 센터 운영관리 2. 보안관리(평가 포함) 3. 변경관리(평가 포함) 4. 장애관리(평가 포함) 5. 품질관리(평가 포함) 6. 개발 방법론(평가 포함) 7. 시스템 운영 절차(평가 포함)

5. 주요 정보 기술 프로세스 확인	• 설문 및 인터뷰	• 현행 시스템 문서	1. 정보기술 프로세스 설명 및 목록
6. 조직 및 인사	• 설문 및 인터뷰	• 직무 파악 설문지 • 양식 • 샘플 계약서	1. 현 직급체계 및 임금 구조 2. 현 인력의 보유기술 3. 현 복리후생 수준 4. 직원 요구도 조사 5. 현 조직/인사 평가서 6. 인사 관련 계약 초안
7. 비용조사	• 기준비용(Base Case) 확정 • 비용이익 분석	• 비용조사 양식 • 샘플 계약서	1. 구분에 따른 항목별 비용 요약(기기, 장비, 컴퓨터 등) 2. 총비용 정리(년, 월 현금흐름) 3. 비용이익 분석 결과 4. 비용 부분 계약 초안
8. 업무 범위 설정	• 개략적인 업무 범위 설정 • 개략적인 솔루션 설정		1. 업무 범위 설정서 2. 개략적인 솔루션 정의
9. 이전 계획 수립	• 이관에 대한 일정 확립 • 일반적인 접근 방법 확립	• 샘플 계약서	1. 이전 계약 초안서
10. RFP 작성	• 입찰 가능 전문업체 조사 • RFP 발송	• 샘플 RFP	1. 최종 RFP 2. 전문업체 평가기준안
11. 제안서 작성		• 샘플 제안서	1. 최종 제안서 • 개요서 • 기술적 솔루션 • 인사 솔루션 • 재무 솔루션 • 이전 솔루션 등

<table>
<tr><th colspan="4">Ⅲ. 관리 단계</th></tr>
<tr><td>1. 전문업체 선정</td><td>• 전문업체 평가</td><td></td><td>1. 전문업체 선정 목록</td></tr>
<tr><td>2. MOU 체결</td><td>• 솔루션 확정</td><td>• 샘플 MOU</td><td>1. 최종 MOU</td></tr>
<tr><td>3. 이전 일정 확정</td><td>• 인수 절차 협의</td><td></td><td>1. 이전 계약서
• 이전 일정표
• 이전 책임
• 인수 절차 및 방법</td></tr>
<tr><td>4. SLA 작성</td><td>• SLA Tool 선정</td><td>• 샘플 SLA 계약서</td><td>1. SLA 계약서
• 목표치 결정
• 책임 매트릭스
• 문제관리
• 변화관리
• 개선 절차
• 보고 양식 등</td></tr>
<tr><td>5. 동의서 작성 및 체결</td><td>• 계약서 작성에 대한 교육</td><td>• 교육자료
• 샘플 동의 양식</td><td>1. 최종 동의서
2. 세부 계약서</td></tr>
<tr><th colspan="4">Ⅳ. 변화관리 단계</th></tr>
<tr><td>1. 이전 시작</td><td></td><td></td><td></td></tr>
<tr><td>2. 운영자 매뉴얼 작성</td><td></td><td></td><td>1. 운영자 매뉴얼</td></tr>
<tr><td>3. 사용자 매뉴얼 작성</td><td></td><td></td><td>2. 사용자 매뉴얼</td></tr>
<tr><td>4. 운영 인수 인계</td><td></td><td></td><td>3. 인수 인계서</td></tr>
<tr><td>5. 운영 시작</td><td></td><td></td><td></td></tr>
<tr><td>6. 관리</td><td>• 벤치마킹 자료와 비교</td><td></td><td></td></tr>
</table>

Chapter 11 타당성 분석

기업이 정보기술 아웃소싱의 도입을 통해 얻고자 하는 기본 목표는 정보기술 관련 비용 또는 서비스 품질의 개선이라고 할 수 있다. 만약 이와 관련된 객관적인 자료가 내부적으로 이미 수집, 분석되어 있다면, 아웃소싱 프로젝트 진행에 대한 타당성 검토를 수행할 필요 없이 다음 단계로 넘어갈 수 있다.

하지만 대부분의 기업들은 이런 자료를 보유하고 있지 않거나 보유하고 있더라도 이를 기업의 전체적인 관점에서 일관성 있게 취합하고 분석하지 않은 경우가 대부분이다. 따라서 현행 정보기술에 대한 객관적인 판단을 할 수 있도록 면밀한 분석이 실시되어야 한다. 이는 정보기술 아웃소싱 여부를 결정하고 아웃소싱 목표를 설정하는 중요한 자료로 활용된다.

11.1 시스템 현황 분석

기업 내에서 현재 운영되고 있는 모든 정보기술 자원을 문서화하는 것은 반드시 필요하다. 문서화에는 기본적으로 시스템 구성도, 하드웨어 및 소프트웨어 목록, 위치별 기기 현황, 기기별 유지보수 현황 등이 포함된다. 또한 각 시스템에 대한 도입 배경 및 목적, 대상 업무 및 범위, 시스템 현황 등에 대한 설명이 있어야 한다. 현황 분석에는 현재 사용 중인 시스템뿐만 아니라 개발 중인 시스템에 대한 정보도 포함한다. 해당 정보들에 대해 이미 문서로 작성되어 있는 자료들을 모두 취합하고 필요하다면 업무 담당자들과 인터뷰나 설문조사를 진행한다.

기업의 정보기술 규모가 크고 복잡하다면 업무 진행에 가장 큰 영향을 주고 있는 주요 시스템들을 우선으로 현황 파악을 진행한다. 이런 작업은 정보기술 아웃소싱을 위한 작업이기도 하지만 현행 시스템들에 대한 분석을 통해 향후 기업의 정보기술 추진 방향을 수립하는 데도 중요한 역할을 한다. 다음은 이에 대한 예를 보여주고 있다.

예시

- **배경 및 목적**

본 시스템은 행정업무 처리의 생산성 향상 및 고객 서비스의 향상을 위해 고객관리 사업을 시행하기에 앞서 시범시스템을 개발하여 시범지역과 본사에 운영함으로써 새로운 시스템을 이용한 합리적인 고객대응 전략을 수립하는 데 그 목적이 있다.

2015년 5월부터 2016년 4월까지 총사업비 50억 원을 투입하여 제도정비 방안, 실무 협의회 구성 및 운영, 기술 전문업체의 성과물 평가를 실시하며, 시범지역으로는 대구의 지사가 선정되었다. 본 시스템 개발은 현재 A, B전문업체에서 진행 중에 있으며, 2018년까지 전국 대리점에 확산할 예정이다.

● 대상 업무 및 범위

본 시스템은 현재 개발 중인 고객 구매 패턴관리, 고객 지불관리뿐만 아니라 기존에 사용하고 있던 A시스템이나 B시스템을 포함하는 총체적 시스템이다. 본 시스템의 범위는 다음과 같다.

[시스템의 대상 업무 현황]

범위	내용
고객 구매 패턴관리	고객의 특성을 감안한 구매 규모 및 시점 등을 관리
고객 지불관리	고객 구매에 대한 지불 형태를 관리
…	…

● 시스템 현황

[A시스템의 하드웨어 현황]

구분	기종	용량	수량	설치장소
컴퓨터	Server– HP D380, HP J2240	100GB 100MB	6 10	
	Client – HP VE4, 5/200 MMX	10GB		
디지타이저	Calcomp Digitizer		2	
프린터	HP Laser Printer	4GB	3	

[A시스템의 소프트웨어 현황]

구분	소프트웨어 목록	수량
소프트웨어	• SDE(Spatial Database Engine) • GDS(GIS Data Server) • CAD Client(CAD Store) • AUTOCAD R14 • ARC/INFO • Map Object	
데이터 베이스	• Oracle 7 Server(16 Users) • Oracle 7 Server(8 Users) • Discoverer	

[전체 시스템의 구성요소]

시스템	구분	하드웨어	소프트웨어	총인원	예산
A시스템	현재	Server 1대 Client 15대	500본 Oracle, SDE, VB	10명	5억
	향후	Server 5대 Client 50대	1,000본 Oracle, SDE, VB	30명	20억
B시스템	현재	…	…	…	…
	향후	…	…	…	…

[전체 시스템 구성도]

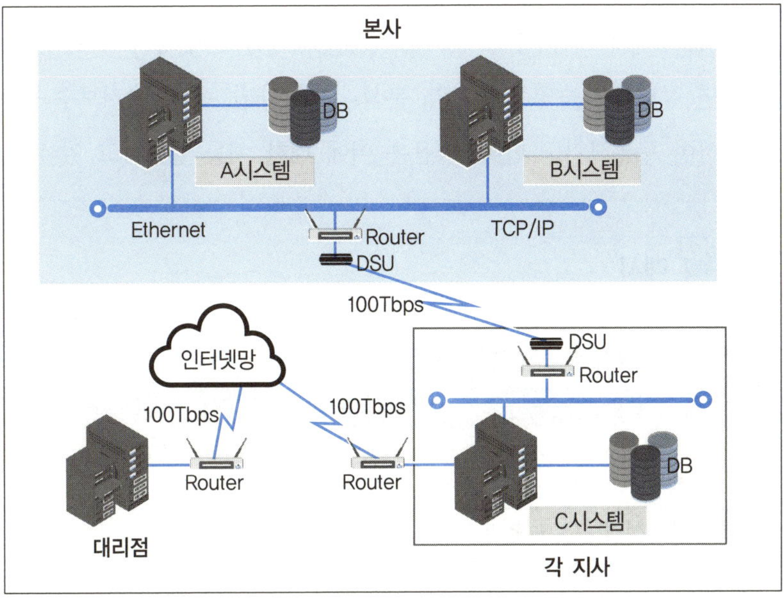

11.2 시스템 운영 현황 평가

11.2.1 시스템의 운영 현황

아웃소싱하고자 하는 시스템의 현황이 파악되고 나면, 이에 대한 운영 현황을 평가해야 한다. 이를 수행하기 위해서는 우선적으로 운영관리 활동에 대한 분류기준을 설정하고, 이 기준을 바탕으로 현 시스템들에 대한 현황을 분류한다. 운영관리 활동의 분류기준은 아웃소싱의 서비스 영역(애플리케이션 개발 및 유지보수, 데이터 센터 관리, 네트워크 관리, 데스크톱 관리, 헬프데스크, 정보기술 전략 등)으로 나누거나, 아니면 정보기술 수명주기(기획, 분석, 설계, 개발, 운영, 유지보수 등)로 분류하여 구분하기도 한다. 다음은 이에 대한 예를 설명하고 있다.

예시

[시스템 운영관리 활동의 분류기준]

운영관리 활동	활동 내용
정보기술 계획	기업의 정보체계를 유지관리하는 데 필요한 총괄적인 업무로 정보시스템 계획수립, 일반적인 행정관리 업무 등
애플리케이션 유지보수	표준 애플리케이션, 데이터 베이스 등에 대한 유지보수, 시스템 운영 및 사용 교육 등
애플리케이션 확산 및 개발	표준 애플리케이션, 데이터 베이스 등에 대한 기능 변경 및 추가, 안정화 등과 관련된 활동, 시스템 운영 및 사용자 교육 등
데이터 센터 관리	전국적인 통신망을 운영하는 데 사용되는 하드웨어, 소프트웨어 등이 정상적으로 작동할 수 있도록 유지관리하는 활동, 운영 교육 등
네트워크 관리	전국적으로 구축된 통신망이 정상적으로 작동되도록 관리하는 활동
제도 정비	정보시스템의 표준체계 확립 및 유지, 관련 제도 정비 등을 연구하고 전문기술 자문 및 교육훈련, 홍보 등을 포함한 활동

[시스템 운영관리 활동의 현황]

시스템	계획	유지 보수	확산 및 개발	데이터 센터 관리	네트워크 관리	제도 정비	비고
A시스템	○	○	○			○	
B시스템		○	○	○	○		
C시스템	○	○	○			○	

11.2.2 시스템의 만족도 현황

운영관리 활동의 분류기준이 설정되면 각 시스템들이 운영관리 활동 중에서 어느 부분에 해당하는지를 표시한다. 그런 다음 각 시스템에 대한 만족도를 다양한 방법(예, 설문서, 비용과 이익 분석, 서비스 처리율, 응답률 등)을 활용해서 조사한다.

시스템의 만족도는 첫째, 시스템에서 제공하는 정보의 품질에 대한 만족도, 둘째, 시스템 부문에서 제공하는 업무의 품질에 대한 만족도, 셋째, 시스템을 관리하고 운영하는 직원들의 능력에 대한 만족도, 마지막으로 시스템에 대한 비용의 효과성을 통해 조사한다.

시스템이 제공하는 정보의 품질을 측정하기 위해서는 정보의 신뢰성, 편이성, 정확성, 최신성 및 완전성 등을 사용할 수 있으며, 시스템 부문에서 제공하는 업무의 품질은 시스템 변경에 대한 처리, 새로운 시스템 개발에 소요되는 시간, 사용자 요구사항에 대한 대응의 적절성, 그리고 시스템이 제공하는 자료와 보고서의 유연성 정도 등을 통하여 측정할 수 있다. 시스템을 관리하는 직원들의 품질을 평가하기 위해서는 사용자 요구사항에 대한 이해도, 시스템 담당자의 자질, 기술적 능력 및 사용자와의 관계 정도 등을 사용할 수 있다. 또한 비용의 효과성 측면은 애플리케이션 개발 및 관리, 시스템 운영, 네트워크 관리 및 유지보수, 정보기술의 계획 및 관리로 구분하여 각각의 비용효과성에 대한 인식 정도와 전체 매출 대비 시스템의 예산에 대한 정보 등을 활용하여 측정할 수 있다.

측정된 시스템 만족도는 각 시스템의 운영 수준을 이해하고 파악할 수 있는 자료이다. 또한 운영관리 활동별로 각 시스템의 운영 수준을 파악하여, 향후에 어떤 부분을 아웃소싱의 대상으로 선정할 것인지를 결정하는 중요한 자료로 사용한다. 아래 표는 이에 대한 하나의 예를 보여주고 있다.

예시

[시스템에 대한 만족도 조사 결과]

<table>
<tr><th>시스템</th><th>종류</th><th>점수(5.0)</th><th>합계</th></tr>
<tr><td rowspan="4">A시스템</td><td>제공되는 정보의 질</td><td>4.50</td><td rowspan="4">4.09</td></tr>
<tr><td>지원 업무에 대한 질</td><td>4.20</td></tr>
<tr><td>관리직원들의 질</td><td>4.40</td></tr>
<tr><td>비용의 효과성</td><td>3.25</td></tr>
<tr><td rowspan="4">B시스템</td><td>제공되는 정보의 질</td><td>4.30</td><td rowspan="4">4.10</td></tr>
<tr><td>지원 업무에 대한 질</td><td>4.10</td></tr>
<tr><td>관리직원들의 질</td><td>4.50</td></tr>
<tr><td>비용의 효과성</td><td>3.50</td></tr>
<tr><td rowspan="4">C시스템</td><td>제공되는 정보의 질</td><td>3.80</td><td rowspan="4">3.76</td></tr>
<tr><td>지원 업무에 대한 질</td><td>3.75</td></tr>
<tr><td>관리직원들의 질</td><td>4.75</td></tr>
<tr><td>비용의 효과성</td><td>2.75</td></tr>
</table>

11.3 시스템 비용 분석

만족도 조사를 통해 각 시스템별로 제공되는 정보의 품질, 지원 업무에 대한 수준, 관리 직원들의 역량 및 비용의 효과성에 대한 현재의 상황을 파악해 볼 수 있다. 각 시스템에 대한 운영관리 현황과 이에 대한 만족도 결과를 살펴보면, 어떤 것이 효과적으로 활용되고, 어떤 것이 기대치에 미치지 못하고 있는지를 파악할 수 있다.

다음 단계는 기업 내에서 현재 활용 중이거나 개발 중인 시스템에 대한 비용 분석을 실시하는 것이다. 아웃소싱을 위한 비용은 인원보다는 업무량을 근간으로 분석하는 것이 적절하지만, 이에 대한 기준이 명확하지 않기 때문에 여기에서는 '소프트웨어 대가의 기준'을 가지고 분석해 보도록 한다.

각 시스템별로 비용 분석을 하기 위해서는 다음과 같은 기준 절차를 고려하여 실시한다. 현재 개발 중인 시스템인 경우에는 개발이 완료되었다고 가정하고 동일한 절차를 적용하여 분석할 수 있다. 여기서 제시하는 비용 분석 절차는 개발비만을 기준으로 산정하므로 실제와는 다소 차이가 있을 수 있지만, 아웃소싱 타당성 여부를 비용 측면에서 실시해 봄으로써 전체적인 방향을 제시하고자 한다. 다음 표들은 이에 대한 예시들을 제시하고 있다.

- 현재의 시점을 기준으로 설정된 예산과 프로그램 본수를 조사한다.

- 각 시스템별로 개발비용과 필요 인력을 산정한다.
- 각 시스템별로 유지보수의 난이도를 산정한다.
- 개발비를 기준으로 아웃소싱에 필요한 비용을 산정한다.
- 기업 내부의 평균 임금으로 산정된 비용과 아웃소싱 비용을 비교한다.

예시

[시스템의 개발비 분석]

시스템	현재		미래	
	본수	스텝수	본수	스텝수
A시스템	625	256,250	362	148,420
B시스템	456	186,960	228	93,480
C시스템	225	92,250	117	47,970

[시스템의 개발비 산정 적용 보정계수]

구분	적용 분야	보정 계수	적용 비율	적용 보정 계수
프로젝트 형태	일반 업무용	1.00	0.80	1.2
	빅데이터 분석용	2.00	0.20	
적용 대상 기종	데스크톱	0.80	0.60	0.92
	서버	1.10	0.40	
언어	COBOL	0.65	0.80	0.78
	Java	1.30	0.20	

[시스템의 유지보수 난이도 산정]

시스템 특성	단순		보통		복잡	
	기준(년)	점수	기준(년)	점수	기준(년)	점수
유지보수 횟수	4회 미만	0	12회 미만	20	12회 초과	35
자료 처리 건수	10만 미만	0	10~50만 미만	10	50만 초과	25
타시스템 연계	없음	0	1~2개 시스템	5	3개 시스템 이상	10
실무지식 필요	지식 불필요	0	기초 지식 필요	5	전문 지식 필요	10
분산 처리 여부	실시하지 않음	0	통합하의 분산 처리	10	순수 분산 처리	20

- 유지보수 대상 시스템의 특성에 따라 단순, 보통, 복잡성을 판정하여 총점수(TMP) 계산
- 유지보수 난이도(%)=10+5×TMP / 100
- 유지보수 대가=유지보수 난이도×소프트웨어 개발비 산정가

[시스템 개발비 및 소요 인력]

시스템	구분	현재				향후	
		실제 구축비/ 소요 인력		추정 구축비/ 소요 인력		추정 구축비/ 소요 인력	
		구축비	인력	구축비 (A)	인력 (B)	구축비 (C)	인력 (D)
A 시스템	하드웨어	75	–	75	–	500	–
	소프트웨어	185	–	185	–	250	–
	애플리케이션	260	96	2,328	489.4	1,299	283.5
	소계	520	96	2,588	489.4	2,049	283.5
B 시스템	하드웨어	–	–	–	–	300	–
	소프트웨어	80	–	80	–	150	–
	애플리케이션	1,161	207	1,652	357.1	771	178.5
	소계	1,241	207	1,732	357.1	1,221	178.5

C 시스템	하드웨어	200	–	200	–	800	–
	소프트웨어	92	–	92	–	700	–
	애플리케이션	318	100	761	176.2	360	91.6
	소계	610	160	1,053	176.2	1,860	91.6
합계		2,371	260	5,373	1,022.6	5,130	553.7

[시스템 유지보수 추정비용 및 인력]

시스템	구분	현재					향후				
		개발(산정)		유지보수 난이도 (%)	유지보수 (년)		개발(산정)		유지보수 난이도 (%)	유지보수 (년)	
		개발비	인력		비용	인력	개발비	인력		비용	인력
A 시스템	하드웨어	75	–	10	7.5	–	500	–	10	50.0	–
	소프트웨어	185	–	10	18.5	–	250	–	10	25.0	–
	애플리케이션	2,328	489.4	15	349.2	73.4	1,299	283.5	15	194.9	42.5
	소계	2,588	489.4	–	375.2	73.4	2,049	283.5	–	269.9	42.5
B 시스템	하드웨어	–	–	10	–	–	300	–	10	30.0	–
	소프트웨어	80	–	10	8	–	150	–	10	15.0	–
	애플리케이션	1,652	357.1	15	247.8	53.6	771	178.5	15	115.7	26.8
	소계	1,732	357.1	–	255.8	53.6	1,221	178.5	–	160.7	26.8
C 시스템	하드웨어	200	–	10	20.0	–	800	–	10	80	–
	소프트웨어	92	–	10	9.2	–	700	–	10	70	–
	애플리케이션	761	176.2	15	114.2	26.4	360	91.6	15	54	13.7
	소계	1,053	176.2	–	143.4	26.4	1,860	91.6	–	204	13.7
합계		5,373	1,022.7	–	774.4	153.4	5,130	553.7	–	634.6	83.0

11.4 아웃소싱 목표 설정

다음 단계는 앞에서 실시한 시스템의 만족도 조사와 비용효과 분석의 결과를 바탕으로 아웃소싱의 목표를 설정하는 것이다. 아웃소싱의 목표는 일반적으로 비용절감이나 서비스 품질 향상이 될 수 있지만, 정보기술의 급격한 변화로 인해 기업에서 정보기술의 역할이 중요해짐에 따라 전략적인 측면에서 기존 비즈니스의 확장 또는 새로운 비즈니스의 창출도 아웃소싱의 중요한 목적으로 고려할 수 있다.

따라서 앞에서 조사된 결과를 바탕으로 아웃소싱의 목표를 명확히 도출해야 한다. 기술적인 측면에서 일반적인 정보기술 아웃소싱의 목표를 나열하면 다음과 같다.

- **비용**: 정보기술 관련 활동들을 준비하고 수행하는 데 필요한 모든 비용
- **리드 타임**: 정보기술 활동에 대한 특정 요구사항이 시작된 시간과 그 요구사항이 최종적으로 처리될 때까지 걸린 시간의 차이
- **품질**: 명시된 요구사항이 충족된 정도
- **유연성**: 필요한 정보기술의 활동이 원하는 시점에 시작, 변화, 종료될 수 있도록 환경 변화에 적응하는 정도
- **통제성**: 정보기술의 비용, 리드타임 및 품질이 예측되고 측정되는 정도

- 계속성: 새로운 정보기술을 지속적으로 반영할 수 있는 정도
- 기타

어떤 것을 아웃소싱 목표로 설정하느냐에 따라 서비스를 제공할 전문업체를 선정하는 기준이 달라질 수 있으므로 이에 대한 신중한 검토가 필요하다. 어떤 것을 아웃소싱 목표로 결정해야 할지 명확하지 않다면, 만족도 조사 결과를 기초 자료로 사용하여 결정할 수도 있다. 또한 필요한 경우 사용자들로부터 이에 대한 의견을 수렴할 수도 있다.

예시

[아웃소싱 목표에 대한 우선순위 설정]

구분	시스템	비용	시간	품질	유연성	통제성	계속성
완료된 시스템	A시스템	6	2	1	4	3	5
	B시스템	6	2	1	4	3	5
	C시스템	6	1	4	3	2	5
완료된 시스템 순위		6	1	2	4	3	5
개발 중인 시스템	D시스템	1	2	3	4	6	5
	E시스템	1	2	3	4	6	5
	F시스템	2	1	3	4	6	5
개발 중인 시스템 순위		1	2	3	4	6	5
종합 순위		3	1	2	4	5	6

11.5 아웃소싱 대상 선정

기업의 정보기술 기능은 크게 애플리케이션 개발 및 유지보수, 시스템 운영, 네트워크 관리, 최종 사용자 지원, 헬프데스크 관리, 정보기술 계획 등으로 구분할 수 있으며, 이 중에서 어떠한 것을 아웃소싱할 것인지에 대한 판단은 기업의 상황과 환경에 따라 달라질 수 있다.

따라서 아웃소싱의 대상 선정에 대한 정확한 기준은 없다. 하지만 그동안 아웃소싱을 수행한 기업들의 경험과 아웃소싱의 기존 연구로부터 선정 가능한 범주를 다음과 같이 구분할 수 있었다. 이 범주에 속한다고 해서 반드시 아웃소싱을 해야 하는 것은 아니지만, 아웃소싱 대상의 후보로 고려할 수는 있을 것이다.

● 문제 기능

기업이 기술적 또는 관리적으로 어려움을 겪는 기능이 있다면 이는 아웃소싱의 후보로 간주할 수 있다. 기업은 주로 이런 기능을 아웃소싱 대상으로 고려하기보다는 내부에서 해결하려고 노력하지만, 문제가 지속적으로 발생한다면 기업 성과에 악영향을 미치고 시간이 지나면서 더 큰 문제로 발전할 수도 있다. 따라서 이와 같은 문제를 가진 기능을 내부적으로 해결하기보다는 아웃소싱을 통해 해결할 수 있다. 물론 아웃소싱을 하기 전에 해당 문제에 대해서 내부적으로 정확한 평가가 선행되어야 한다.

● 비핵심 기능

일반적으로 아웃소싱의 가장 손쉬운 접근 방법은 기업의 비핵심 기능(Non-core Function)을 아웃소싱하는 것이다. 기업 내부의 중요한 정보를 외부에 유출할 위험을 줄이면서, 이를 통해 여유 내부 자원(예, 인원 등)을 기업의 핵심 기능에 배치하고 활용할 수 있는 장점을 가지고 있다. 또한 비핵심 기능을 아웃소싱함으로써 기업은 복잡한 조직구조를 단순화하고, 기업 내부에 있는 핵심 기능을 대상으로 새로운 변화와 혁신을 추구할 수 있다.

● 모방 기능

만약 경쟁업체들이 특정 기능을 모두 아웃소싱하고 있다면, 우리 기업도 같은 기능을 아웃소싱의 후보로 고려할 수 있다. 물론 기업의 상황에 따라 아웃소싱하는 기능이 다를 수 있지만, 다른 많은 기업들이 특정 기능을 아웃소싱하고 있다면 그에 대한 명확한 이유가 있을 것이다(예, 해당 기능에 대한 높은 전문업체 역량, 해당 기능을 지원하는 다양한 솔루션 존재 등). 또한 다른 기업들이 특정 기능의 아웃소싱을 통해 비용을 줄였거나 이익을 얻고 있다면 우리 기업도 그들과 동일한 방법을 통해 유사한 효과를 창출할 수 있을 것이다.

● 시장 옵션 기능

정보기술 아웃소싱의 전문업체들은 각기 다른 전문성을 가지고 있으며 이를 통해 고객 기업에게 다양한 솔루션을 제공하고 있다. 만약

이 전문업체들이 보유하고 있는 전문성과 솔루션을 활용하여 우리 기업의 정보기술 기능을 지원하는 것이 가능하다면, 아웃소싱을 하나의 대안으로 고려할 수 있다. 다시 말해, 문제를 해결하기 위해 내부에서 해결책을 찾기보다는 아웃소싱 전문업체들이 보유하고 있는 이미 검증된 경험과 역량을 활용하는 것이 보다 효과적일 수 있다.

● 새로운 업무 기능

우리 기업이 새로운 업무를 시작하려고 한다고 생각해 보자. 이런 경우에는 내부에서 문제를 해결하기보다는 해당 업무에 경험이 있는 아웃소싱 전문업체들을 고려해 볼 수 있다. 아웃소싱을 통해 우리 기업의 업무 특성이 간과되거나 경쟁업체들에게 우리의 기밀이 유출될 수도 있는 단점이 있지만, 반면에 우리가 새롭게 시작하려는 업무에 대한 지식과 경험을 아웃소싱 전문업체들로부터 배우고 습득할 수 있는 기회가 될 수도 있다. 특히 이런 경우에는 아웃소싱 전문업체와 계약 위주의 관계보다는 파트너십 관계를 형성하는 것이 보다 바람직하다.

● 사라지는 기능

기업의 비즈니스 전략의 변화 또는 업무 환경의 변화로 인해 중요도가 줄고 있고 향후에 점점 축소되거나 사라질 수 있는 기능을 아웃소싱의 후보로 고려할 수 있다. 이 기능을 기업 내에서 관리하기보다는 아웃소싱 전문업체에게 이관시킴으로써 내부의 조직적 복잡성을 줄일 수 있으며, 새로운 비즈니스 환경으로의 효과적인 전환이 가능해질 수 있다. 또한 관련된 정보기술 자원을 아웃소싱의 대상에 포함시켜서, 직원들에게 새로운 업무 환경과 경력개발의 기회를 제공할 수도 있다.

Chapter 12 제안서 작성 및 평가

앞에서 설명했듯이 정보기술 아웃소싱과 시스템 통합은 개념적으로 차이가 있다. 시스템 통합은 프로젝트 위주의 업무를 전문업체에게 위탁하는 것으로 일의 시작과 끝이 있어서 계약이 만료되면 해당 업무의 책임이 다시 고객 기업으로 돌아가는 반면에, 정보기술 아웃소싱은 전문업체에 의해 제공되는 기능에 대한 책임이 지속적으로 전문업체에게 있다고 할 수 있다.

따라서 정보기술 아웃소싱의 제안 요청서 및 제안서는 기존의 시스템 통합 제안서와는 다음과 같은 차이점이 있다. 첫째, 서비스의 범위가 시스템 통합 프로젝트에 비해 포괄적이다. 시스템 통합 프로젝트에서는 고려하지 않았던 자산과 인원이 아웃소싱에서는 포함될 수 있다. 둘째, 서비스의 대상이 시스템 통합 프로젝트에 비해 넓어졌다. 정보기술 계획 및 전략 수립과 같이 비구조적이면서 중요한 핵심 업무도 아웃소싱의 대상으로 고려되고 있다. 셋째, 아웃소싱 기간이 단기적이기보다는 장기적인 성격이 강하다. 보통 4~7년 정도의 아웃소싱을 고려하거나 실시하고 있다. 정보기술 아웃소싱 프로젝트에 대한 개괄적인 발주 절차는 [그림 12-1]과 같다.

그림 12-1 정보기술 아웃소싱의 발주 절차

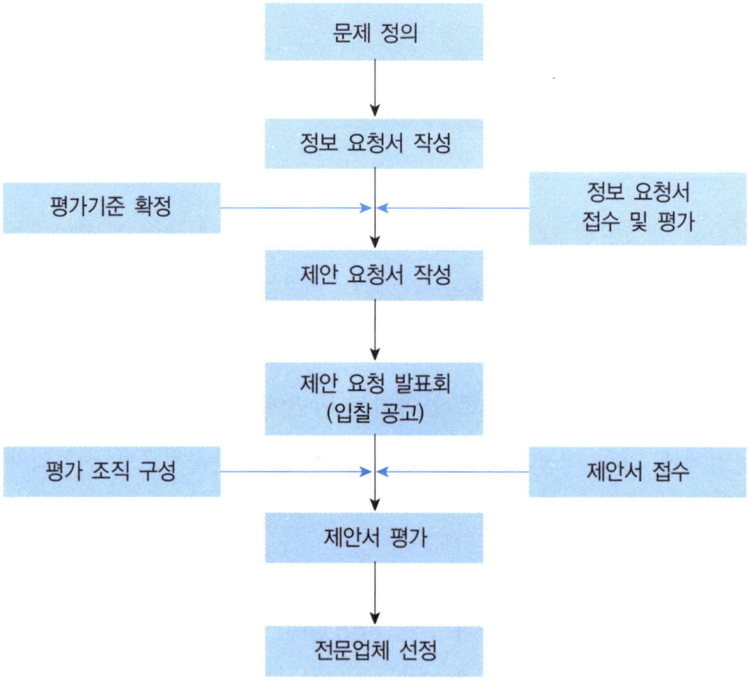

12.1 정보 요청서 작성

12.1.1 정보 요청서의 목적

정보 요청서(RFI: Request for Information)는 정보기술 아웃소싱을 고려하는 기업이 내부적인 요구사항을 정의하기 위해 작성된다. 내부적인 요구사항이 완전히 정의되지 않았거나 전문업체가 제공하는 아웃소싱 서비스에 대해 확실하게 알고 있지 않을 경우 정보 요청서를 작성하여 잠재력이 있는 전문업체들에게 발송한다. 일반적으로 원하는 서비스를 제공할 수 있다고 판단되거나 지명도가 있는 전문업체들을 10개 정도 선정하고 이들에게 정보 요청서를 발송한다.

정보 요청서로부터 얻어진 응답을 바탕으로 고객 기업은 제안 요청서(RFP: Request for Proposal)를 작성한다. 따라서 기업 내부적으로 정보기술 아웃소싱에 대한 요구사항이 명확히 정의되고 전문업체들에 대한 정보를 이미 가지고 있다면 정보 요청서를 별도로 작성하고 발송할 필요는 없다.

기업은 정보 요청서를 통해 기업 입장에서 무엇이 필요한가보다는 전문업체가 무엇을 제공할 수 있는가에 초점을 맞추어야 한다. 정보기술 아웃소싱을 고려 중인 기업이 정보 요청서를 전문업체들에게 발송하여 얻은 자료를 통해 다음과 같은 목적을 달성할 수 있다.

- 내부적으로 정의되지 않은 아웃소싱 요구사항 정의
- 전문업체들에 대한 기업 정보(예, 약력, 재무구조, 조직구조 등)
- 전문업체들이 제공하는 서비스에 대한 자료수집
- 정보 산업 및 기술에 대한 최근 동향
- 요구사항과 지원되는 기술수준의 비교를 통해 아웃소싱 도입에 대한 적합성 판단

12.1.2 정보 요청서의 구성요소

정보기술 아웃소싱을 실시하기로 결정한 후에 적절한 서비스를 제공할 수 있는 전문업체를 찾는 첫 번째 업무로서 정보 요청서가 작성된다. 정보 요청서를 통해 고객 기업은 전문업체들에 대한 기본적인 정보를 충분히 수집하여 내부적인 요구사항을 최종 결정하고, 이를 통해 제안 요청서를 작성한다. 10개 정도의 전문업체들에게 보내진 정보 요청서의 자료를 바탕으로 적절한 서비스와 능력을 가졌다고 판단되는 3~5개 정도의 후보업체 명단(Shortlist)을 결정한다. 따라서 정보 요청서의 역할이 어떤 면에서는 제안 요청서보다 중요하다고 할 수 있다. 정보 요청서에 반드시 포함되어야 하는 항목들로는 다음과 같은 것들이 있다.

● 기업에 대한 개요

전문업체들에게 고객 기업에 대한 정보를 제공함으로써 고객 기업의 업무 및 환경에 대한 이해를 증진시킬 수 있다. 또한 이를 통해 전문업체들은 고객 기업에게 가장 적합한 아웃소싱 솔루션을 제시하고자 노력할 것이다. 여기에 포함될 수 있는 항목들은 다음과 같다.

- 기업 배경 및 연혁
- 경영전략 및 관리제도의 현황
- 정보기술의 발전 및 현황
- 현재의 문제점 및 정보기술에 대한 기대효과

● 아웃소싱 프로젝트에 대한 개요

비즈니스 측면과 정보기술 측면에서 고객 기업이 아웃소싱을 고려하게 된 이유가 무엇이며 아웃소싱의 전략은 어떤 것이며, 아웃소싱을 통해서 얻고자 하는 목적이 무엇인지를 명확히 기술해야 한다. 전문업체 입장에서는 이와 같은 정보를 통해서 자체적으로 보유하고 있는 솔루션 중에서 고객 기업의 아웃소싱 목적에 가장 적합한 솔루션을 선정한다. 이 항목에 포함될 수 있는 내용을 살펴보면 다음과 같다.

- 아웃소싱 프로젝트의 목적
- 아웃소싱 프로젝트의 범위(예, 전체 또는 선택적 아웃소싱)
- 아웃소싱 프로젝트의 형태(예, 자산 또는 서비스 아웃소싱)
- 아웃소싱 프로젝트의 기간(단기, 중기 또는 장기 아웃소싱)

● 요구되는 아웃소싱 서비스

아웃소싱 대상 서비스에 대한 개괄적인 설명과 수용 가능한 서비스의 수준을 명시한다. 아웃소싱하고자 하는 대상이 기업 내 정보기술 부분에서 어떠한 위치에 있으며, 서비스 규모 및 범위는 어느 정도이며, 전문업체에게 요구할 수 있는 책임의 범위는 어느 정도인지를 설명할 수 있다. 여기에 포함될 수 있는 항목들은 다음과 같은 것이 될 수 있다.

- 아웃소싱 대상에 대한 개괄적인 설명
- 아웃소싱 대상의 현기능
- 아웃소싱 대상에 대한 요구 기능 및 성능
- 아웃소싱 서비스에 대한 전문업체의 역할 및 책임

● 전문업체들에 대한 기업 정보 요청

일차적으로 정보 요청서를 발송할 전문업체들이 선정되면, 이들에 대한 기업 정보를 요청한다. 과거의 프로젝트 경험, 성공 사례, 기업의 강점 및 약점, 경영전략, 보유하고 있는 솔루션 등에 대한 정보를 전문업체에게 요청한다. 이를 바탕으로 고객 기업은 전문업체들을 평가하고 제안 요청서를 발송할 대상을 다시 선정할 수 있다. 여기에 포함될 수 있는 항목들은 다음과 같다.

- 전문업체의 회사 소개(연혁, 재무구조, 인원구성 등)
- 전문업체의 경영전략 및 환경
- 주요 프로젝트 수주 실적

- 유사한 분야에 대한 경험
- 전문업체가 보유한 방법론
- 전문업체가 보유한 정보기술 및 관련 툴

● **전문업체들의 평가 절차 및 양식**

제안 요청서를 발송하게 될 전문업체들을 선정하는 과정의 투명성을 제공하기 위하여 정보 요청서를 평가하는 과정 및 이에 관련된 양식들을 제공할 수 있다. 전문업체의 평가과정 및 양식을 제공함으로써 고객 기업이 원하는 서비스를 제공할 수 있는 전문업체들은 정보 요청서 작성 자체를 포기할 수도 있다. 또한 평가요소에 초점을 맞추어 정보 요청서를 제공함으로써 고객 기업이 원하는 적절한 자료를 획득할 수 있다. 일반적으로 '전문업체들에 대한 기업 정보 요청'에서 제시한 항목들을 평가요소로 사용한다.

12.2 제안 요청서 작성

12.2.1 제안 요청서의 목적

정보 요청서로부터 얻어진 자료와 아웃소싱에 대한 내부 요구사항 분석을 통해 제안 요청서(RFP: Request for Proposal)가 작성된다. 따라서 제안 요청서에는 고객 기업 내부의 업무 파악에서 식별된 기술적 그리고 기능적 요구사항들을 모두 포함한다. 제안 요청서는 일반적으로 정확한 정보가 포함되어야 한다. 고객 기업이 아웃소싱을 통해 얻고자 하는 목적, 대상 업무, 전문업체에 대한 요구사항, 제안서 평가 기준, 제안서 작성 요령 등을 정보 요청서를 통해 선정된 3~5개 정도의 후보 전문업체들에게 전달한다.

기본 자료는 아웃소싱을 하고자 하는 동기와 목표에서 도출되며, 이 항목은 관련된 실무 담당자들(예, 재무, 인사, 정보기술 분야 등)의 의견이 반영되어야 한다. 만약 제안 요청서의 요구사항이 불명확하다면 전문업체들의 제안서를 공정하게 평가하기가 어렵기 때문에 명확한 요구사항이 정의되어야 한다.

형태 측면에서 보면 정보 요청서와 제안 요청서는 특별한 차이가 없어 보이지만, 제안 요청서에서 요구되는 내용의 정밀도가 정보 요청서에 비해 훨씬 높다. 중요도 측면에서도 제안 요청서는 실제 서비스를 제공할 전문업체를 선정하는 기초 자료가 되므로 가장 중요한 사안이라고 말할 수 있다. 제안 요청서에 요구사항을 정확히 기술하기 위하여 고객 기업은 현행 정보기술의 수준과 문제점을 정확히 파악할 수 있는 능력이 있어야 한다. 만일 이러한 능력 없이 전문업체를 평가하고 선정한다면, 고객 기업은 전문업체들이 제출한 제안서를 적절히 평가할 수 없다.

12.2.2 제안 요청서의 구성요소

제안 요청서를 통해 고객 기업과 아웃소싱 전문업체들은 서로 간의 정확한 의사전달을 할 수 있다. 이러한 제안 요청서와 요구되는 제안서의 정형화가 이루어져야만 제안서를 토대로 전문업체들의 기술적 수준을 객관적으로 평가할 수 있다.

제안 요청서에는 고객 기업의 정확한 요구사항이 언급되어야 하기 때문에 고객 기업의 요구사항이 현재의 기술 수준으로 실현 가능한지, 실현된다면 그 효과가 명확한지, 이에 대한 검증이 가능한지 등을 설명하고, 의미가 불명확한 용어나 표현 등은 사용하지 말아야 한다. 제안 요청서를 통한 명확한 요구사항과 표준화된 절차가 마련될 수 있다면, 아웃소싱 프로젝트를 진행할 때 초기에 소비되는 많은 시간과 노력을 줄일 수 있을 것이다. 이와 같은 제안 요청서에 포함되어야 하는 항목들로는 다음과 같은 것들이 있다([표 12-1] 참조).

- **기업에 대한 개요**

고객 기업에 대한 개요는 정보 요청서에서 서술했던 내용보다 좀 더 심도 있는 설명이 필요하다. 고객 기업의 배경 및 경영전략뿐만 아니라 산업 내에서의 경쟁 환경, 공급자들과의 관계, 소비자들과의 관계, 외부의 잠재 진입자들, 고객 기업의 제품이나 서비스의 대체재 등이 포함될 수 있다. 고객 기업에 대한 정확한 정보를 제공함으로써 업무 및 환경에 대한 이해를 증진시킬 수 있다. 여기에 포함될 수 있는 항

표 12-1 ▌제안 요청서의 예제

항목	세부 항목
1. 제안 요구의 배경	• 현기업의 업무 환경 및 정보기술 환경 • 정보기술의 필요성 및 목적 • 현기업의 경영 전략 및 정보기술 전략 • 현재의 문제점 및 기대효과
2. 사업수행 대상 업무	• 사업명 • 현재의 업무 환경 • 대상 업무 및 적용 범위
3. 제안 요건	• 기술 분야 – 하드웨어, 소프트웨어, 네트워크 등의 요건 – 시스템 구성 개요도 – 개발 방법론 – 향후 발전 방향 • 운영 분야 – 미래의 시스템 확장성 – 시스템의 신뢰성 및 융통성 – 장애 복구 계획 및 보안 대책 • 관리 분야 – 사업 추진 일정 및 완료 일자 – 문서화 대책 • 지원 분야 – 교육훈련 및 지원 방안 – 유지보수 방안
4. 사업 추진 방향	• 사업 추진 방안 및 일정 • 문서 작성 요령
5. 행정사항	• 제안서 작성 요령 – 작성 지침 및 유의사항 – 작성 목차 및 평가 절차 • 제안서 제출 방법 – 제출기한, 제출처, 제출 부수 – 제안서의 효력 • 제안 설명회 – 일정, 기간 및 장소 • 전문업체 선정 시기 및 결과통보 계획 • 기밀 보안 등 계약 관련 준수사항
6. 기타	

목들은 다음과 같다.

- 기업의 역사 및 배경
- 기업의 경영전략 및 관리제도의 현황
- 사업 방향
    - 산업 내에서의 경쟁 환경
    - 공급업체들과의 관계
    - 소비자들과의 관계
    - 외부의 잠재 진입자들
    - 생산되는 제품이나 서비스의 대체재
- 현재 및 향후 사업 목표

● 기업의 정보기술 환경

아웃소싱 대상을 포함한 기업 내 모든 정보기술 및 정보시스템에 대한 배경과 현황에 대한 정보를 기술한다. 전체적인 측면에서 고객 기업의 정보기술 현황을 이해함으로써 전문업체들은 아웃소싱 대상 업무와 비대상 업무들 간의 관계를 이해할 수 있다. 이 항목에 포함될 수 있는 내용들은 다음과 같다.

- 정보기술 환경 및 서비스
- 정보기술의 활용 정도
- 향후의 정보기술 전략적 방향

● 아웃소싱 프로젝트의 개요

비즈니스 측면과 정보기술 측면에서 아웃소싱의 필요성과 목적을 설명하고, 아웃소싱 서비스에 대한 범위, 형태 및 기간을 제시해야 한다. 또한 아웃소싱을 수행할 경우 요구되는 서비스의 수용 가능 수준이 어느 정도인지를 명확하게 기술해야 한다. 여기에 포함될 수 있는 내용들을 살펴보면 다음과 같다.

- 아웃소싱 프로젝트의 필요성 및 목적
- 아웃소싱 서비스에 대한 소개
  - 아웃소싱 프로젝트의 범위
  - 아웃소싱 프로젝트의 형태
  - 아웃소싱 프로젝트의 기간
- 아웃소싱 진행 시 요구되는 서비스
  - 아웃소싱 대상의 현기능
  - 아웃소싱 대상에 대한 요구 기능 및 성능
  - 아웃소싱 서비스에 대한 전문업체의 책임 및 역할

● 아웃소싱 관계에 대한 요구사항

이 항목은 고객 기업과 선정된 전문업체 간의 관계를 향후에 어떠한 방식으로 관리하고 평가할 것인지에 대한 내용을 기술한다. 비용 산정을 어떻게 하고 아웃소싱에 대한 성과 측정은 어떻게 하며, 아웃소싱 시 인력 및 자산의 이관에 대한 기준과 방법 등을 설명한다. 이 항목에 대한 명확한 제시는 고객 기업과 전문업체 간의 파트너십 형성을 위한 초석으로 작용할 것이다. 여기에 포함될 수 있는 내용들은 다음과 같은 것이 될 수 있다.

- 요구되는 아웃소싱 관계의 유형(예, 계약 관계, 파트너십 관계)
- 비용 산정 방법
- 관리 조직 및 계획
- 성과 측정 방법
- 인력 및 자산의 이관

● 제안서 작성 요령 및 평가기준

여러 전문업체들로부터 제안서가 제출되면 기업은 동일한 절차 및 기준을 가지고 평가를 진행해야 한다. 그런데 전문업체마다 제안서의 목차와 설명이 다르다면, 이를 객관적으로 평가하기란 쉽지 않다. 따라서 제안 요청서상에 제안서의 목차 및 설명 방법을 명시해야 한다. 또한 제안 요청서를 발송할 전문업체들을 선정하는 과정에 대한 투명성을 제공하기 위하여 정보 요청서를 평가하는 과정 및 이에 관련된 양식들을 제공할 수 있다. 일반적으로 다음과 같은 내용들이 여기에 포함될 수 있다.

- 제안서의 목차
- 제안서의 설명 방법
- 제안서의 평가 절차
- 전문업체의 평가 및 선정기준

● 기타 안내사항

작성된 제안 요청서를 어떠한 시기에 어떠한 방법으로 제출할 것인지를 설명해야 한다. 또한 최종적으로 전문업체의 선정 시기와 통보 방식도 알려주어야 한다. 중요한 것은 제안 요청서상에 기술된 중요한 기업 정보를 외부로 유출시키지 않겠다는 것을 서류로 남겨야 한다. 여기에 관련된 내용들은 다음과 같다.

- 제안서 제출 시기 및 방법
- 전문업체 선정 시기 및 결과 통보 방법
- 기밀유지 및 준수사항
- 기타 계약사항

12.2.3 제안 요청서 작성 시 고려요소

제안 요청서는 고객 기업이 원하는 가장 적절한 전문업체를 효과적으로 평가하고 선정할 수 있는 방법이다. 따라서 제안 요청서를 주관적인 편견을 가지고 평가하지 않도록 주의해야 한다. 또한 전문업체들에게 제안서 작성을 위한 충분한 시간을 제공하는 것이 바람직하다. 고객 기업의 제안요청서에 대하여 필요한 자료 수집이나 분석을 위해 전문업체들에게 시간적 여유를 주어야 하기 때문이다.

12.3 제안서 작성

12.3.1 제안서의 목적

제안서는 고객 기업의 제안 요청서를 근간으로 전문업체가 직접 작성하는 것으로 기업구조, 자원 및 제반 환경을 적절히 조화시켜서 최대의 효율을 얻을 수 있도록 하는 것이 그 주요 취지라고 할 수 있다. 이렇게 작성된 제안서는 고객 기업에게 제출되며, 제출된 제안서를 평가하여 가장 적절한 전문업체를 선정한다.

제안서에는 전문업체가 제시한 솔루션의 모든 구성요소와 비용의 합당한 산정 방법 그리고 향후 발전 방향 등에 대하여 언급해야 하며 제안서가 외형적으로 가질 수 있는 기본적인 특성은 다음과 같다.

- 대화용 도구로서 작성
- 사용자들을 고려하여 이해가 용이하도록 기술
- 논리적인 순서에 따라 정연하게 서술
- 실제 업무 수행에 적용이 가능하도록 작성
- 관련 정보에 대한 정확한 기술

12.3.2 제안서의 구성요소

제안서의 구성요소를 살펴보면, 제안의 목적과 배경, 회사 소개, 고객의 정보기술 분석, 서비스 범위 및 수준, 아웃소싱 방법론 및 추진 전략, 조직체계 및 구성원, 일정 계획, 그리고 제안 가격 등이 포함된다. 각 요소에 포함되는 주요 내용을 살펴보면 다음과 같다.

● 개요

- 제안의 목적과 배경

  고객 기업이 추진하려고 하는 아웃소싱 프로젝트의 목적과 이에 대한 타당성을 기술한다. 전략적, 경제적 그리고 기술적인 이익 측면에서 정보기술 아웃소싱이 고객 기업의 경쟁력 강화에 중요한 역할을 할 수 있다는 것을 제시해야 한다. 이런 세 가지 측면에서 아웃소싱 목적을 기술하고 고객 기업과 연관 관계를 아웃소싱 목적에 부합하도록 설명해야 한다.

- 추진 전략

  고객 기업의 아웃소싱 추진에 대한 전략을 아웃소싱의 범위, 유형, 기간, 그리고 전문업체 수 관점에서 기술한다. 즉 전체 아웃소싱 또는 선택적 아웃소싱(범위), 서비스 아웃소싱 또는 자산 아웃소싱(유형), 단기 아웃소싱 또는 장기 아웃소싱(기간), 단일업체 아웃소싱 또는 복수업체 아웃소싱(전문업체 수) 등이 포함된다. 복수업체 아웃소싱이 적합하다면 계약 형태는 일반적인 복수 전문업체 계약이 적합한지 아니면 컨소시엄 형태의 계약이 적합한지를 이유와 함께 설명한다(제3장 참조). 이와 같은 아웃소싱 전략을 고객 기업 입장에서 제시한다.

■ 전문업체 입장에서 살펴본 기대효과

위에서 언급한 아웃소싱 목적을 근간으로 본 아웃소싱 프로젝트의 기대효과를 기술한다. 비용의 절감, 서비스 품질의 향상, 정보기술의 유연성 향상 또는 환경 변화에 대한 적응력 등 여러 가지 형태의 기대효과를 전문업체 관점에서 제시한다.

● 회사 소개

■ 회사 연혁 및 경영 현황

제안서를 작성하는 전문업체의 설립에서 현재까지의 회사 연혁을 기술하고, 사업의 범위, 규모 및 경영 실적에 대한 정보를 제공한다.

■ 인원 현황

전문업체가 보유하고 있는 인원 및 조직 구성 형태 등을 설명하고, 기술적인 측면에서 어떠한 경쟁력을 가지고 있는지를 기술한다. 과거 또는 현재 수행하고 있는 주요 아웃소싱 프로젝트의 실적을 언급한다. 또한 고객 기업과 유사한 산업이나 업무에 대한 프로젝트 경험을 언급함으로써 해당 아웃소싱 프로젝트에 대한 적합성을 설명할 수 있다. 국내 및 국외 협력업체와 기술제휴 현황을 제시하여 고객 기업이 원하는 기술적 요구사항을 수용할 수 있는 능력이 있음을 설명한다.

• 주요 프로젝트 수행 실적
• 유사 분야에서의 프로젝트 경험
• 협력업체 및 기술제휴 관계

● 아웃소싱 서비스

■ 고객의 정보시스템 분석

제안 요청서에 명시된 고객 기업의 정보기술 현황을 보다 자세히 분석해야 한다. 비즈니스와 정보기술의 연계성, 정보기술 서비스 수준, 정보기술의 기술적 및 관리적 능력, 정보기술 기능상의 문제점 등을 전문업체 입장에서 조명해 보아야 한다.

■ 서비스 범위 및 수준

고객 기업의 정보기술을 분석해 본 결과 타당성이 있다고 판단되는 서비스의 범위와 수준을 제시한다. 응용시스템 개발 및 관리, 데이터 센터 운영, 네트워크 운영, 데스크톱 관리 등 다양한 형태의 서비스 범위를 제시할 수 있다. 만약 고객 기업이 서비스 범위를 미리 결정하고 있다면 그에 적절한 내용을 제시하도록 한다. 또한 제공할 서비스에 대한 수준을 평가할 수 있는 지표로서 비용절감, 고객만족도, 품질 평가, 산출물 평가 등을 제시할 수 있다.

● 제안 내용

▒ 기술 분야

제시된 서비스 범위 내에서 제공 가능한 기술적 솔루션들에 대한 자세한 설명을 명시한다. 이 항목에 포함될 수 있는 내용은 다음과 같다.

- 제안된 서비스의 특성 및 기대효과
- 서비스 제공 전략 및 방안
- 정보기술 구성 및 기능
- 정보기술 분야별 기능 설명
- 품질관리 및 변경관리
- 향후 확장성 및 발전 방향

▒ 관리 분야

서비스를 조직, 인력 및 일정 측면에서 어떻게 제공할 것인지를 명시한다. 여기에는 아웃소싱 방법론 및 향후 일정을 포함하여 설명해야 한다. 여기에 포함될 수 있는 항목은 다음과 같다.

- 업무 수행 방안 및 일정
- 업무 수행 조직 및 인력 구성
- 아웃소싱 방법론 및 툴
- 서비스 관리 및 환경 조성 계획
- 보안관리 대책
- 문서화 및 보고 방법
- 아웃소싱 수행 절차 및 내역

■ 지원 분야

정보기술 아웃소싱을 수행하는 과정에서 발생하는 여러 가지 이슈들, 예를 들어 인력 및 자산의 이관, 교육훈련 계획 등을 명시한다. 다음과 같은 항목이 포함될 수 있다.

- 인력의 이전 규모 및 방법
- 자산의 이전 규모 및 방법
- 교육훈련 지원 계획
- 기술 이전 계획

■ 가격 분야

아웃소싱 서비스를 제공하기 위해 필요한 비용을 산정하여 제시한다. 제시한 금액에 대한 타당성을 높이기 위해 제안 금액의 산출 근거 및 기준을 정확하게 명시해야 한다. 이를 위해서는 고객 기업의 정보기술 현황을 바탕으로 적절한 비용 항목의 도출이 진행되어야 한다.

■ 추진 일정 분야

아웃소싱 프로젝트의 추진 일정은 고객 기업의 일정에 따라 변경될 수 있지만, 준비 및 평가 단계, 선정 및 계약 단계, 관리 단계, 그리고 변화관리 단계로 구분하여 전체적인 일정을 자세하게 제시해야 한다.

아웃소싱 계약을 협상하기 전에 사전조사에 대한 일정을 반드시 명기하여 제안 요청서에 명기된 업무의 내용이 실제 업무와 차이가 있는지를 평가해야 한다. 만약 고객 기업의 설명 내용과 사전조사 후에 업무 내용이 다르다면 제시된 솔루션과 가격이 변경될 수 있기 때문이다.

12.3.3 제안서 작성 시 고려요소

제안서의 내용은 고객 기업의 제안 요청서를 바탕으로 작성되지만, 전문업체 입장에서는 투여되는 노력과 다양한 요소들의 관련성을 인지하여 보다 효과적인 제안서가 되도록 노력해야 한다. 정보기술 아웃소싱 프로젝트는 장기적인 관점에서 진행될 수 있기 때문에 시장의 변화(예, 매출액 증가, 주가 동향 등), 정보기술 용량의 변화(예, 생산 또는 서비스 가동률의 변화), 비즈니스 전략의 변화(예, 미래의 기업 전략 변화), 재무적 변화(예, 기대성과 또는 재무적 제약) 등에 대한 고려가 요구된다. 이를 위해서는 다음과 같은 사항에 대한 전문업체의 노력이 포함되어야 한다.

- 외부 시장 환경과 사회적인 요소에 대한 고려
- 내부 기업체계와 의사소통의 효과성 측면을 고려
- 경영관리적인 측면에서 성공과 실패요인의 예측 및 대비책에 대한 고려

12.4 제안서 평가

12.4.1 제안서 평가의 목적

제안서의 평가기준은 아웃소싱 프로젝트에 따라 다양하게 결정된다. 그러나 각 아웃소싱 프로젝트마다 업무 범위가 다르고 고객 기업의 핵심 성공요인이 다르기 때문에 서로 다른 평가 결과가 나타날 수 있다. 제안서의 궁극적인 목적은 가장 역량 있는 아웃소싱 전문업체를 선정하는 것이므로 몇 차례에 걸친 평가와 심사숙고가 있어야 한다. 전문가로 구성된 선정위원회에서 전문업체의 서비스 수준, 재무, 인력 등을 기준으로 일차적인 선정 작업을 수행한다. 여기에서 선정된 전문업체들을 중심으로 선정위원회는 이차적인 선정 작업을 실시한다. 마지막으로 각 단계의 평가가 정확하게 수행되었는지 다시 한번 검토하는 시간을 가질 수도 있다.

12.4.2 제안서의 평가 항목

제안서 평가 시 고려해야 할 중요한 문제는 다음과 같은 것이 있다.

- 평가 항목 및 항목별 배점 결정의 주체(아웃소싱 담당기관, 평가위원회, 표준 방식 등)
- 평가 기준 및 방법과 결과의 공개 여부

- 전문업체 실사에 대한 필요성
- 전문업체의 익명 평가의 필요성
- 평가위원회의 필요성

표 12-2 제안서의 평가 항목 예제

항목	세부 항목
1. 사업수행 능력	• 유사 업무에 대한 경험 • 대상 업무에 대한 이해도 • 환경 및 대상 업무의 분석 능력 • 사업 추진 전략의 우수성
2. 조직 및 관리기술	• 전문업체의 명성 및 신뢰도 • 재무적인 안정도 • 프로젝트 관리 능력 • 수행 요원의 확보 및 자질 • 업무 추진 일정의 타당성
3. 개발기술	• 유사 업무에 대한 개발 경험 • 개발 대상 업무의 이해도 • 기능 및 성능의 적합성(하드웨어, 소프트웨어, 네트워크 등) • 개발 요원의 확보 및 적절성 • 개발 방법론의 우수성 및 적절성 • 개발 장비 및 도구의 보유 현황
4. 운영 및 지원기술	• 운영 방안 • 교육훈련 방안 • 유지보수 방안 • 보안유지 체계 • 문서화 대책 방안 • 비상 대책 방안 • 향후 발전 방안
5. 제안 가격	• 적정성 • 경쟁력

- 평가 방법
- 평가 항목 및 배점기준

이 중에서 제안서의 주요 평가 항목은 전문업체의 사업수행 능력, 기술 제공 능력, 재정적 안정성, 제안 가격 등이 포함될 수 있다. 이에 대한 내용은 [표 12-2]에서 제시되고 있다.

Chapter 13 전문업체 선정

기존의 시스템 통합 프로젝트는 주로 하나의 전문업체를 서비스 제공업체로 선정했지만, 정보기술 아웃소싱 프로젝트는 하나의 전문업체 또는 해당 기능별로 전문성을 가진 복수의 전문업체들을 계약자로 선정할 수 있다. 실제로 고객 기업들이 단일 전문업체에 정보기술을 아웃소싱하기보다는 복수 전문업체에게 동시에 아웃소싱을 실시하는 사례가 많아지고 있다. 이는 고객 기업이 각 전문업체마다 가지고 있는 특정 분야의 전문성을 최대로 활용하고자 하는 데 그 목적이 있다. 따라서 하나의 기능을 아웃소싱한다고 해서 반드시 하나의 전문업체를 선택해야 하는 것은 아니다.

제3장에서 설명했듯이 만약 복수의 전문업체들이 컨소시엄을 구성하여 고객 기업('갑')과 계약을 하게 될 경우 두 가지 방법이 있다. 첫 번째 방법은 모든 전문업체들을 동등한 계약자('을')로 간주해서 계약

을 하는 것이다(갑-을 관계). 두 번째는 그중 하나의 전문업체를 주계약자('을')로 선정하고 나머지 전문업체들('병')은 주계약자와 다시 계약을 하도록 하는 방법이 있다(갑-을-병 관계). 전자는 고객 기업이 원하는 각 업체들의 전문성을 직접 체험할 수 있고, 후자는 전문업체들의 대화 창구를 단일화할 수 있다는 장점이 있다.

아웃소싱 프로젝트에서 최종 전문업체(즉 사업자)를 선정하는 방식은 고객 기업의 상황이나 프로젝트의 형태, 규모 및 목적에 따라 크게 다음과 같이 구분할 수 있다. 각각의 사업자 선정 방식에 대해 살펴보도록 한다.

- **프로젝트 예산이나 규모를 기준으로 한 구분**

  적격 심사에 의한 방법 또는 협상에 의한 방식

- **아웃소싱하고자 하는 기능이 많을 때의 구분**

  통합 발주 방식 또는 분리 발주 방식

- **사전조사 단계를 기준으로 한 구분**

  사전조사 전 또는 사전조사 후 전문업체 선정 방식

13.1 적격 심사 방식과 협상 방식

정보기술 아웃소싱 프로젝트가 가지는 특성 중의 하나는 협상에 의한 사업자 선정 방식을 선호한다는 것이다. 아웃소싱 프로젝트의 규모가 커지고 장기간의 서비스를 요구함에 따라 기존에 소형 또는 중형 프로젝트에서 주로 사용해 왔던 적격 심사에 의한 전문업체 선정보다는 협상을 통해 전문업체를 선정하기 시작했다.

표 13-1 ▌ 아웃소싱 사업자 선정 방식의 비교

구분	적격 심사에 의한 방법	협상에 의한 방법
장점	• 선정 절차의 단순성 • 초기 구축비용이 상대적으로 낮음 • 심사 절차에 대한 객관성 • 사후 문제의 발생 소지를 억제	• 창의적 구축 방안을 합리적인 가격으로 협상하여 기술 및 품질 우위의 전문업체를 선정 • 확보한 예산의 효율적 활용 • 프로젝트의 부실화를 예방 • 고객 기업과 전문업체 간에 명확한 목적을 공유하는 것이 가능 • 프로젝트 비용절감이 가능
단점	• 예산을 충분히 활용하지 못함 • 사업의 부실화 가능성 • 과다한 경쟁을 초래 • 제안서의 실현 가능성 검토 미비 • 고객 기업과 전문업체 간의 사업 수행에 대한 타협 부족	• 선정 절차가 복잡 • 계약금액에 대한 과장성 • 사후 문제의 발생 가능성
적용 대상	• 중소형 규모의 아웃소싱 프로젝트(예, 단위 정보기술 업무 등)	• 대규모 아웃소싱 프로젝트(예, 전국망 구축, 국가의 대형/장기 프로젝트 등)

아웃소싱 프로젝트의 규모가 작고 고객 기업의 요구사항이 명확한 경우에는 제안서를 통한 적격 심사가 가능하고 적절했다고 할 수 있다. 하지만 정보기술 아웃소싱이 대규모이고 장기적 특성을 가지게 되면서 고객 기업은 프로젝트 진행에 대한 불확실성과 위험성을 최소화하기 위해 협상에 의한 전문업체 선정 방식을 선호하게 되었다.

최종 아웃소싱 전문업체를 선정하기 위해서 사용되는 적격 심사에 의한 방법과 협상에 의한 방법의 장단점을 [표 13-1]에 비교하였다.

13.2 통합 발주 방식과 분리 발주 방식

고객 기업이 아웃소싱하고자 하는 정보기술 기능이 복잡하고 복수로 존재하거나 시스템 통합과 시스템 관리가 하나의 프로젝트에 포함된 전환 아웃소싱(Transitional Outsourcing)을 하고자 할 때는 통합 발주 방식 또는 분리 발주 방식을 고려할 수 있다. 전환 아웃소싱이란 두 개 이상의 독립된 정보기술 기능을 하나의 아웃소싱 프로젝트에 포함시키는 것을 말한다. 예를 들어, 정보기술 아웃소싱의 효과를 극대화하기 위하여 비효율적인 업무 프로세스를 먼저 개선(PI: Process Innovation)하고 개선된 업무를 기준으로 아웃소싱 프로젝트를 진행할 수 있는데, 이 두 개의 프로젝트를 하나의 프로젝트로 진행할 수 있다.

아웃소싱의 통합 발주 방식과 분리 발주 방식을 구분하는 분기점은 전체 아웃소싱 프로세스에서 사전조사(Due Diligence) 단계라고 할 수 있다. 제안서를 기초로 선정된 몇 개의 전문업체들에게 고객 기업은 아웃소싱 프로젝트에 대한 이해를 돕기 위해서 이들 업체에게 내부 업무를 파악할 수 있는 기회를 제공한다. 사전조사를 통해서 고객 기업은 전문업체들 중에서 가장 적절하다고 판단되는 전문업체를 최종 선정한다. 또한 전문업체 입장에서는 사전조사를 통해 고객 기업을 이해하고 실제의 업무와 제안 요청서에서 기술된 내용 간에 차이가 있는지를 평가할 수 있다. 그리고 협상과정에서 언급하게 될 비용 문제에 대한 적절성 및 타당성을 판단하는 중요한 기회가 된다.

13.2.1 통합 발주 방식

통합 발주 방식은 사전조사를 진행하기 전에 전문업체를 선정하는 방식과 사전조사 이후에 전문업체를 최종 선정하는 두 가지 방법이 있다. 각각의 방식에 대한 설명과 장단점을 살펴보도록 한다.

● **사전조사 전 사업자 선정 방식**

해당 방식은 제안 요청서와 제안서, 전문업체 선정요소, 예산의 산정, 계약 방식 등이 결정되기 이전에 이미 아웃소싱 프로젝트를 수행할 최종 전문업체를 선정하는 것이다. 이 방식은 아웃소싱 프로세스 초기에 특정 전문업체를 사업자로 선정함으로써 비용과 혼란을 최소화할 수 있다. 반면에 기술적 능력보다는 관리적 능력에 초점을 두기 때문에 예산에 대한 정확한 산정이 힘들어지며, 가계약을 한 후에 본 계약을 해야 하는 단점이 있다. 고객 기업과 전문업체 입장에서 각각 사전조사 전 사업자 선정 방식에 대한 장단점을 [표 13-2]와 [표 13-3]에 정리하였다.

● 사전조사 후 사업자 선정 방식

사전조사 후 사업자 선정 방식은 고객 기업이 먼저 사전조사를 실시한 후에 사전조사에서 세부적으로 조사된 요구사항들을 바탕으로 제안 요청서 및 제안서, 평가요소, 예산 산정 등이 먼저 결정된다. 사전조사 자체를 별도의 독립적인 프로젝트로 고려하여 전문업체를 선정할 수도 있다. 또한 정보 요청서를 발송하고 이로부터 얻어진 자료를 바탕으로 사전조사를 위해 3~5개 정도의 전문업체들을 선정할 수도 있다.

이 방식은 아웃소싱 프로젝트를 위한 프로세스를 진행하기 이전에 전문업체가 먼저 사전조사를 실시한다. 따라서 제안 요청서가 보다 세부적으로 작성되고, 전문업체 평가는 기술적 및 관리적 업무 능력을 모두 고려하여 실시하며, 개발된 기본 모델을 바탕으로 예산을 산정한다. 그리고 계약 방식은 사전조사에 참여했던 전문업체들을 대상으로 우선적으로 실시한다.

이 방식은 사전조사 전 사업자 선정 방식과 비교해서 아웃소싱 프로젝트의 요구사항 및 향후 전략에 대한 보다 상세한 내용을 도출할 수 있다는 장점이 있다. 하지만 사전조사를 진행할 때 몇 개의 전문업체를 활용하기 때문에 경쟁관계에 있는 전문업체들을 어떻게 관리할 것인지가 관건이다. 이 조사과정에 참여하는 모든 전문업체들에게 내부의 업무를 파악하게 하는 것도 어려운 일이지만, 그렇다고 전문업체마다 각각 다른 업무를 파악하게 하는 것은 사전조사의 의미를 희석시킨다. 따라서 고객 기업의 상황에 따라 사전조사 수행 방식에 대한 적절한 고려가 필요하다. 고객 기업과 전문업체 입장에서 사전조사 후 사업자 선정 방식에 대한 장단점을 [표 13-2]와 [표 13-3]에 기술하였다.

표 13-2 ▌사전조사 사업자 선정 방식의 장단점: 고객 기업 관점

구분	사전조사 전 사업자 선정 방식	사전조사 후 사업자 선정 방식
장점	• 초기에 전문업체를 결정하므로 비용 및 혼란을 최소화 • 단일업체에 의한 추진 가속력 증가	• 요구사항의 명확성 • 예상비용과 솔루션에 의한 평가를 바탕으로 최적의 전문업체 선정 • 경쟁에 의한 좋은 조건 확보
단점	• 전문업체에 대한 특혜 의혹 • 전문업체 선정 후 높은 의존도 • 평가기준의 불명확성 • 관리 및 기술 능력을 모두 보유한 전문업체의 선정이 어려움	• 과도한 전문업체 투자 발생 • 탈락한 전문업체에 대한 보상 • 프로젝트에 전문업체의 참여가 시기적으로 늦음

표 13-3 ▌사전조사 사업자 선정 방식의 장단점: 전문업체 관점

구분	사전조사 전 사업자 선정 방식	사전조사 후 사업자 선정 방식
장점	• 영업비용의 최소화 • 불필요한 경쟁을 제거	• 고객 기업에게 적절한 솔루션을 제공하여 성공률이 높아짐 • 위험요소를 줄일 수 있음
단점	• 경쟁사 대비 성공률이 떨어짐 • 선정 이후에도 계약이 성사되지 않을 가능성 • 사전에 위험 예측이 어려움	• 과도한 영업비용 발생 • 경쟁심화로 가격 경쟁 가능성 • 정치적인 요소의 개입으로 난항 가능성

13.2.2 분리 발주 방식

고객 기업이 시스템 통합 프로젝트와 시스템 관리 프로젝트를 하나의 아웃소싱 프로젝트로 발주하고자 한다고 생각해 보자. 고객 기업은 이 두 개의 프로젝트를 한 번에 발주할 수도 있지만, 별개의 프로젝트로 분리해서 발주할 수도 있다. 여기서 두 개의 프로젝트를 한 번에 발주하는 것을 통합 발주 방식이라고 하며, 두 번에 걸쳐 순차적으로 발주하는 것을 분리 발주 방식이라고 한다.

분리해서 발주할 경우 시스템 통합 프로젝트와 시스템 관리 프로젝트는 각각 별개의 발주 프로세스를 거쳐 전문업체를 선정한다. 하지만 고객 기업 입장에서는 이 두 개의 프로젝트 모두를 성공시켜서 전체적인 아웃소싱 목적을 달성해야 한다. 따라서 분리 발주 방식은 개개의 아웃소싱 프로젝트에 가장 적합한 전문업체를 선정할 수 있다는 장점이 있는 반면에, 독립적으로 진행된 두 개의 프로젝트를 효과적으로 통합관리해야 한다는 단점이 있다.

분리 발주를 할 경우 시스템 관리 부문과 시스템 통합 부문에 대한 고객 기업과 전문업체 측면에서 각각 장단점을 정리하면 [표 13-4]와 [표 13-5]와 같다.

표 13-4 ▌ 분리 발주 방식의 장단점: 고객 기업 관점

구분	시스템 관리 부문	시스템 통합 부문
장점	• 복잡성을 줄이면서 프로젝트를 추진할 수 있음	• 정치적인 요인과 별도로 추진 • 복수 경쟁을 통한 가장 적합한 전문업체 발굴이 가능 • 위험을 분산할 수 있음
단점	• 시스템 통합과의 연계 문제 • 전문업체의 활용 폭이 적음 • 전문업체 선정에 대한 이중 작업	• 전체를 효과적으로 통제할 수 있는 능력이 필요 • 지나친 경쟁으로 인해 프로젝트의 방향성 상실 우려

표 13-5 ▌ 분리 발주 방식의 장단점: 전문업체 관점

구분	시스템 관리 부문	시스템 통합 부문
장점	• 경쟁을 분산시킬 수 있어 수주 가능성이 높음	• 컨소시엄 구성을 통한 접근이 가능 • 위험의 분산이 가능
단점	• 시스템 관리 부문만 수주할 경우 프로젝트의 가치가 적을 수 있음	• 전문업체들의 경쟁 심화 • 수주의 가능성이 낮음

Chapter 14 사전조사 실행

본 장에서는 정보기술 아웃소싱을 수행하기 위하여 정보의 수집이 필요한 항목들을 제시하고자 한다. 이러한 사전정보 활동은 다음과 같은 이유로 반드시 수행되어야 하며 전체 아웃소싱 프로세스에서 필요불가결한 단계라고 할 수 있다.

첫째로 아웃소싱의 타당성 평가를 통하여 아웃소싱의 의사결정, 범위 및 유형을 설정하기 위해 필요하다. 둘째로는 고객 기업의 제안 요청서 발송을 준비하기 위하여 필요하다. 셋째로는 아웃소싱 전문업체의 선발기준을 준비하고 이를 기준으로 사업자를 선발하기 위해 필요하다. 넷째로는 선정된 전문업체와의 계약 조건 협상을 위하여 필요하다. 마지막으로 선정된 전문업체로 하여금 효과적인 이관 작업과 운영지침을 마련할 수 있도록 도와준다.

이와 같은 사전조사는 고객 기업이 자체적으로 충분한 능력이 있다면 독자적으로 수행할 수 있으며, 그렇지 않다면 외부 컨설팅 업체의 도움을 받아서 수행할 수도 있다. 상황에 따라서는 최종 선정된 아웃소싱 전문업체와 고객 기업이 함께 사전조사를 수행하는 경우도 있을 수 있다.

이하에서는 정보기술 관련된 업무 부문별로 사전조사가 적절히 수행되기 위해서 필요한 정보가 무엇인지 논의하도록 한다.

14.1 애플리케이션 개발 및 유지보수

정보기술 아웃소싱 프로젝트 중에서 애플리케이션 개발 및 유지보수 업무를 효과적으로 진행하기 위해서 사전조사 단계에서 어떠한 정보들이 수집되어야 하는지를 살펴보도록 한다. 일반적으로 이에 해당하는 내역으로 프로젝트 계획 관련 지식, 단위 조직, 업무 흐름, 그리고 관련된 모든 과정과 절차가 포함된다. 각각에 대한 자세한 내용을 이하에서 설명한다.

● 인력구조

- 애플리케이션 개발과 유지보수에 관련된 조직구조 및 인원구성은 어떠한가?
- 조직 구성원의 경험기간, 경력관리, 교육 내역 등은 무엇인가?

- 기업에서 정보기술 담당자에게 필요한 교육은 무엇이며 실제로 무슨 교육을 하고 있는가?
- 정보기술 담당자의 수행 업무별 시간관리 보고서는 작성되는가? 작성된다면 수행 업무는 코드화되어 있는가? 그리고 그 작성주기는 어떻게 되는가?
- 직원들의 이직률과 사기는 어떠한가? 이직률과 사기에 영향을 미치는 요인은 무엇인가?
- 외부로부터 공급받거나 하도급되는 자원의 비율은 얼마나 되는가?
- 담당 업무별로 자료 제시가 가능한가?

● 일반 업무관리

- 업무 수행에 대한 의사결정 방법, 통제 절차, 변화에 대한 업무 조정 절차 및 문서화 방법은 어떠한가?
- 거래처에 대한 비용 청구 방법, 책임한계 규정 절차, 자금조달 절차는 무엇인가?
- 변화를 주도하고, 승인하고, 거절할 수 있는 사람은 누구인가? 그리고 변화의 요구는 얼마나 빈번한가?
- 일반 업무관리는 어떻게 수행되는가?(삭제 여부 및 주기, 우선순위 설정 방법 및 평가 방법)
- 애플리케이션별 관련된 업무의 종류와 작업 인원 수는 어느 정도인가?

업무관리

- 업무 구성 방법, 애플리케이션 결정 방안, 새로운 애플리케이션 개발에 대한 통제 능력을 가지고 있는가?
- 문제 제시나 보고에 따른 업무 변화의 비율은 얼마인가?
- 공개 계획 내용, 스케줄, 평가는 어떠한가?
- 위험요소는 어떻게 확인되고 문제와 변화는 어떻게 관리되는가?
- 모든 애플리케이션에 대해 검사 원본과 사례가 관리되는가?
- 자료(최종 사용자 및 개발자 자료)를 갱신하는 절차는 어떠한가?
- 애플리케이션 개발에서 실제 사용으로 전환되는 과정은 어떠한가?

측정

- 기업에서 사용되는 주요 측정 방법과 이에 대한 과거 자료가 있는가?
- 생산성의 측정 대상과 방법은 무엇인가?
- 제품과 서비스의 품질을 어떻게 측정하는가? 불량 발생 시 재사용 비율과 포기 비율은 얼마인가?
- 업무 기여도를 어떻게 측정하는가?(예, 경영진의 이해도 또는 동의 정도 등)
- 일정이나 예산 범위를 얼마나 지키는가?
- 사용자들은 기업의 제품과 서비스에 만족하는가?

표준과 지침

- 애플리케이션 개발 및 유지에 관한 방법론을 가지고 있는가?
- 애플리케이션 영역에서 표준과 지침의 문제점은 무엇인가?(예, 화면 디자인, 명명기준, 프로젝트 관리규정 등)

프로젝트 관리

- 프로젝트 관리에 대한 방법론이 있는가?(예, 관리도구, 문제 추적과 해결 절차 등)
- 프로젝트에 대한 위험 평가와 관리를 실시하는가?
- 애플리케이션 담당자들은 각 업무별로 얼마의 시간을 사용하는가?(예, 계획 및 조정, 요건 분석 및 사업 모델링, 데이터와 기능 디자인, 프로그래밍, 검사, 이관, 문서화, 프로젝트 관리 등)
- 프로젝트 성과를 평가하는 데 어떠한 방법을 사용하는가?

품질보증

- 품질보증 내역은 무엇인가?(예, 내용, 효과, 책임자 등)
- 품질보증 내역은 애플리케이션 개발 및 유지보수 절차와 어떻게 연계되어 있는가?

사용자와 고객 기업의 관계 유지

- 최종 사용자들은 애플리케이션 지원을 어떻게 생각하는가?

- 경영진은 애플리케이션 지원을 어떻게 보고 있는가?
- 사용자 만족도는 어떻게 측정되고 관리되는가?
- 사용자 만족도에 영향을 주는 주요 요소는 무엇인가?(예, 문서화 정도, 유지보수비용, 전문가 수준 등)
- 최종 사용자들은 애플리케이션 개발 및 유지보수에 대한 성과를 어떻게 평가하는가?
- 최종 사용자들은 애플리케이션의 문제점들에 대해 정보기술 담당자와 어떤 방식으로 의사소통하는가?
- 애플리케이션 담당 부분이나 정보기술 부서에 공식적인 헬프데스크가 마련되어 있는가?

● 애플리케이션 개발자의 업무 환경

- 어떤 컴퓨터 시스템을 사용하는가?(예, 운영체제, 네트워크 등)
- 정보기술 부서로부터 받는 지원, 라이브러리 관리에 어떠한 절차가 있으며 관리를 위해 어떠한 도구나 툴이 사용되는가?(예, 프로그램 검사 도구, 문서화 도구 등)
- 생산성과 품질 향상을 위한 관리 도구는 무엇인가? 관리 도구들의 투자수익은 어떻게 관리되는가?
- 기업이 전략적으로 사용하는 애플리케이션 기술은 무엇인가?
- 현재 사용 중이거나 고려 중인 프로세스 혁신 도구는 무엇인가?

● 애플리케이션

- 애플리케이션의 사용년수, 최종 수정 일자, 크기, 프로그램 수, 코드 라인, 기능은 어떻게 관리되는가?
- 애플리케이션에 사용된 프로그램 언어, 데이터베이스, 데이터 커뮤니케이션 시스템은 무엇인가?
- 이런 시스템들은 외부 공급자의 패키지인가? 그렇다면 공급자는 누구인가?(예, 라이선스 계약의 사본, 수정 비율, 공급자의 신제품이나 고정 패키지의 제공주기 등)
- 애플리케이션에 대한 주요 서비스 수준, 재난 복구 계획, 계획에 대한 테스트는 어떻게 진행되는가?
- 애플리케이션의 변화율, 문서화 여부, 최근 1년간 발생한 문제는 무엇인가?
- 새롭게 추가되는 기능에 대해 최종 사용자에게 어떻게 자료와 훈련이 제공되는가? 이에 대한 책임은 어느 부서에 있는가?

14.2 운영관리

정보기술에 대한 전반적인 일정을 계획하고 운영할 때 일반적으로 실행 및 달성 정도를 검토하고, 프로세스, 절차, 방법, 기준, 지침, 목록 등을 주기적으로 갱신한다. 이와 관련해서 고객 기업의 자료와 관련 데이터를 수집하고 이관 계획을 보조할만한 자료가 있는지를 확인하고 확보하도록 한다.

서비스 관리와 서비스 성과기준 등에 대한 정확성 및 완전성을 확인하기 위해서 고객 기업이 가지고 있는 과거 계약서들을 검토하고, 이를 통해 현재의 서비스 수준 및 성과 조항, 서비스 관리, 서비스 보고 및 서비스 수준 등에 대한 내용을 정보기술 업무별로 정리하도록 한다.

또한 고객 기업이 진행하고자 하는 정보기술 아웃소싱 프로젝트의 실현 가능성 체크를 위해 위험 정도를 평가하고, 이를 위해 제안 요구사항들을 포함한 필요 정보들(예, 기획안, 자료실 항목, 비용, 가정 및 예측 문제, 위험 등)을 수집한다. 프로젝트 계약에 따른 기업의 변화와 영향 정도, 문제 발생 시 해결책, 이관 대책 및 계획 등에 대해서도 평가한다. 그리고 아웃소싱 프로젝트의 전체 비용이 적절히 산정되었는지 재검토하고 추가하거나 변경해야 할 전제나 내용이 있는지 확인한다.

● 메인 시스템 관리 프로세스

- 시스템 관리 및 통제 규정
- 성과관리 프로세스, 규정 및 통계
- 용량관리 프로세스, 규정 및 통계
- 구성도(Configuration) 관리 프로세스, 규정 및 통계
- 문제관리 프로세스(헬프데스크에서 처리할 수 없는 경우)

- 요구사항관리 프로세스, 규정 및 통계
- 변화관리 프로세스, 규정 및 통계

● 기타 프로세스 관련 서비스 관리

- 안전관리 및 사용자관리
- 운영 절차관리
- 재난 복구관리
- 헬프데스크 운영관리

14.3 재무 정보 수집

이전되는 서비스 및 자원들과 관련된 운영비용 예산을 작성하려면 재무적 요소가 무엇이고 이런 재무적 요소들이 어떤 영향을 미치고 있는지를 확인해야 한다. 이에 관련된 필요한 정보의 확보는 물론 계약 가격에 크게 영향을 줄 수 있는 숨겨져 있는 비용과 위험까지도 조사하도록 해야 한다.

● 주요 검토사항

- 인적자원 부문과 관련한 검토사항(예, 보상, 수당, 연금, 초과 근무, 교대 근무, 보너스, 기타 지급사항, 자동차, 근로시간, 퇴직, 출산수당, 장애보상, 인센티브 계획 등에 따른 재무적 영향 평가)

- 운영비 및 계획된 예산을 검토
- 제3자와의 계약 부문에 대한 사전정보와 함께 자산, 리스, 소프트웨어 라이선스, 유지보수 조항, 기타 인수된 제3자 계약에 대한 부채 등을 검토
- 원래의 비용에 대한 가정을 재검토하고 고려해야 할 새로운 가정들을 확인

● 필요 자료

- 자산 재고(예, 하드웨어, 소프트웨어, 장비 등)
- 자산 가치 및 감가상각 방법
- 유지보수 및 리스계약 사본
- 소프트웨어 라이선스 사본
- 유지보수 및 리스 관련 비용
- 소프트웨어 라이선스 관련 비용
- 제3공급자와 계약과 지급
- 감사보고서
- 관련 회계장부

14.4 하드웨어 유지보수

고객 기업과 원만한 하드웨어 유지보수를 진행하기 위해서는 사전에 유지보수에 관련된 모든 사항들을 파악하여 문서화해야 한다. 하드웨어 관련 서비스 조항에 관하여 정확성, 명확도, 완성도를 검토하기 위하여 하드웨어 유지보수 현황을 운영 상태, 장비, 계약, 관리, 인력 등을 중심으로 조사를 진행하도록 한다.

● 하드웨어 유지보수 운영실태 검토

- 운영 범위
- 운영 활동, 요구사항 및 업무 절차
- 헬프데스크 운영 및 다른 부문과의 관계
- 서비스 수준 달성도
- 최종 사용자들의 서비스 수락 및 서비스 품질 인지 정도

● 유지보수 장비

- 장비 위치, 위치 환경 및 위치 안전도
- 재고(예, 유형, 품질, 모델번호, 제조업자 등)
- 장비 구성도 및 관계도
- 관련 소프트웨어 및 소프트웨어 배포 단계
- 여분의 하드웨어에 대한 상세 내용

- 상세한 업그레이드 및 다운그레이드 계획

● 유지보수 계약(제3자 계약 포함)

- 계약 내용 및 공급업체에 대한 상세 내용
- 제공 범위, 기간 및 기간당 비용
- 원격 지원 및 현장 지원 여부
- 보증 내용
- 보유 부품 및 부품 소유권 내용

● 유지보수관리

- 운영 범위, 절차, 점검 목록 및 관리 표준
- 헬프데스크 관리 여부
- 문제관리 프로세스 및 도구에 대한 내용
- 다른 부문과의 관계
- 의사소통 채널 및 매체

● 인적자원

- 조직도(예, 직무 유형별 직원 수)
- 직무 기술서 및 기술 요구서
- 경력개발 프로그램 및 교육훈련 프로그램
- 교대조 및 대기조에 대한 상세 내용
- 인적자원 채용 및 관리 정책

14.5 헬프데스크

헬프데스크 관련한 정보는 다음과 같은 내용을 중점적으로 수집조사한다. 고객 기업의 요구 정도, 요구 빈도, 요구되는 지원 서비스 종류(예, 메인 프레임, 서버, 데스크톱, 모바일 장비 등), 헬프데스크 업무 절차, 요구되는 인력 수준 등을 조사한다.

- 서비스 일, 시간(주근무시간, 비근무일, 주말) 및 전화량
- 문제해결에 대한 목표시간과 실제 소요시간
- 전화통화 이후에 작업 완료를 위한 목표시간과 실제 소요시간
- 서비스 요청사항과 문제관리에 대한 데이터베이스 사용 여부
- 공통 언어 사용 여부
- 음성 메뉴 사용 여부, 내용 및 옵션사항
- 직원 충원 방법, 자격 요건, 훈련기간, 재훈련기간 및 간격
- 외부 공급업체 사용 시 업무 기술서, 계약기간 및 계약서 사본
- 기업 내 전담 지원 부서의 여부
- 새로운 애플리케이션 또는 서비스 출시와의 업무 관계
- 고객 만족도 측정 여부, 방법(예, 전화, 온라인 등) 및 간격(예, 월별, 분기별 등)
- 운영 효율성 측정 여부 및 방법(예, 전화교환 통계 패키지 등)
- 자동 처리 여부(예, 패스워드 재설정 등) 및 각 도구에 대한 정보

- 지원 부품 목록(예, 프로그램 제품, 애플리케이션 등) 및 지원 방법
- 직원이 지원해야 할 업무 및 직위별 권한 할당 여부
- 자동 애플리케이션의 목록과 현재 운영 수준
- 지원 고객 목록, 연락처, 위치 및 직급
- 사용 도구 설명(예, 요구사항 및 문제기록관리 등)
- 변화관리 절차에 참여 방법 및 도구
- 문제해결의 시간기준 사용 여부 및 문제 유형과 관련 시간
- 전화량이 가장 많은 시간(예, 요일, 시간)
- 수신 전화 비율(예, 주근무시간, 비근무시간, 주중, 주말 등)
- 자동 처리 서비스 적용 가능 여부(예, 고객들이 온라인 도구를 통해 문제해결 가능 여부)
- 온라인을 통한 문제 등록 및 해결 여부(예, 문서, 이메일, 팩스, 전화 등)
- 고객 문의사항 기록 시점(예, 전화 도중, 전화 후 등), 기록 방법(예, 용지, 도구 등) 및 기록 내용 관리
- 도구를 활용해 기록한다면 도구의 종류, 운영 플랫폼 및 사용자
- 문의한 문제의 내용, 해결 노력 및 해결 내용들에 대한 지난 3개월 보고서 제시
- 직원 데이터베이스의 사용 여부 및 사용 정보(예, 직원 이름, 위치, 전화번호 등),
- 직원 데이터베이스의 사용 권한, 접근방법 및 갱신기간

- 최신 정보를 관련 부서로 배포하고 공유하는 방법
- 각 부분별 책임 기술서 제시(예, 전화 응답 책임, 문제 대응 책임 등)
- 기타 관련된 자료 사본

14.6 서버 및 기계 장비실 운영

서버 및 기계 장비실의 정보를 확보하여 향후에 발생될 수 있는 관련 문제점들을 사전에 검토하고 이에 대한 대안을 마련하도록 한다. 이에 대한 주요 평가 항목은 환경 평가, 기술적 약점 확인, 업무 관련 절차, 방법, 기준, 지침, 점검 목록 등을 포함한다.

- 주요 검토 내용
  - 기계 장비실의 물리적 환경 검토
  - 현재 상태, 품질, 안전도, 정확도 등에 대한 자료 검토 및 평가
  - 관련 계약에 따른 변화와 영향 정도 평가
  - 이관 대책 및 계획과 이에 대한 위험 평가
  - 현재 가지고 있는 비용 관련 전제들을 재검토하고 새로운 전제를 확인하고 이에 대한 재무사항 검토
  - 기타 검토 부분에 관한 관련 정보 제공 요구

전반적인 운영 및 환경 분석

- 장비 배치
- 전력 공급, 냉각 및 냉방 공급
- 문제 발생에 대한 대응 및 절차(예, 대체 장비, 공급 등)
- 장비의 여유 능력, 복구 및 예비
- 기술 인력들의 수준 및 품질 인지 정도

배치

- 장비 위치 평면도 및 배선 규정과 배치 구성도
- 전력 공급(예, 주전원 장비와 발전기, 냉방 등에 대한 세부 내용 등)
- 화재 탐지 대책 및 화재 예방 대책의 세부 내용

유지보수

- 계약 공급업체에 대한 세부 사항
- 제공 범위, 기간, 기간당 비용, 시작일과 종료일

보안 및 사용자 관리

- 보안 계약서
- 물리적 안전 정도
- 보안관리 절차, 기준 및 문제 발생 시 대응 계획
- 특별 요구사항

- **기술 지원**
  - 자원, 기술, 역할과 책임
  - 직원의 배치
  - 헬프데스크와의 연계
  - 제3자와의 관계
  - 서비스 범위 및 시간

- **재난 복구**
  - 재난 복구 계획과 절차에 대한 세부 사항
  - 사전 테스트 및 그 결과에 대한 세부 내용
  - 재난 복구의 계획 검토

14.7 보안

보안 정책 및 관련 조항을 수집하고 이해하는 것은 정보기술 아웃소싱 프로젝트에서 매우 중요한 이슈이다. 아무리 아웃소싱 전문업체가 좋은 서비스를 제공하더라도 보안에 문제가 생기면 고객 기업에게 악영향을 미칠 수 있기 때문이다. 따라서 보안 관련 자료 수집과 검토에 대한 주의 깊은 고려가 필요하다.

고객 기업과 아웃소싱 전문업체가 보안에 대한 책임과 위험을 평가할만한 다양한 정보를 확보해야 한다. 보안 정책 및 관련 조항을 수집,

평가하고 위험에 노출되어 있는 주요 부분이 무엇인지를 확인한다. 고객 기업이 보유하고 있는 보안 관련 업무 절차, 방법, 기준, 지침, 점검 목록 등에 대한 자료를 수집하고 이관 계획에 관련된 정보를 확보하여 보안사항과 이에 관련된 소유 재산, 기계 장비 등의 물리적 안전에 대하여 기술적, 관리적 검토를 한다.

● 주요 검토 내용

- 보안 정책 및 관련 조항(예, 물리적 및 논리적 보안 정책)
- 보안 관련 인력들(예, 사용자, 정보기술 직원 등)의 보안 정책 및 조항에 대한 수용 정도와 품질 인지 정도
- 제안사항, 자료실 항목, 결제 라인, 전제 및 문제, 위험, 현재 상태, 품질, 완전도, 정확성, 통용성 등에 관한 자료를 검토 및 평가
- 협의된 업무 내용에 대한 자료 수집 및 검토
- 새로운 업무 진행으로 인한 변화 정도 및 영향 정도 평가
- 비용 부분에 대한 재검토 실시

● 보안 정책, 프로세스 및 기준

- 현재 보안 정책의 사본
- 보안 정책의 권한 및 책임
- 보안 절차 및 기준
- 직원 배치 및 관련 부분별 책임

- 보안 관련 보고된 내용 및 통계
- 보안 지원을 위해 사용하는 시스템, 도구 및 특별 요구사항

보안 감사 프로그램

- 최종 감사 및 결과에 대한 사본
- 감사 결과 및 진단 내용
- 보안 감독 프로그램, 보안 감사 패키지 및 사용 도구
- 활용 가능한 보안 관련 감사 기록 및 위반 사례 기록
- 사용자 프로필 검토 및 시스템 보안 자료 기록
- 외부로부터 침투 및 서비스 인증 테스트

물리적 보안

- 설비 보호 협약에 대한 내용(예, 건물에서 보안 담당 직원 배치 및 의무, 경비 순찰자, 출/입구 장벽, 건물 출/입구 인원 배치와 미배치, 내외부 카메라 감시, 표식 통제, 침입 탐지 및 경보, 인식 표식 및 허가 절차, 방문객 정책, 공동 사용 공간 등)
- 기계실, 서버실, 장비실의 보안에 대한 내용(예, 수해 보호, 화재 보호(창고 부문 포함), 출입문과 창문 안전, 기타 위험 부문(천장, 배관의 결함), 비상수단, 감시 장비, 침입 탐지와 경보, 출입 통제(표식을 이용한 잠금 장치, 출입 허가 절차 등), 출입 코드와 키패드 통제, 추가 기록 및 검토사항, 방문객 허가 및 통제 등)

보안 관련 애플리케이션

- 애플리케이션 보안 정책
- 애플리케이션 소유권 및 접근 허가(예, 소프트웨어, 데이터 등)
- 애플리케이션상의 문제와 변화 통제
- 애플리케이션 문제 및 통제 관련 절차, 기준, 인가, 확인, 백업, 복구, 접근에 대한 내용
- 프로그램의 보안 통제 방법 및 바이러스 예방 방법(예, 탐지, 실행 등)

데이터 분류, 보유 및 보호

- 인쇄물과 파일의 분류(예, 프로그램, 소프트웨어, 작업 명령, 데이터, 통제 파일, 보고서, 문서 등)
- 보유 정책, 절차 및 보유기간
- 기업 재산관리와 처리 협약, 데이터 보호 조항 및 오용 탐지

시스템 및 네트워크 보안

- 활용 가능한 기계 장치 및 시스템 관리 용품
- 시스템 속성의 변화에 대한 시행 및 인가에 대한 절차와 기준
- 시스템 사용 특별 허가(예, 통제요소와 제한된 유틸리티 사용, 시스템 통제 유지 및 변동, 하위 시스템 사용에 대한 인가와 통제, 변화 적용, 바이러스 예방 방법 등)

- 다른 시스템을 통한 특정 시스템의 접근 및 특정 시스템을 통한 다른 시스템들로의 접근 여부
- 시스템에 연결된 원거리 통신 라인, 원격 접근 통제, 암호 설비 및 사용 권한(예, 무엇, 언제, 어디, 왜 등)
- 네트워크 보안 조항 및 바이러스 예방 방법(예, 탐지, 실행 등)

● 사용자 통제

- 인가와 통제에 관한 내용(예, 소유권, 역할과 책임, 사용자 등록 및 절차(데이터의 추가, 제거, 이전 등))
- 데이터, 파일, 데이터 요소, 프로그램 접근에 대한 보안의 한도 및 접근 시도 한계
- 감사 보고, 정규직과 비정규직 직원들에 대한 규정 및 기타 사용자 관리 세부 내용(예, 책임, 총량 등)
- 사용자 및 그룹 프로필에 대한 내용(예, 이름 부여 방법과 기준, 허가 내역, 확정 구조, 특별 허가, 프로필 감사 등)
- 패스워드 통제에 대한 내용(예, 패스워드 발부와 재설정기준, 사용자의 변경 권한과 구조, 시스템 통제(특정, 불특정 패스워드의 유지와 변경), 패스워드 변경기간과 변경 경고, 허가된 패스워드 시도 횟수, 시도와 실패에 대한 감사, 사용되지 않는 사용자 패스워드 취소, 패스워드 공유, 패스워드 표시 여부 등)

14.8 네트워크

아웃소싱 전문업체와 고객 기업은 네트워크와 관련된 부분에 대하여 제공될 서비스를 정의하고 해당 서비스에 영향을 미칠 수 있는 요소들을 모두 기술해야 한다(예, 장비, 소프트웨어, 용량, 기준 등). 또한 사용되는 네트워크 시스템을 평가하고 기술적 약점이나 위험에 노출되어 있는 부분이 무엇인지를 확인한다. 특히 변화에 대한 통제 및 운영상 백업, 복구 등에 초점을 두고 진행한다.

기본 서비스 정보를 검토하여 평가(예, 용량, 용도, 총량, 애플리케이션 등)하고, 재난 복구 조항, 네트워크 관련 계획된 사항들이 있는지 확인하며, 계획된 것들 중에서 성공적으로 완료된 사항들이 무엇인지를 살펴본다. 또한 네트워크 업무 관련 절차, 방법, 기준, 지침, 점검 목록, 구성도 목록, 관계도 목록, 직무 일정 등을 포함하여 현재 고객 기업의 자료 및 이관 계획을 보조할만한 정보를 확보한다. 여기에서는 네트워크 업무와 관련해서 주요 검토 내용을 정리하도록 한다.

● 주요 검토 내용

- 네트워크 관련 조항의 정확성, 안전성 및 완전성에 대해 검토
- 네트워크 운영 상태 및 관련된 계약 정보 수집(예, 네트워크 하드웨어, 연수, 용량 및 실패율 정도, 예방 차원의 유지보수, 서비스 수준 달성도, 운영상 백업 및 복구 대책, 네트워크 시스템

의 무결성(변화 통제와 관련된 부분 포함), 백업에 대한 의존 상태, 관련 기술 직원과 직원별 제품의 수용 정도 및 품질 인지 정도 등)

- 네트워크 현재 상태 및 재난 복구 조항
- 제안사항, 자료실 항목, 비용 및 위험도 검토
- 비용을 재검토하고 고려해야 할 새로운 전제가 있는지 확인하여 재무적 검토를 위해 관련 정보를 수집하고 제시

네트워크 접속 형태

- 관련 장비의 위치, 주소 및 주소 할당 방식 정보
- 네트워크 배선시스템, 회로의 유형, 양 및 공급업자 관련 정보
- 논리적, 물리적 데이터 경로 및 네트워크 구성도 정보

하드웨어

- 하드웨어 장비 관련 정보(예, 위치, 재고(유형, 수, 모델번호, 제조업자 등), 구성도, 관계도, 네트워크 접속 환경(포트, 회로 등), 위치, 보안, 여분의 하드웨어, 업그레이드 및 다운그레이드 계획에 대한 세부 내용 등)
- 네트워크 부속 장비에 대한 내용(예, 메인 프레임, 서버, 워크스테이션 등의 위치, 재고 유형, 재고 수량, 네트워크 접속(포트, 회로 등), 네트워크 소프트웨어와 공개 수준 등)
- 사용 중이거나 새롭게 계획 중인 네트워크 프로토콜 정보

- 네트워크 게이트웨이 관련 정보(예, 내부 혹은 외부 WAN, LAN 등의 유형, 위치, 주소, 네트워크 접속(포트, 회로 등), 관련 소프트웨어와 공개 수준 등)
- 기타 하드웨어 정보(예, 유지보수(계약 및 공급업체에 대한 세부 사항, 제공 범위, 기간, 기간당 비용), 자산 정보(위치, 구매 또는 리스 여부, 구매일, 임대 공급업체, 구매 가격, 리스 기간 및 기간당 비용) 등)

● 네트워크 관리

- 네트워크 관련 모든 요소들에 대한 관리시스템 정보(예, 네트워크 접속, 하드웨어, 소프트웨어(수준, 위치), 운영 절차, 직무 일정 및 절차, 라이브러리 관리 절차 및 기준, 기업 자산관리 절차, 운영상 복구 계획 및 절차, 주요 관리요인의 설정, 기술 관련 자료의 세부 사항 등)
- 네트워크 백업 및 재난 복구 관련 정보(예, 재난 복구 계획과 절차에 대한 세부 사항(사용 하드웨어, 시나리오), 성공적인 재난 복구 테스트 절차 및 세부 내용, 계획과 실행에 대한 소유권과 책임, 백업 절차, 복구 절차, 원격 저장에 대한 세부 사항, 대안에 대한 세부 내용, 특별 필요 조건에 대한 세부 내용 등)
- 기타 시스템 관리 정보(예, 성과관리, 용량관리, 구성관리, 문제관리, 요구사항관리, 변화관리 등)
- 네트워크 디자인과 사용 가능성 기준에 대한 정보(예, 품질 명세

사항, 연결성, 장비의 한계, 고정 설비, 제한된 연결성 등)

- 네트워크 용도와 성과 관련 정보(예, 현 사용 데이터와 과거 1년간의 추세(피크타임 포함), 서비스 수준(라인 사용, 응답시간, 사용 가능성), 서비스 수준 보고서, 정전기간 분석 및 결함 내용 등)
- 네트워크 소프트웨어 관련 정보(예, 소프트웨어 목록과 기술서, CPU당 유틸리티, 제품명과 공급업체, 업그레이드 계획의 세부 사항, 변화 계획에 대한 세부 사항, 라이선스 유형(구매, 리스), 기간당 비용, 소프트웨어 유지보수비용, 위치, 특정 장비, 기업 라이선스 등)
- 기술 지원에 대한 정보(예, 기술 자원에 대한 역할과 책임, 초과근무 기준을 포함한 직원 배치의 기준, 헬프데스크 및 제3자와의 관계, 서비스시간 등)

기타 정보

- 모든 관련된 기준들 포함
- 다른 플랫폼으로의 이전 계획
- 기타 변화 계획에 대한 세부 사항
- 내부 및 외부 연락처 목록

Chapter **15**

비용 산정 및 관리

정보기술 아웃소싱을 진행할 때 가장 많이 거론되는 목적 중의 하나는 경제적 관점의 비용절감효과이다. 이런 측면에서 정보기술 아웃소싱에 관한 비용 산정이나 비용효과 분석은 고객 기업의 경영진들이 반드시 짚고 넘어가야 할 부분이다.

예를 들어, 다음과 같은 형태의 정보기술 아웃소싱을 가정해 보자. 어떤 기업이 정보기술 자산과 직원의 이전을 포함한 아웃소싱 계약을 체결하였다. 그리고 계약기간 10년 동안의 수요 및 용량을 정확히 예측하였고, 이에 따라 명확한 서비스 수준 협약서(SLA: Service Level Agreement)를 작성하였다. 아웃소싱 이후에 해당 기업이 해야 할 일은 서비스 수준 협약서에 따라 원하는 서비스를 제공받는지를 확인하고 성과에 따라 벌칙 조항을 적용하는 것이다. 만일 서비스 사용량이 일정 수준을 벗어나면 계약 조건에 따라 전문업체에 지불하는 서비스 비용을 조정하게 된다. 그리고 해당 기업은 아웃소싱 전문업체가 언제 어떤 기존의 컴퓨터와 관련 하드웨어를 구매하든 어떤 소프트웨어를 사용하든 전혀 신경을 쓰지 않아도 된다. 단지 원하는 수준의 서비스를 요구사항에 부합하도록 제공받으면 되는 것이다.

이런 형태의 정보기술 아웃소싱이 가능하다면, 고객 기업은 제공되는 서비스 수준을 확인하고 필요한 요구사항을 적절한 시점에 전달하면 되는 것이며, 아웃소싱 전문업체가 정보기술 관련 장비, 시설을 어떻게 운영하는가에는 상관없이 사용량에 따른 비용을 지불하면 된다.

이와 같은 형태의 아웃소싱을 도입하기 위해서는 정확한 수요 예측과 서비스 수준 협약, 벌칙금 조항, 그리고 명확한 비용 산정 기법이 필수적으로 준비되어야 한다. 이때 서비스료의 부과 방법은 이 모든 사항을 고려하여 만들어져야 하는 것이다. 그러나 현실적으로 이러한 형태의 아웃소싱을 구현하는 것은 그리 쉽지가 않다. 왜냐하면 정보기술 분야에는 미래에 대한 높은 불확실성이 존재하기 때문에 현재 시점에서 이를 가시화하여 명문화하기는 매우 어렵다.

비용 산정 기법은 정보기술 아웃소싱의 형태에 따라 달라질 수 있기 때문에 단순히 비용절감을 목적으로 아웃소싱을 고려한다면 다양한 어려움에 직면할 수 있다. 최근에 조사된 가트너 그룹의 보고서에 따르면, 정보기술 아웃소싱을 하는 이유 중에 비용절감을 목적으로 하는 경우가 상대적으로 적으며, 오히려 비용절감보다는 전략적 또는 관리적 효과에 중점을 두고 있는 것으로 나타나고 있다([표 15-1] 참조).

표 15-1 ▌정보기술 아웃소싱의 주요 동기

주요 동기	중요도	만족도
관리적인 동기		
1. 핵심역량에의 집중	80	58
2. 정보 전략과 경영목표의 일치	69	27
3. 세계 수준의 관리 절차 구축	63	30
4. 전반적인 경쟁력 향상	65	47
5. 관련 산업의 전문 지식 습득	64	52
6. 리엔지니어링의 성공	61	33
7. 주주의 가치 증대	52	42
8. 위험의 공유 및 완화	49	36
9. 고정비의 변동비화	47	39
기술적인 동기		
1. 서비스 수준의 향상	84	53
2. IT 효과성 향상	77	53
3. IT 인력 및 자원 보강	77	53
4. 구축시간의 단축	69	31
5. 전문 지식과 인력 획득	67	44
6. 새로운 기술 기반 구조로의 전환	62	63
7. 비용절감 및 인력감축	53	41
8. IT 운영의 통제권 향상	53	40

하지만 여전히 아웃소싱에서 비용 관련 이슈들을 고려하는 것이 필요한 것은 사실이다. 그 이유는 다음과 같다. 첫째, 고객 기업 측면에서 아웃소싱 의사결정의 중요한 요소로 작용한다. 아웃소싱 의사결정

은 여러 가지 요인들에 의해 좌우되지만 고객 기업의 경영진이 가장 많은 관심을 갖고 있는 것은 정보기술 아웃소싱을 통해 가시적으로 달성할 수 있는 비용절감의 정도이다. 따라서 실무자들은 내부에서 정보기술을 관리 운영하는 인소싱을 했을 때와 외부의 전문업체를 활용해서 아웃소싱했을 때의 비용을 비교하여 아웃소싱을 할 때 어느 정도 비용절감효과가 있는지를 경영진에게 보고해야 한다.

이 같은 작업을 위하여 고객 기업은 과거의 자체 운영비용과 아웃소싱 계약기간 동안 소요되는 예상비용을 산출하기 위해 아웃소싱 전문업체에게 비용 산출을 위한 근거 자료를 제공해야 한다. 정확한 예상비용의 산출은 정보기술의 발전에 따른 불확실성을 고려할 때 어려운 작업이므로 고객 기업은 필요시 외부 컨설팅 업체의 도움을 받거나 혹은 아웃소싱 전문업체와 공동으로 작업을 진행해야 한다.

그러나 이런 작업을 통하여 고객 기업이 전문업체의 순수 비용구조를 파악하는 것은 아니다. 예를 들면, 자동차를 구입할 경우 구매자는 가격의 적정성을 판별하기 위하여 다른 동종의 차와 비교하여 의사결정을 하는 것이지, 자동차 생산업체의 원가구조를 갖고 비교를 하는 것은 아닌 것과 같은 이치이다. 차이점은 자동차의 구매에 있어서는 구매 상품에 관하여 객관적인 품질과 명세를 제시하는 것이 용이하지만, 정보기술 아웃소싱의 경우에는 이런 품질과 명세의 제시가 어렵다는 점이다.

둘째, 아웃소싱 전문업체 입장에서는 고객 기업에게 제공될 서비스의 원가를 계산하고 비용 산정을 할 수 있는 기회이다. 이를 위하여 전문업체는 고객 기업이 제시한 자료를 근거로 계약기간 동안 제공할 서비스의 항목과 내역을 정확히 도출하고 각 서비스별로 얼마만큼의 비용이 소요되는지를 계산하고 이를 바탕으로 예상 이윤 금액을 책정할 수 있다. 예를 들면, 총비용에 대하여 15~20%의 이윤 폭을 기준으로 고객 기업에게 서비스료를 부과할 수 있는 것이다. 물론 원가 개념을 도입하기 위해서는 개별 서비스에 대한 단가기준이 먼저 마련되어야 한다.

마지막으로 비용 산정은 객관적인 서비스료의 산정을 위하여 반드시 필요하다. 아웃소싱의 서비스 요금 부과는 변동비, 고정비 혹은 혼합 형태로 결정할 수 있으며, 그 기준은 전문업체와 고객 기업이 협의를 통해 책정할 수 있다. 만약 아웃소싱을 하기 이전부터 정보기술 부서가 사용자 부서에 대하여 서비스 요금을 부과하는 방식(Chargeback Method)을 사용해 왔다면 과거의 방법을 중심으로 전문업체와 협의하여 적용할 수 있다.

앞에서 설명한 것과 같이 정보기술 아웃소싱에서 재무 및 비용 평가 사항은 전체 아웃소싱의 프로세스에서 없어서는 안 될 부분이다. 특히 아웃소싱을 통해 고정비용을 변동비로 전환하고 매달 동일한 금액의 서비스 요금이 아니라 사용한 만큼에 대해서만 서비스료를 지불하고자 한다면 비용 산정 기법이 보다 세부적으로 개발되어야 한다. 그러나 지금까지 국내에서는 보편적으로 투입 인력(Man-Month)을 기준으로 서비스 요금을 산정해 왔기 때문에 아웃소싱이 보편화되기 위해서는 비용 산정에 대한 다양한 기법들이 개발되고 도입되어야 한다.

본 장에서 아웃소싱의 비용 산정을 위하여 해외에서 보편적으로 적용되는 기법에 대하여 개략적으로 소개하고자 한다. 따라서 여기서 제시된 방법론을 국내 기업이 적용하고자 할 경우에는 추가적인 많은 사전조사와 연구가 이루어져야 할 것이다. 그리고 서비스 내역에 대한 단가에 관해서도 기준 비교 자료를 준비해야 한다.

15.1 아웃소싱 비용 산정 방법

아웃소싱의 비용 산정을 위하여 가장 먼저 준비되어야 하는 것은 서비스에 대한 기준비용(Base Case)을 작성하는 것이다. 기준비용이란 정보기술 아웃소싱 대상 업무에 대하여 현재의 회계연도에서부터 예상 계약기간에 걸쳐 연간 비용을 조사하고 이에 대한 운영비용을 상세히 측정하는 것을 말한다. 미래의 비용을 측정할 때에는 해당 서비스를 제공하기 위하여 필요한 자원들의 가격 단가와 추세 그리고 미래 용도 변화(증가, 감소, 안정 등)에 대한 합리적인 가정을 해야 한다.

기준비용에 대한 재무 분석을 실시하는 데에는 크게 두 가지 이유가 있다. 첫 번째 이유는 아웃소싱의 실현 가능성을 연구하기 위한 초석을 마련하는 것으로 서비스를 내부적으로 수행했을 때의 비용과 아웃소싱을 도입했을 때의 예상비용을 비교하는 것이다. 주요 목적은 아웃소싱을 통해서 실현될 수 있는 정보기술의 예상 지출에 대한 절감 규모를 평가하고 입증하는 것이다. 기준비용 분석을 실시하는 두 번째 이유는 고객 기업과 아웃소싱 전문업체 상호 간에 공통적인 기준점을 설정하기 위해서다. 공통적인 기준점을 갖고 있을 때 두 기업은 보다 효과적인 의사소통을 할 수 있으며, 서비스 요금 산정에 대하여 동일한 출발점을 갖게 되는 것이다.

기준비용을 작성하기 위해서는 우선 서비스의 분류기준을 결정해야 한다. 하나의 예로서 [표 15-2]는 개략적인 서비스 분류기준을 보여주고 있다. 레벨 1은 개략적인 범주에 해당되는 구분이고, 레벨 3은 단가비용의 준비가 필요한 측정 항목을 보여주고 있다. 기준비용의 작성은 여기에 제시된 분류 항목을 기준으로 어떤 비용을 어느 부분에 포함시킬 것인가를 결정해야 한다.

예를 들어, 메인 프레임 컴퓨터의 운영에 대한 비용을 계산하고자 할 때 이것을 운영하는 인건비에 대하여 시설비와는 별도로 인건비를 책정하는 것이 좋은지, 시설비와 함께 하여 단일 단가를 책정하는 것이 좋은지, 또는 투입 인력으로만 계산할 것인지를 결정해야 한다. 간단한 예에서 보듯이 분류의 기준을 명확히 제시하는 것은 쉬운 일이 아니다. 또 다른 예를 들어보면, 응용프로그램의 개발과 유지보수에 기능점수 분석(Function Point Analysis)을 도입하고자 할 때 이에 대한 기준 자료나 비교 측정치가 없는 상황에서는 이를 도입하여 비용 예측을 하는 것이 용이한 일은 아니다.

이와 같은 방법론상의 어려움 때문에 서비스 항목을 구분하기 위해서는 현재의 비용 지출에 대하여 선행조사를 실시하고 이를 근거로 어

표 15-2 ▌ 기준비용의 분류 예제

레벨 1	레벨 2	레벨 3	기타 고려사항
하드웨어	• 대형 시스템(메인 프레임)	• 시스템 소프트웨어 • 유틸리티 소프트웨어 • CPU(MIPS) • DADS • Tape Drive • 프린터(출력 페이지/라인 수) • 입력과 출력의 운영 숫자	• 구입 단가 • 잔존가 • 구입 형태(구매, 리스) • 감가상각 방법 • 보험료 • 이자료 • 세금
	• 중소형 시스템	• 시스템 소프트웨어 • 유틸리티 소프트웨어 • 서버의 숫자 • PC의 숫자 • 모바일 장비의 숫자 • 사용자 숫자	
	• 주변기기	• 스캐너, 모뎀, CD-ROM 등	
응용 소프트웨어	• 개발 및 유지보수	• 투입 인력(Man-Month) • 기능 점수(Function Point) • 개발 자동화 소프트웨어	
네트워크	• WAN, LAN	• 데이터 송수신량 • PC의 숫자 • 모바일 장비의 숫자 • 네트워크 운영 소프트웨어	
	• 주변기기	• Multiplexors, Bridges, Routers 등	
설비	• 건물 사용료 • 건물 유지비 • 전원 • 가구		
헬프데스크		• 헬프데스크 관리 소프트웨어 • 서비스 요청의 수	
인력	• 운영 및 개발 인력 • 관리인력	• 직급별(경력별) 단가/월 • 직급별(경력별) 단가/시간	• 기본급 • 성과급 • 기타 수당 • 간접유지 비용

교육		• 교육 사람 수 • 교육 과목 수	
일회성 비용	• 이전비용	• 서비스 이관에 대한 일회성 비용	
	• 경비	• 출장비 • 기타 잡비	

느 레벨에서 비용을 측정하고자 하는 것인지를 결정하는 것이 보다 현실적인 접근 방법이다. 만약 레벨 3 단계에 해당되는 단가의 준비가 어려울 경우에는 레벨 2 단계에서 총비용을 계산하면 되고, 레벨 2 단계도 어려운 경우에는 레벨 1 단계에서 비용을 측정하는 접근 방법을 고려해야 한다. 물론 실제 적용에서는 서비스 성격에 따라서 여러 형태의 레벨을 혼용하여 사용한다. 이때 각 레벨별로 비용을 예측할 때 반드시 고려해야 할 이슈는 정보기술 아웃소싱을 하고자 하는 대상 업무는 반드시 독립적으로 구분하여 비용 예측을 진행해야 한다는 것이다.

세부 비용의 계산은 엑셀이나 다른 툴을 이용하여 작성한다. [그림 15-1]은 엑셀을 이용한 비용 예측 모형을 보여주는 한 예이고, [그림 15-2]는 아웃소싱 계약기간에 해당되는 현금흐름(Cash Flow)을 도식화한 예를 보여주고 있다.

그림 15-1 비용 예측 모형의 적용 예제

투자비용 예측

항목	1년차	2년차	3년차	4년차	5년차	총비용
일회성 비용						
컨설팅 비용	800	800			–	1,600
내부 인건비	200	250	–	–	–	450
하드웨어(서버)	150	–	–	–	–	150
소프트웨어 패키지	100	100			–	200
소프트웨어(데이터베이스)	50	–	–	–	–	50
총일회성 비용	**1,300**	**1,150**	**–**	**–**	**–**	**2,450**
반복성 비용						
지원 인건비	150	150	150	150	150	750
하드웨어 지원비용	50	50	50	50	50	248
소프트웨어 라이선스 및 지원비용	50	50	50	50	50	248
총반복성 비용	**249**	**249**	**249**	**249**	**249**	**1,245**
총투자비용	**1,549**	**1,399**	**249**	**249**	**249**	**3,695**

그림 15-2 계약기간에 대한 현금흐름 예제

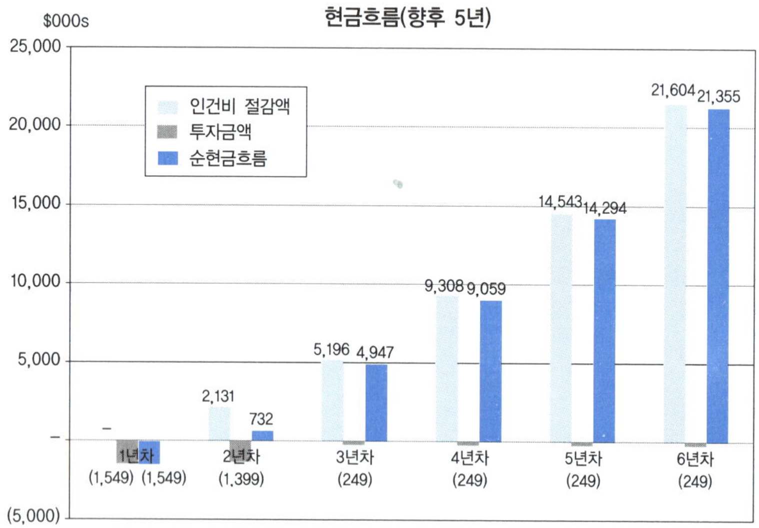

15.2 서비스 요금 결정 방법

아웃소싱의 서비스 요금을 결정하기 위한 방법에는 크게 세 가지가 있다. 고정 가격제(Fixed Pricing), 비율 가격제(Rate-based Charges) 그리고 이 두 가지를 혼용하는 방법으로 구분된다. 각각의 방법에 대해 이하에서 논의하도록 한다.

15.2.1 고정 가격제

고정 가격제는 가장 이해하기 쉽고 적용하기도 용이한 방법이다. 서비스 가격을 계약기간 동안 쉽게 예상할 수 있도록 서비스 사용량의 변동과 상관없이 매월 고정 금액을 서비스의 대가로 아웃소싱 전문업체에게 지불하는 방법이다. 이 방법은 비용의 예측이 단순화되는 장점이 있지만, 반면에 계약을 체결하는 두 기업이 모두 위험을 떠안게 된다는 단점이 있다.

만약 고객 기업이 기대하는 수준 이하의 서비스를 전문업체로부터 받는다면 제공받은 서비스에 비해서 너무 높은 비용을 지불하게 된다. 마찬가지로 제공되는 서비스의 사용 정도가 계약에 명시된 예상치보다 높다면 아웃소싱 전문업체는 많은 손해를 보게 되는 것이다. 따라서 고정 가격제를 도입하는 경우에는 계약 범위에 해당되는 서비스를 명확히 정의해야 한다. 만약 그 외의 추가적인 서비스가 제공될 때에는 별도로 계산하도록 한다. 이러한 고정 가격제는 다음과 같은 상황에 적용할 수 있다.

- 서비스의 형태 및 사용량이 쉽게 정의될 때 적용된다. 만일 고객 기업이 제공받을 서비스를 명확히 예측하고, 그 사용량이 비교적 안정적일 때는 이러한 방법을 사용하는 것이 용이하다.
- 아웃소싱이 초기 단계일 때 우선적으로 이 방법을 고려한다. 서비스 항목에 관하여 단가가 정해져 있지 않거나 서비스 비용 산정을 위한 기법이 준비되지 않았을 때 용이하게 도입될 수 있다.

정보기술 아웃소싱이 초기 단계에 있는 국가나 지역에서는 정확한 비용 산정 기법이 개발, 적용되지 않은 상태이기 때문에 고정 가격제를 적용하는 것이 바람직하다. 그러나 고정 가격제를 도입한다고 할지라도 여기에 포함되는 서비스를 명확히 정의하고 가격 협상의 여지를 상호 간에 보장함으로써 추후 발생될 수 있는 분쟁의 소지에 대하여 미리 준비할 필요가 있다. 예를 들어, 서비스 사용량이 예상치의 20%를 초과하거나 혹은 미만일 경우에는 일정 규칙이나 공식을 통해 서비스 요금을 조정하도록 하는 것이다.

15.2.2 비율 가격제

비율 가격제는 모든 제시된 서비스에 대하여 측정 단위와 단위당 단가를 정하여 비용을 산정하는 방법이다. 따라서 고객 기업은 사용한 만큼만 비용을 지불하고, 서비스 사용량과 비용에 대하여 통제력을 갖게 된다. 하지만 비율 가격제는 서비스 요금이 수시로 변동될 수 있어서 향후 발생할 수 있는 비용에 대한 예측성이 떨어진다. 또한 때때로 고객 기업이 서비스 요금의 변동에 대하여 신속히 대처할 수 없게 되면 실제로 서비스 비용을 통제하지 못하는 부정적인 결과를 가져올 수도 있다.

비율 가격제를 적용하는 데 가장 큰 문제는 모든 자원에 대하여 단가를 준비해야 하고 사용량에 대하여 정확한 측정을 해야 한다는 것이다. 서비스의 항목이 다양해지고 수많은 단가가 준비되어야 하는 복잡성과 어려움으로 인하여 경우에 따라서는 측정 단위를 일원화시키는 방법이 사용되기도 한다. 예를 들면, '한 개의 서비스 단위'(One Service Unit)는 5MIPS이며, 이것은 10CPU/초와 같거나 혹은 1대 서버의 서비스료는 20개의 PC관리와 같다라는 식으로 적용하는 것이다. 적용을 할 때 '한 개의 서비스 단위'의 가격이 10만 원이라고 사전에 정하고 특정 달에 총 '100개 서비스 단위'를 사용했다면 그 달의 서비스료는 1천만 원이 되는 것이다. 이 방법은 고객 기업 입장에서는 이해하기 편하고 비용 측정도 객관화시킬 수 있는 장점이 있지만 이를 적용하기 위해서는 다른 종류의 모든 서비스를 조사하여 '서비스 단위'

로 전환하는 작업이 선행되어야 한다.

다시 말해, 변동 가격제를 도입하기 위해서는 사전에 많은 준비 작업이 필요하다. 그리고 고객 기업은 아웃소싱 전문업체가 제시하는 비용 부과 방법에 대하여 자세한 분석을 실시하고 예상비용을 정확히 산출함으로써 변동 가격제의 장점을 최대로 활용할 수 있도록 해야 한다.

15.2.3 혼용 가격제

위에서 언급한 고정 가격제와 비율 가격제는 각각 다른 장점과 단점을 가지고 있다. 따라서 고객 기업들은 실제로 아웃소싱 계약에서 두 방법을 혼합하여 사용하기도 한다. 가장 일반적인 방법은 일정 사용량까지는 기본 요금을 적용하고 그 이상의 사용량에 대해서는 추가적인 비용을 지불하는 방법이다. 물론 기본 요금의 적용에 있어서도 일정 수준의 사용량에 미달할 경우, 예를 들어 기본 사용량의 70% 미만일 경우에는 미사용 부분에 대하여 기본 요금을 정하여진 공식에 의해 조정하는 방법이다.

다른 변형 방법으로는 서비스 수준이나 서비스의 사용 정도에 따라 최저액과 최고액을 정해 놓는 것이다. 이러한 방법에서는 고객 기업의 요금에 최대치와 최저치가 고정되기는 하지만 두 극한값 사이에 아주 넓고 다양한 요금 범위가 존재한다. 서비스의 사용 비율을 근거로 얼마만큼의 요금을 지불해야 하는지를 측정하므로 다소 복잡성이 높아

질 수도 있다. 또한 혼용 방법을 적용할 때 서비스 형태에 따라 달라질 수도 있다. 예를 들어, 내부 네트워크 망을 사용하는 것은 고정 가격제를 적용하고 외부 네트워크 사용에 대해서는 비율 가격제를 적용하는 것도 가능하다.

15.3 비용 산정 고려사항

제공되는 서비스에 대한 가격 결정을 할 때 다소 부수적이지만 반드시 고려해야 할 사항 몇 가지에 대해 논의하도록 한다.

15.3.1 지불 시기

제공되는 서비스에 대한 지불 시기는 해외의 경우에는 정기적으로 월별로 지정하는 것이 보편적이다. 협의에 따라서는 분기별 혹은 6개월 단위로도 지불할 수 있다. 그리고 일회성 프로젝트나 추가적으로 발생되는 비용은 주로 후불로 지급되는 것이 일반적인 방법이지만, 일회성 프로젝트가 큰 규모일 경우에는 착수금, 중도금 및 잔금 형태로 지불하기도 한다.

15.3.2 생계비 조정(COLA: Cost of Living Adjustments)

기준비용(Base Case)을 준비하는 데 있어서 계산의 기준연도(Base Year)는 계약의 시작연도가 중심이 된다. 예를 들어, 2017년을 기준으로 하여 3년 계약을 가정하고 2017년에는 5천만 원, 2018년도에는 4천만 원, 2019년도에는 3천만 원의 현금흐름을 준비하고 이에 준하여 서비스료를 산정하는 기준비용을 작성하였다고 가정하자. 이 경우에 제시된 금액은 2017년도의 물가지수를 중심으로 한 것이기 때문에 이후연도의 물가상승률에 대한 고려는 배제된 것이다. 만일 2017년도에 물가상승률이 5%라고 하면, 2018년도의 4천만 원에 대한 서비스료도 5%만큼 모두 인상은 안 된다 할지라도 이에 대한 고려는 있어야 한다.

다시 말해, 생계비 조정(COLA: Cost of Living Adjustments)이란 물가상승률의 몇 %를 반영할 것인가를 나타내는 지수이다. 생계비 조정이 80%라면 위의 예제에서 물가상승률 5%에 대하여 80%인 4%를 다음연도 서비스 요금의 인상폭으로 반영하는 것이다. 물론 물가상승률에 대한 지표기준을 이전연도의 연 평균으로 할 것인지 아니면 그 해의 마지막 달로 할 것인지도 상호 협의하에 결정해야 할 문제이다.

아웃소싱의 서비스 요금을 기준연도를 사용하지 않고 그 당시의 사용량과 물가지수를 동시에 고려하여 산정한다면, 생계비 조정에 대한 별도의 규정은 없어도 무방할 것이다. 그러나 기준연도를 잡고 단가를 산정한다면 고정 가격제이건 변동 가격제이건 상관없이 생계비 조정에 대한 규정은 서비스 비용을 기술하는 세부 계약서에 명시해야 한다. 그리고 생계비 조정의 적용을 인건비 부분에만 할 것인지 아니면 시간이 지나면서 가격이 낮아지는 하드웨어 등에 대해서도 적용할 것인가에 대한 결정도 있어야 한다.

15.3.3 책임 분담 정의

재무와 비용 부분에도 고객 기업과 아웃소싱 전문업체 간에 의무를 구분하는 책임 분담 정의(Responsibility Matrix)가 필요하다. 경우에 따라서는 이러한 책임 분담 정의가 정말로 필요한가라는 의문이 제기될 수도 있다. 하지만 이것이 필요한 이유는 경우에 따라 책임소재가 불분명한 예상하지 못한 추가비용이 발생할 수도 있기 때문이다.

이해를 돕기 위해 재무 및 비용 부분의 간단한 책임 분담 정의의 예를 [표 15-3]에 제시하였다. 본 예제는 간단히 몇 개의 항목들(재무 일반, 소프트웨어, 세금, 서버, 데스크톱, 네트워크, 기타 등)로 구분하였지만, 실제 적용할 때는 이보다 훨씬 자세한 구분을 통해 항목들을 기술하고, 각 항목별로 고객 기업과 아웃소싱 전문업체 중에 누가 책임이 있는지를 명시하도록 해야 한다.

표 15-3 ▌재무 및 비용 부분의 책임 분담 정의의 예제

재무 일반	전문업체 책임	고객 기업 책임
서비스 비용의 산정	○	○
서비스 비용의 지불		○
계약 종료비용		○
직원의 이관비용	○	
… (주, 추가적인 예제는 생략)		
소프트웨어 (주, 형태별로 추가 구분 필요)		
개발	○	
유지보수	○	
…		
세금		
고객 기업의 장비		○
전문업체의 장비	○	
소프트웨어(주, 형태별로 추가 구분 필요)	○	
…		
서버		
구매	○	
유지보수	○	
성능향상(Upgrade)	○	
…		
데스크톱		
…	○	
네트워크		
…	○	
기타		
전화비용		○
사무실 가구 구입 및 보수		○
사무용품		○
…		

15.3.4 기타 비용

정보기술 아웃소싱 프로젝트에서 기타 항목으로 고려할 수 있는 경비 항목을 보면 세금, 보험비, 감리비, 지체 위약금, 분쟁 경비 부담금 등이 있을 수 있다. 이런 항목들은 계약할 때 간과하기 쉬우며, 문제 발생 시에는 전문가의 의견을 필요로 하는 경우가 많다. 이런 모든 부분의 문제를 평가받기 위해서는 전문지식을 갖춘 회계사나 법률가의 조언을 받도록 하는 것이 요구된다.

15.4 기타 고려사항

본 장에서는 지금까지 아웃소싱 프로젝트를 수행할 때 재무 부분에 있어서 고려할 사항들이 무엇인지를 설명하였다. 비용 예측과 서비스료의 산정 문제는 기술적이며 방법론적인 문제라고 할 수 있다. 이러한 측면에서 다음과 같은 사항들을 신중히 고려해야 한다.

- 비용절감의 효과를 다양한 관점에서 평가한다

어떤 기업이 낙후된 정보기술로 인하여 사용자 만족도가 낮고 정보기술 직원들의 기술 역량과 직무 만족도 또한 낮은 상태인데, 그 이유는 해당 기업이 적은 금액으로 투자가 이루어져 왔기 때문이라고 가정하자. 해당 기업이 이 문제를 해결하고자 한다면 좀 더 많은 투자가 따라야 하는 것은 당연한 이치이다. 만약 이 기업이 아웃소싱을 통해 이러한 문제를 해결하고자 하더라도 과거의 투자 금액보다는 더 많은 금액이 필요할 것이다.

그러나 만약 아웃소싱을 하기로 의사결정하고 나서 아웃소싱 전문 업체가 제시한 비용을 고객 기업이 과거에 필요 이하로 투자한 금액과 비교하여 비용절감의 효과가 없다고 한다면 이것은 잘못된 평가라고 할 수 있다. 직접적인 비용절감 외에 부수적으로 얻어지는 효과를 파악하고 이를 계량화함으로써 관리적인 측면의 효과도 동시에 고려하도록 하는 것이 타당한 비용효과 분석의 방법이 될 것이다.

● 계약 금액에 대한 최종적인 의사결정은 최고경영자가 한다

실무자들은 아웃소싱을 진행함으로써 발생하는 비용절감효과를 가시적으로 제시하고, 계약 금액의 협상을 위하여 많은 노력을 기울인다. 그러나 계약의 규모가 커지면 정보기술 아웃소싱의 최종적인 의사결정은 최고경영자가 하게 된다. 특히 정보기술이 단순히 비용이 아닌 기업의 비즈니스 핵심 요소로 간주되면서 최고경영자의 의사결정이 가장 중요한 요인으로 작용하고 있다. 이때 실무자들은 비용구조에 대한 정확한 정보를 최종 의사결정자에게 제공해서 가능한 현실적인 최적의 계약 조건을 만들도록 유도해야 한다.

● 복잡한 서비스료의 산정 기법은 피한다

비용 산정의 문제는 기술적이며 방법론적인 문제이다. 여기에 많은 시간과 노력을 낭비하는 것은 아웃소싱을 위한 전체적인 의사결정에 도움을 주지 못한다. 복잡한 비용 산정 기법을 바로 적용하기보다는 초기에는 이해하기 쉬운 기법을 적용하고, 시간이 경과함에 따라 경험을 바탕으로 보다 정교하고 세련된 기법을 도입하여 적용하는 것이 필요하다.

● 추가적으로 발생하는 비용을 고려한다

아웃소싱 계약을 완료하고 난 후에 예상하지 못한 비용이나 서비스료가 추가적으로 또는 지속적으로 발생한다면 이에 대한 원인을 찾고 적절한 규정을 빨리 만드는 것이 필요하다. 이런 문제에 대한 적절한 대응이 없이 유사한 문제가 계속 발생하면 아웃소싱의 계약 자체에 문제가 제기될 수도 있기 때문이다.

Chapter 16 이관 절차 및 관리

고객 기업이 정보기술 아웃소싱을 진행할 때 자원의 이관, 특히 인력의 이관을 포함한 경우에는 다양한 이해 당사자들의 신중한 조정과 협의가 요구된다. 경우에 따라서는 이와 같은 인력 이관이 아웃소싱 자체를 불가능하게 만드는 요인이 되기도 하기 때문이다. 본 장에서는 아웃소싱 시에 인력 이관과 관련된 단계적 방법론과 주요 고려사항을 중심으로 논의하도록 한다.

16.1 단계적 방법론

정보기술 직원의 이전을 포함한 아웃소싱이 이루어질 때 대상이 되는 직원들에 대한 고용 문제는 아웃소싱의 성공 여부를 좌우하는 가장 중요한 이슈로 대두되고 있다. 인력의 이관 문제가 성공적으로 해결되기 위하여 고객 기업과 선정된 아웃소싱 전문업체는 고용될 직원의 수, 고용 조건(고용 승계, 임금 수준, 복리 후생, 직급, 승진, 경력관리 등), 직원의 이동 시기 및 직원에 대한 통보 일정, 그리고 어떤 경우에는 계약 전 직원 배치 등에 대한 문제를 의논하고 협상해서 합리적인 처리가 이루어지도록 한다. 만일 직원의 이전 및 처우에 대한 내용이나 처리과정이 불합리하면 아웃소싱 프로젝트 자체가 실패할 위험이 상당히 높다. 따라서 인사 부서의 대표자가 협상 초기에 협상팀의 구성원으로 반드시 포함되어야 한다.

이러한 논의 및 협상의 결과는 정보기술 아웃소싱의 목적, 범위, 요구하는 서비스 수준과 같이 프로젝트의 특성과도 관련이 있지만, 고객 기업의 전례, 전문업체의 능력, 양측의 협상 능력 등과 같은 기업들의 역량에 의해서도 달라질 수 있기 때문에 보다 체계적인 접근 방법이 필요하다. 우선 고객 기업과 선정된 전문업체가 아웃소싱 계약서를 작성하기 위해서 인력 방안에 대한 협상을 할 때 기본적으로 고려해야 하는 사항들에 대해서 논의하도록 한다.

- 첫 번째 고려사항은 두 기업 간의 상이한 기업문화이다. 특히 국내 기업과 해외 기업 간의 아웃소싱 계약이 이루어질 때 문화적 차이로 인해 발생할 수 있는 다양한 의견차이와 문제에 대하여 신중히 고려해야 한다.
- 두 번째 고려사항은 아웃소싱을 함으로써 직간접적으로 영향을

받는 사람들이다. 여기에서 영향을 받는 사람이란 이관되는 직원들과 이관되지 않은 직원들을 모두 포함한다.

- 세 번째 고려사항은 고객 기업과 아웃소싱 전문업체 양측이 공동으로 관련된 원칙을 마련하여 이 원칙을 공평하게 적용하는 것이다.
- 마지막 고려사항은 정해진 일정을 준수하여 이관 절차를 수행하는 것이다.

이와 같은 원칙들을 바탕으로 인력관리에 대한 협상은 준비 단계를 거쳐 합의가 이루어지면 실행 단계에 들어간다. 준비 단계는 관련 정보를 수집하고 분석하는 단계라고 할 수 있는데, 이 단계에서 고객 기업은 내부적인 회의를 통하여 기본적인 이관사항들을 결정한다. 여기에 포함될 수 있는 사항들은 인사 관련 담당자 선정, 아웃소싱의 영향을 받는 직원의 파악, 현직원들의 기술과 임금 수준, 여타 상여금 및 보상금 파악, 해직 및 퇴직에 대한 정책의 검토, 가능한 이전 대안과 방법 논의, 이전과 관련된 법규 파악, 아웃소싱 기본 취지의 작성 등과 같은 것이다. 그리고 아웃소싱 전문업체도 공정한 대우, 신뢰감, 경력개발 등의 기본적인 철학을 바탕으로 고용과정, 보상 방법, 이익 배분, 인력 배치, 의사소통 계획 등에 대한 기본 안을 작성한다.

인력 이관에 대한 단계별 주요 고려사항을 요약하면 [표 16-1]과 같다. 이 표에서 제시된 내용들에 대해 기본적인 협상이 이루어지고 나면 어떻게 관련 기업구조를 확정할 것인지를 논의한다. 그런 후에 채

표 16-1 ▌인력 부분의 단계별 활동

단계	관련 활동
1. 인사 관련 업무 편성	• 아웃소싱 추진 책임자 • 기술 부분 책임자 • 법률 담당자 • 계약 담당자 • 인사 담당 책임자 등
2. 추진 안의 작성	• 직원 선별기준, 직급 및 직무 정의 • 성과 평가, 보상체계, 임금체계, 후생복지, 해직 및 퇴직 • 직원 평가기준, 업무 개시일, 근무시간, 최소 고용기간, 부서 배치, 휴가, 공제보험, 연금 계획, 교육비 보조 등 • 경영 책임 및 재무상의 책임 등
3. 파급효과 분석	• 실행 가능성 • 대외 기업 이미지 • 노사관계 등
4. 세미나 개최 및 대외 공식 발표	• 공식 발표 일정 • 관리자 및 경영자 대상 • 직원 대상
5. 이관 실행	• 임용 계약서 • 기밀 준수 서약서 등
6. 이관 후 작업	• 배치, 교육, 평가 • 관련 업무 미팅 등 지속적인 관리

용 계약서를 작성하고 이전된 직원들에 대해서 현장 교육 및 오리엔테이션 실시, 업무 평가 방법에 대한 교육, 교육 프로그램 및 경력개발 프로그램의 홍보 등을 진행한다. 인력 이관이 진행되고 난 직후에 이관된 직원들 모두가 새로운 회사에서 일체감을 가지고 업무를 진행할 수 있도록 기존 직원들과의 공식적, 비공식적 미팅을 진행하는 것도

필요하다. 또한 인력 이관은 단순히 일시적으로 끝나는 작업이기보다는 이관된 직원들이 새로운 환경에서 문제없이 적응할 수 있도록 지속적인 관심과 관리가 필요한 작업이다. 인적자원의 이전에 관한 관리는 정보기술 아웃소싱의 성공 여부에 막대한 영향을 미치므로 고객 기업과 전문업체 양측은 서로 체계적이고 합리적인 접근을 하도록 노력을 기울여야 하며 다음의 사항을 고려해야 한다.

우선 정보기술 부서로 아웃소싱에 대한 소식이 전해지면 대다수의 직원들은 긍정적인 입장보다는 부정적인 입장을 취하는 경향이 높으며, 어떤 경우에는 아웃소싱 자체를 저지하거나 의도적인 파업이나 태업이 발생할 수도 있다. 이런 저항감을 최소화하기 위하여 은밀하게 아웃소싱을 진행하기도 하지만, 이보다는 직원들의 저항감을 줄일 수 있는 다양한 방법들을 고민하고 직원들과 지속적인 의사소통을 통해 서로의 입장을 이해하도록 하는 것이 더 효과적이다.

그러기 위해서는 고객 기업과 아웃소싱 전문업체가 높은 관심을 가지고 직원들이 가지고 있는 이슈들을 듣고 논의할 수 있는 장을 마련하고, 직원들의 이슈들을 해결할 수 있는 방법(예, 경력관리 프로그램 등)을 고민해야 한다. 또한 아웃소싱 전문업체로의 이전이 향후 경력개발 차원에서 직원들에게 어떠한 의미가 있는지를 명확히 전달해야 한다. 왜냐하면 아웃소싱은 우수한 인력으로 하여금 자신의 전문 분야를 더욱 개발할 수 있는 기회를 제공하기 때문이다. 특히 정보기술 아웃소싱을 중요한 사업 영역으로 생각하는 기업이라면 이전되는 직원들을 위하여 체계적인 관리 프로그램을 보유하고 있어야 한다. 그리고 필요하다면 모든 정보기술 직원을 이전하기보다는 지원자들에 한해서 이전하는 방법을 고려할 수도 있다.

국내의 현실을 감안할 때 인력 이관의 문제를 모든 당사자가 만족한 상태에서 해결하기는 어려움이 있다. 경우에 따라서는 노조와의 관계, 직원의 정서적인 문제 등을 고려한 다양한 방법을 모색하는 것이 필요할 수도 있다. 해외의 경우에는 이러한 문제를 완화하기 위하여 고객 기업과 아웃소싱 전문업체가 공동 출자를 통해 자회사 또는 합작회사를 설립하기도 한다. 이와 관련해서 일반적으로 다음과 같은 형태의 대안이 고려될 수 있다.

- 고객 기업 측에서 정보기술 아웃소싱 자회사를 설립
- 전문업체 측에서 아웃소싱 자회사를 설립
- 고객 기업과 전문업체 양측이 공동 출자를 통해 합작회사를 설립
- 인력 이관을 배제한 파견 형태의 아웃소싱 진행
- 고객 기업으로부터 전문업체로 일괄적 또는 선택적으로 인력을 이관

물론 어떠한 형태로 정보기술 아웃소싱이 진행되더라도 각 형태에 대한 실현 가능성과 장단점을 철저히 분석한 후에 당사자 집단과의 협상을 진행하고 이를 통해 최종적으로 의사결정을 하는 것이 가장 합리적인 방법이다. 그리고 어떠한 형태로 아웃소싱의 인력 이관 문제를 해결할 것인가는 다음과 같은 요소에 의하여 결정된다.

- 고객 기업이 아웃소싱을 하는 동기 및 이유
- 아웃소싱 업무의 범위
- 고객 기업이 원하는 서비스 수준
- 고객 기업과 전문업체 직원의 업무 수행 능력
- 해당 직원의 기대 수준 및 분위기
- 동종 산업의 유사한 선례
- 고객 기업과 전문업체의 의지 및 교섭 능력

16.2 주요 고려사항

본 절에서는 인력 이관을 전제한 정보기술 아웃소싱 프로젝트에 적용할 수 있는 주요 고려사항을 제시하도록 한다.

16.2.1 이관에 영향을 받는 직원 파악

고객 기업과 전문업체는 아웃소싱의 인적자원 구성을 어떠한 방식으로 진행할 것인지를 결정해야 한다. 예를 들어, 어떤 직원들을 이관의 대상 범위에 포함하는가? 정보기술 직원 모두를 이관시키고자 하는가? 일부 직원만 고려한다면 어떤 기준으로 이관할 직원을 선별할 것인가? 인력 이관비용은 얼마나 되는가? 등에 대한 내용이다.

가장 먼저 현재 직원들의 명단을 준비하는 과정부터 시작한다. [표 16-2]는 직원들의 현황을 파악하는 서식의 예를 보여주고 있다. 이를 통해 대상 범위에 해당되는 직원들이 모두 확인되고 나면 어떤 직원을 고객 기업이 계속 보유하고자 하는가를 결정해야 한다. 일반적인 경우에는 관리 위치에 있는 직원이나 업무에 대한 중요한 지식이나 전문성을 가진 핵심 직원들은 내부에서 보유하고자 한다. 이관의 범위가 결정되면 해당 직원들이 이관에 동의하는지, 계속 남아있기를 원하는지 혹은 퇴직하기를 원하는지에 대한 의향을 파악하고, 이를 바탕으로 어떤 직원을 이관시킬 것인지를 결정한다.

그리고 직원 현황 파악과정에서 준비된 자료는 고객 기업과 아웃소싱 전문업체 간의 지속적인 협상을 통하여 갱신해야 하며, 이에 대한 비용과 이익 분석을 통하여 재무 분석 자료의 일부로 사용하도록 한다.

표 16-2 ▌직원 현황 파악 기술서의 예제

사원 번호	이름	근무처	직급	담당 업무	전문 분야	임금 수준	의향	최종 결정	기타

16.2.2 이관 직원에 대한 처우

일반적으로 아웃소싱 전문업체들은 이관 대상이 되는 고객 기업의 직원들에 대해서 현재 받고 있는 정도의 보수 또는 그보다 높은 보수(수당 포함)를 제시하는 것을 기본 조건으로 하고 있다. 그리고 고객 기업과 전문업체는 서로의 임금 수준과 전문업체가 제시할 임금 수준을 비교 분석해야 한다. 경우에 따라서는 이러한 정보 교환의 시기가 쟁점이 될 수도 있다. 또한 아웃소싱 전문업체 내부에 있는 직원들이 현재 받고 있는 보수 수준을 감안해서 이관 직원들에게 제시할 보수를 결정해야 한다. 잘못하면 이관되는 직원들의 보수가 현재 내부 직원의 보수보다 높아지는 경우가 발생하고, 그렇게 되면 전문업체의 내부 직원들이 고객 기업으로부터의 직원 이관을 반대하는 사태가 발생할 수도 있다.

임금 수준에 대한 협상과정에서 실무자들은 모든 복지제도들까지도 포함하도록 주의를 기울여야 한다. 예를 들면, 체력 단련비, 특정 시설 이용료, 운임 할인, 점포 할인, 식당 이용, 주차권, 휴가, 자기 사주(Stock Option), 연금제도, 자녀 교육비 보조 등의 문제도 간과되어서는 안 될 중요한 이슈들이다

16.2.3 대외 발표 일정

특정 아웃소싱 프로젝트의 경우에는 초기에 직원들에게는 비밀로 진행되기도 한다. 그런 후에 어느 시점에 아웃소싱의 결정사항을 직원들에게 공표하거나 대외적으로도 발표한다. 이런 과정에서 고객 기업과 아웃소싱 전문업체는 다음과 같은 사항들을 고려해야 한다.

첫째, 아웃소싱을 내부적으로 비밀로 할 것인가를 결정한다. 만일 비밀로 한다면 언제 직원들에게 해당 내용을 공식적으로 공개할 것인지를 논의한다. 아웃소싱의 소식이 알려지면 직원들은 일반적으로 부정적인 반응을 취하기 때문에 이런 우려로 인해 아웃소싱의 타당성 평가과정이 비밀로 진행되기도 한다. 처음부터 직원들에게 알리고 시작할 것인지, 어떻게 아웃소싱 평가과정과 그 결과를 알릴 것인지 그리고 언제 알릴 것인가에 관하여 주의를 기울여야 한다.

둘째, 아웃소싱을 언제 대외적으로 공식적인 발표를 할 것인가를 결정해야 한다. 아웃소싱의 결정은 고객 기업의 대외 이미지와 주식 가격에 영향을 미치기도 한다. 따라서 사회적으로 인지도가 높은 고객 기업과의 아웃소싱 계약을 체결할 경우 전문업체는 이 사실을 널리 알리려고 한다. 그렇다면 언제 아웃소싱 계획을 발표하는 것이 두 기업 입장에서 부정적인 영향을 최소화하고 긍정적인 효과를 최대로 할 수 있을 것인지를 논의하고 결정해야 한다. 그러나 경우에 따라서는 의도하지 않은 시점에 왜곡된 사실이 언론에 보도될 가능성도 높기 때문에 보다 세심한 주의가 요구된다.

16.2.4 의사소통 채널의 확립

아웃소싱에 대하여 직원들은 일반적으로 부정적인 반응을 보인다. 많은 소문이 각기 다른 부서에서 발생하기도 하고, 해당 직원들은 잘못된 정보에 쉽게 동요하기도 한다. 따라서 고객 기업과 아웃소싱 전문업체 간에 관련된 이슈들을 필요한 시점에 논의할 수 있는 의사소통 채널을 만들어야 한다.

또한 아웃소싱에 대한 내용을 어떤 매체를 통해서 공식적으로 공표할 것인가도 중요하기 때문에 아웃소싱에 참여하는 두 기업과 외부 매체 간의 적절한 의사소통 채널을 설정하여 가능하면 오해의 여지가 발생하지 않도록 해야 한다. 그리고 의사소통 채널은 아웃소싱을 진행하는 초기에 결정하여 중복된 정보가 다른 시점에 알려지거나 혹은 서로 다른 정보가 여러 매체를 통해 알려지는 것을 미리 방지하도록 한다.

16.2.5 최소 고용기간

최소 고용기간이란 이관되는 직원들에 대하여 아웃소싱 전문업체가 고용을 보장하는 기간을 말한다. 최소 고용보장기간은 아웃소싱의 형태와 고객 기업의 의지, 아웃소싱 전문업체의 상황에 따라 다를 수 있다. 해외의 경우에는 일반적으로 아웃소싱 프로젝트 기간 동안에는 최소한 고용을 보장하지만, 어떤 경우에는 단순히 1년이나 2년을 보장기간으로 결정하기도 한다. 최소 고용기간은 이관되는 직원들이 가질 수 있는 불안감을 완화시킬 수 있는 제도이지만, 경우에 따라서는 이 조건의 존재 자체를 부정하고자 하는 경우도 발생할 수 있다.

따라서 최소 고용기간이 아웃소싱 기간 이후에 특정 직원에 대한 정리해고의 방편으로 쓰여서는 안 된다. 그보다는 최소 고용기간 동안 더 많은 교육과 변화 적응 프로그램을 제공하는 방향으로 운영하여 아웃소싱 프로젝트가 고객 기업과 전문업체의 역량을 높이는 대안이 되는 것이 바람직하다.

16.2.6 사전정보 수집 항목

다음은 인력 이관 작업을 효과적으로 진행하기 위하여 어떠한 정보들을 사전에 수집해야 하는지를 살펴보도록 한다. 사전정보 작업에 요구되는 항목들은 고객 기업과 아웃소싱 전문업체 모두에게 적용되어야 하며 필요에 의하여 선별적으로 고려될 수 있다.

- 노동조합의 현황과 영향력은 어떠한가?
- 고객 기업에는 정규 직원 이외에 어떤 형태의 직원이 존재하며 이들은 어떠한 방식으로 관리되고 있는가?
- 아웃소싱 전문업체가 필요한 기술 인력의 유형 및 규모는 어떤가?
- 최대 또는 최소로 이관될 수 있는 직원의 규모는 얼마인가? 또는

이관되어야 하는 적정 규모는 얼마인가?

- 이관되는 직원의 기본 자격 요건(예, 신체검사, 신용 상태 등)은 무엇인가?
- 이관되는 직원의 선별기준(예, 경험, 전문성, 직급 등)은 무엇인가?
- 이관되는 직원들에게 어떤 방법으로 새로운 고용 제의를 할 것인가?
- 필요하다면 재취업 서비스를 제공할 것인가?
- 고객 기업의 직원은 전문업체로부터 받은 고용 제의에 대해 어느 정도의 기간 이내에 수락 여부를 결정해야 하는가?
- 아웃소싱 전문업체와의 업무는 언제부터 시작하는가? 모든 직원들이 같은 날 업무를 시작할 것인가?
- 아웃소싱 전문업체는 이관될 직원들에게 고용 계약이나 기밀 유지 서약서에 서명하도록 요구할 것인가? 그렇다면 그러한 계약서의 사본이 준비되었는가?
- 임금은 어떤 수준인가? 보너스는 어떻게 처리되는가? 전문업체가 제공하지 않는 부분에 대한 조정 계획이 있는가?
- 이관될 직원들에게 언제부터 보수를 지불할 것인가?
- 이관될 직원들에게 기본 보수 이외의 어떠한 복지제도 및 규정을 적용할 것인가?(예, 교육비의 보조, 주택 보조비, 대출금, 연금 조건, 퇴직자의 의료보험, 자기 사주, 체육시설, 식당 시설, 주차, 복장, 예의 등)

- 이관될 직원들에게 어떤 승진체계를 적용할 것인가?
- 이관될 직원들의 직무 배치기준은 무엇인가?
- 이관될 직원들의 직무 평가 및 성과 평가 방법은 무엇인가?
- 최소 고용의무기간 조건을 적용할 것인가?
- 이관될 직원에 대한 새로운 교육 및 적응 프로그램이 필요한가? 만일 필요하다면 어떤 내용을 어떤 일정으로 제공할 것인가?

16.2.7 주요 성공요인

인력 이관은 아웃소싱에서 가장 해결하기 어려운 문제 중의 하나이다. 따라서 성공적인 인력 이관을 위해 고객 기업과 전문업체는 세심한 주의를 기울여야만 한다. 이를 위해 아래의 내용들을 주요 성공요인으로 제시하고자 한다.

- **최고경영자의 명확한 의지**

최고경영자가 아웃소싱을 진행하기로 결정하였다면 결정자 자신이 아웃소싱을 추진하는 동기와 의도를 명확히 밝혀야 한다. 최고경영자가 결정한 사항이 아니라고 하더라도 실무자들은 최고경영자의 의향을 간접적으로 확인해서 아웃소싱 추진과정 동안 일관성을 잃지 않도록 해야 한다. 인력 이관을 포함해서 정보기술 아웃소싱 프로젝트 자체의 성공 여부는 결국 최고경영자가 가지고 있는 의지와 지원에 의해 결정되기 때문이다.

● 아웃소싱 전문업체의 유연성 있는 인사 정책

전문업체들은 인력 이관에 앞서 자신의 기본 정책을 설정하고 이를 고객 기업에게 제시해야 한다. 위에서 언급했듯이 임금 수준의 결정 방법, 이관되는 직원에 대한 평가 및 배치기준 등에 대하여 기본적인 접근 방법을 설정하고, 고객 기업과의 교섭과정에서 이런 조건을 유연성 있게 적용하도록 해야 할 것이다. 결국 이관되는 직원들은 앞으로 전문업체가 자사의 직원으로 관리해야 한다는 사실을 잊지 말아야 한다.

Chapter 17 서비스 수준 협약

17.1 서비스 수준 협약 이해

기업 활동은 조직 간 혹은 조직 내의 여러 부서들 간의 다양한 서비스 교류로 이루어진다. 이러한 과정에서 서비스 수요자와 공급자 사이에 기대 수준이 다르거나 이해 관계가 불일치하면 자연스럽게 갈등과 분쟁이 일어난다.

특히 정보기술 서비스의 경우에는 서비스 내용의 전문성과 특수성으로 인해 고객 기업과 아웃소싱 전문업체 간에 서비스 품질에 대한 문제가 전통적으로 중요한 논쟁의 대상이 되어 왔다. 이러한 원인 중의 하나는 정보기술 부서의 문화에서 기인한다고 볼 수 있다. 정보기술 부서는 과중한 업무와 체계적인 관리 부족으로 현업 부서의 요구사항을 원만히 수용하지 못하거나 현업 부서의 요구사항을 적절한 시점에 해결해 주지 못하는 경향이 있다.

물론 현업 부서의 사용자들도 비슷한 오류를 범하고 있다. 정보기술 기능과 특성을 기본적으로 이해하고 이것이 자신들 업무의 일부분이라는 인식이 우선해야 한다. 하지만 정보기술에 관련된 모든 것은 정보기술 부서에서 당연히 알아서 해주는 것으로만 생각하는 경향이 강하다. 따라서 정보기술 부서에게 무리한 요구를 하거나 제공되는 서비스에 대해 불만을 토로하는 경우가 많다.

이러한 현상은 정보기술 부서의 전문성이 필요한 기술적 업무 때문에 정보기술 부서의 인력들과 현업 부서 간의 정보 공유와 의사소통이 부족한 것에도 그 원인이 있다. 현업 부서에서 장애가 발생했을 때, 스스로 해결할 수 있도록 그들의 능력과 시스템에 대한 이해도를 높여주는 근본적인 해결책이 필요하다. 하지만 대부분의 경우에 정보기술 부서는 문제가 발생할 때마다 단편적으로 그때그때 문제를 해결하는 정도에 그치고 있다. 이와 같이 정보기술 부서와 현업 부서 간의 상호 이해도가 낮고 정보 공유의 벽이 높으면 궁극적으로 기업의 정보기술 비용은 전체적으로 증가하고 서로 간의 불만과 불신은 새로운 불신을 야기하는 악순환이 지속된다.

따라서 이와 같은 문제점을 극복하기 위해서 상이한 성격의 두 부서가 함께 정보를 공유할 수 있는 분위기와 절차를 마련하는 것이 필요하다. 이런 문제는 정보기술 부서와 현업 부서와 같이 기업 내부에서만 발생하는 것은 아니다. 특히 정보기술을 아웃소싱할 때 고객 기업과 아웃소싱 전문업체 사이에서 이러한 문제가 발생하지 않도록 하기 위해 두 기업이 공통으로 사용할 수 있는 의사소통 도구를 개발하는 것이 절실히 요구된다.

이해 관계와 성격이 다른 두 부서 또는 기업 간의 공통된 언어는 기본적으로 계약이라는 문서화된 절차를 규정함으로써 설정된다. 특히 고객 기업과 아웃소싱 전문업체 사이에서 이러한 계약을 서비스 수준 협약(SLA: Service Level Agreement)이라고 한다. 서비스 수준 협약이란 정보기술 수요 기업과 공급 기업 사이에 상호 간의 동의를 바탕으로 일정 수준의 서비스를 명시하고 이를 문서화한 계약서이다(부록 참조).

따라서 서비스 수준 협약은 대상 서비스에 대하여 정의하고 서비스 수요업체가 해야 할 일과 서비스 공급업체가 해야 할 일을 명시하고, 제공되는 서비스의 품질을 평가할 수 있는 항목과 측정 방법을 구체적으로 기술한다. 즉 서비스 수준 협약서는 양자 간의 협상과정을 통하여 현실적인 목표와 의미 있는 서비스 수준의 측정지표를 포함하는 것이다. 또한 서비스 수준 협약서는 서비스 요구사항과 그 수준, 측정과 평가 방법을 포함하며 제공되는 서비스에 대한 비용 산정의 근거로서 분쟁 발생 시 책임의 소재와 해결의 기초를 제공한다.

따라서 서비스 수준 협약은 정보기술 아웃소싱을 실시할 때 고객 기업과 전문업체 간에 가장 중요한 문서로 간주된다. 그리고 대외적인 아웃소싱을 하지 않더라도 현업 부서와 정보기술 부서 간에 내부적으로도 협의를 통해 작성할 필요가 있다. 왜냐하면 이런 협약은 기업 내의 효과적인 정보자원의 관리를 가능하게 하고 책임 소재의 파악과 부서 간의 의사소통을 원활하게 하고 비용 산정을 용이하게 해서 내부적인 통제 목적으로도 활용될 수 있기 때문이다.

17.1.1 서비스 수준 협약의 이점

기업이 어떤 형태로든 서비스 수준 협약을 실시할 경우 다음과 같은 여러 가지 이점이 생길 수 있다.

첫째, 서비스 수준 협약은 정보기술 서비스에 있어서 공급자와 수요자 사이에 일정 수준의 서비스를 보장한다. 정보기술 수요자와 공급자는 서로 다른 관점을 가지고 있으며 그들이 사용하는 의사소통 언어가 다르기 때문에 서비스 수준 협약은 이러한 의사소통에서 발생할 수 있는 오해의 여지를 제거하고 일정 수준의 서비스를 보장하도록 한다. 합의된 일정 수준의 서비스가 제공되지 못할 때 공급자는 협의된 사항에 따라 벌금을 부과받기도 하고 반대로 일정 수준 이상의 서비스를 제공할 경우 이에 해당되는 인센티브를 받기도 한다.

둘째, 서비스 수준 협약을 수립하는 과정을 통해 서로 간의 의사소통을 원활히 할 수 있는 기회를 가지며, 서비스 수요자와 공급자의 기대 차이를 좁히고, 이를 통하여 두 기업 간의 기대 수준을 적절히 관리하고 이에 부합하는 서비스를 제공할 수 있게 된다. 또한 서비스 수준 협약은 서비스가 개시된 이후에는 문서화되지 않은 추가적인 서비스에 대한 고객 기업의 요구와 기대를 적절히 차단하는 기능을 하기도 한다. 이러한 의사소통 기회의 확보는 양자 간의 기대의 불일치로 인해 발생하는 갈등을 방지하고 해결할 수 있는 근거를 마련해 준다. 다시 말해 서비스 수요자와 공급자가 그들의 요구사항 또는 우선순위에 대한 인식을 공유하여 갈등이나 분쟁을 최대한 줄이고 피할 수 있도록 해주며, 분쟁이 발생한다 하더라도 협약 내의 절차를 통해 해결하게 되는 것이다.

마지막으로 서비스 수준 협약은 경영자로 하여금 정보기술 자원의 소비에 대한 적절한 통제와 정확한 성과 측정을 하도록 돕는 중요한 역할을 한다. 서비스 수준 협약의 내용을 근간으로 정보기술에 대한 투자, 서비스에 대한 성과, 정보기술 자원의 관리 등과 같은 이슈들을 관리한다면 정보기술 기능 및 관리에 대한 객관적인 평가가 가능해진다. 또한 이로부터 축적되는 자료는 미래에 발생하는 정보기술 관련 이슈들을 위한 기초 자료로도 활용될 수 있다.

17.1.2 서비스 수준 협약의 추진 절차

앞에서 논의한 바와 같이 서비스 수준 협약은 많은 장점을 가지고 있지만 이를 효과적으로 추진하기 위해서는 세심한 주의가 필요하다. 서비스 수준 협약에 대한 추진 절차는 외부 전문 컨설팅 회사의 방법론에 따라 상이할 수 있지만, 이에 대한 중요한 업무들을 단계별로 정리하면 [표 17-1]과 같이 요약할 수 있다.

서비스 수준 협약의 절차는 도입 타당성에 대한 검토 후에 최고경영자의 지원을 받아 개발과정이 시작된다. 전담팀이 구성되면 이 팀을

표 17-1 ▌ 서비스 수준 협약의 추진 단계

단계별 활동	내용
1. 도입 타당성 검토	• SLA 목적, 기대효과, 필요성, 적절성을 검토한다.
2. 경영자의 지지	• 경영자의 지지를 얻는 것은 필수적인 요소이다. • 전반적인 책임은 경영진에 있어야 중요한 영향력을 행사한다.
3. 전담팀 구성	• 정보기술 전문업체와 고객 기업이 포함된 팀을 구성한다. • 책임자는 서비스 협약을 개발하는 책임을 지고 기업을 대표해서 협상할 수 있는 권한을 갖는다. • 협상에서 다루어야 할 서비스에 대한 지식을 가지고 있어야 한다.
4. 자원조사	• SLA에 대한 협상을 시작하기 전에 현재의 정보기술 자원에 대한 실사를 진행한다 • 자원조사는 현재의 서비스 수준과 미래의 사용량(Capacity Planning) 예측도 포함한다. • 가능한 모든 항목에 대하여 계량화(Measurement Matrix)를 한다.
5. 서비스 정의	• 역할과 책임을 명확히 하여 누가 담당자인가를 정의(Responsibility Matrix)한다. • 서비스 항목을 조사하고 현실적으로 제공할 수 있는 서비스 수준을 결정하고 부가적으로 고객 기업의 만족도를 조사한다. • 서비스 요구와 우선순위를 검토하고 정의한다.
6. 서비스 도출	• 정보기술 수요자와의 인터뷰, 지원 직원, 서비스를 받는 대상을 정의하고 서비스 요구를 문서화한다. • SLA에 대한 구조를 만들고 협상을 통하여 협정 내용에 대한 합의를 도출한다.
7. 서비스 협약	• 최종적으로 합의된 SLA에 대한 협약을 체결한다. • 환경적인 변화와 사용자의 새로운 요구사항이 지속적으로 반영될 수 있도록 한다.
8. 서비스 성과 측정	• SLA에 근거하여 서비스를 제공하고 성과 지표와 측정 방법에 따른 자료를 수집한다.

9. 서비스 보고	• 상세한 성과 보고서를 합의된 형식에 따라서 정기적으로 작성하고 보고한다. • 보고서 형태는 정기적인 보고와 비정기적인 보고를 포함한다.
10. 서비스 통제	• 정기적 보고와 비정기적인 보고를 통하여 문제점을 인식하고 분석하여 해결 방안을 수립해야 한다. • 새로운 요구와 변화에 따라 다시 서비스를 정의하고 도출할 수 있어야 한다.

중심으로 사전준비과정을 거친 후 협의할 서비스를 명확히 정의한다. 전담팀의 규모는 일반적으로 4~5명 정도이지만 서비스 수준 협약이 진행됨에 따라 업무별로 해당 담당자들이 지속적으로 참여하기 때문에 때로는 20명 이상으로 그 규모가 커질 수도 있다.

전담팀을 구성한 후에는 현재의 정보기술 자원에 대한 조사를 실시해야 한다. 자원조사는 현재의 하드웨어, 소프트웨어, 네트워크, 데이터베이스 등을 중심으로 진행된다. 또한 현재 해당 서비스의 수준이 어느 정도인지를 평가하고 향후 요구 정도와 사용량을 예측해야 한다. 이러한 작업을 위해서는 정보기술 부서에 축적된 과거의 자료가 필요하며, 경우에 따라서는 자동화 도구를 사용하여 사용량 예측을 실시하기도 한다.

다음 단계에서 전담팀은 정의된 서비스 지표를 중심으로 서비스 수준을 적절히 조정하고 이를 바탕으로 서비스 수준 협약서의 초안을 만든다. 이 초안은 서비스와 관련된 부서 실무자의 검토를 거치고 실무자들의 피드백을 바탕으로 서비스에 대한 책임과 단계적인 절차를 규정하는 최종 서비스 수준 협약서를 작성한다. 그리고 서비스를 제공하는 전문업체는 협약에 포함된 지표와 측정 방법에 기초하여 서비스 성과를 주기적으로 추적, 측정하고 관련 정보를 정기적 또는 비정기적으로 보고한다.

서비스를 제공받는 고객 기업은 보고 내용을 분석하고 원하는 수준의 서비스를 받고 있는지를 내부적으로 확인해야 한다. 만일 추가적인 서비스가 필요하거나 수준 미달의 서비스를 제공받고 있다고 평가되면, 서비스 수준 협약에 명시된 벌금을 부과하거나 서비스 수준 자체를 다시 조정한다.

이와 같이 서비스 수준 협약은 고객 기업과 전문업체가 아웃소싱 서비스에 대하여 협의를 통하여 정의하고 성과를 측정하여 필요시 서비스의 범위와 수준을 재조정해 나가는 하나의 통제관리 프로세스라고 할 수 있다.

17.1.3 서비스 수준 협약의 구성요소

서비스 수준 협약은 크게 두 가지 요소로 구성된다. 하나는 제공되는 서비스에 대한 기술적인 측정과 관련된 부분이고, 다른 부분은 서비스의 관리적인 요소와 연관되어 있는 부분이다.

기술적인 측면에서는 해당 서비스에 대한 가용성(Availability), 만족도(Satisfaction), 정확도(Accuracy), 응답도(Response Time) 등의 범주로 구분된다. 이러한 서비스 평가지표 매트릭스를 효과적으로 측정하기 위해서는 이를 관리할 수 있는 적절한 도구의 선정이 필요하다. 또한 이러한 측정치를 어떠한 업무를 대상으로 적용할 것이며, 어떠한 방법으로 측정해야 하는지도 서비스 수준 협약에 포함되어야 할 항목이다.

관리적인 측면에서는 서비스의 항목에 따라 효과적으로 성과를 추적하는 방법, 서비스 성과에 대한 정보를 보고하고 제공하는 방법, 서비스와 관련된 서로의 이견을 해결하는 방법, 필요시 양자 간의 협정을 검토하고 수정하는 방법 등이 포함된다.

과거에는 서비스의 기술적인 측면이 주로 강조되었지만 최근에는 관리적 측면의 요소가 보다 중요하게 부각되고 있다. 그 이유는 적절하게 관리되지 않은 기술적인 서비스는 장기적인 관점에서 의미가 없기 때문이다. 관리적인 부분에 대한 내용을 좀 더 자세히 살펴보면 다음과 같다.

● 서비스 성과의 추적 및 보고

서비스 수준 협약에서 성과 측정과 보고 체계는 반드시 갖추어야 할 항목이다. 이때 성과 측정과 보고에 관련된 비용과 이를 통하여 얻을 수 있는 이익을 함께 고려해야 한다. 이익에 비해 비용이 큰 경우에는 보다 효율적인 방안을 찾아야 하는데, 고려 가능한 방법 중의 하나가 자동화된 도구를 도입하여 사용하는 것이다. 이러한 자동화된 도구는 크게 성과 추적을 위한 도구와 성과에 대한 정보를 보고서로 전환하는 도구로 구분할 수 있다.

● 변화관리

변화관리는 고객 기업이 서비스에 대한 요구사항을 변경하거나 갱신하고자 할 때 변경된 요구사항에 적절히 대응하여 이를 해결하고 서비스 품질을 개선하는지에 대한 것이다. 서비스 수준 협약에는 현재 제공되는 서비스에 대한 내용과 더불어 향후 예측되는 변화를 분류하고 대응 절차를 명시해야 한다.

● 문제관리

문제관리는 기본적으로 아웃소싱 서비스와 관련해서 고객 기업이 기대하는 수준과 아웃소싱 전문업체가 제공하는 서비스 수준이 허용 범위를 넘어 현저하게 차이가 발생하는 문제를 객관적으로 측정하고 이를 해결하는 절차를 의미한다. 발생된 문제에 따라서 우선순위를 결정하고 단계적인 해결 절차를 명시해야 한다. 또한 고객 기업과 아웃소싱 전문업체 간의 명확한 책임 분담을 정의해야 한다. 발생한 문제가 협의를 통해서 서비스 수준을 조정하거나 벌칙금을 부과하는 형식으로 해결될 수도 있지만, 최악의 경우에는 아웃소싱 계약의 해지도 고려할 수 있다.

● 보안관리

보안에 관한 규정을 두어 책임을 부여하고 보안관리 절차를 명시해야 한다. 아웃소싱 전문업체는 고객 기업이 정의한 보안관리 절차를 시행하는 책임이 있고 고객 기업은 아웃소싱 전문업체에게 보안 특권에 대한 요청과 이를 인증할 책임이 있다. 예를 들면, 신규 사용자 등록, 비밀번호 변경, 인증 범위의 변경 등이 여기에 해당된다.

17.1.4 서비스 수준 협약 추진에 대한 과제

서비스 수요자 입장에서는 일정 수준의 서비스를 제공받기 위하여 그리고 서비스 제공자 입장에서는 사용자의 무리한 요구를 방지하고 효과적인 관리체제를 정착시키기 위하여 서비스 수준 협약이 필요하다. 특히 정보기술 부분에 있어서 아웃소싱을 추진하는 경우에 서비스 수준 협약은 고객 기업과 아웃소싱 전문업체 간의 가장 중요하고 효과적인 대화의 수단이다.

해외의 경우를 살펴보면 정보기술 아웃소싱을 수행하는 모든 기업들이 서비스 수준 협약에 대한 중요성을 크게 인식하고 대부분의 기업들이 이를 도입하고 있다. 그리고 과거에 아웃소싱 프로젝트를 통해 서비스 수준 협약을 진행해 본 기업들은 기본적으로 관리적인 측면과 기술적인 측면의 중요성을 모두 강조하고 있지만, 최근의 추세는 비교적 측정이 용이한 기술적인 요소들을 관리가 용이하도록 세부적인 서비스 수준과 측정 방법을 명시하도록 하고 있다([표 17-2] 참조). 또한 정보기술 아웃소싱에서 서비스 수준 협약의 내용을 얼마나 명확히 정의하고 명시하느냐 하는 것이 고객 기업과 아웃소싱 전문업체 입장에서 프로젝트를 성공으로 이끄는 중요한 요소로 인식되고 있어 서비스 수준 협약에 대한 관심이 계속 증가하고 있다.

표 17-2 ▌서비스 수준 협약의 중점 항목들

현재		측정 항목	향후	
1	61%	네트워크 가용성	7	19%
2	56%	평균 고장수리시간(MTTR: Mean Time To Repair)	8	16%
3	50%	네트워크 성과	3	31%
4	48%	시스템 가용성	6	24%
5	48%	헬프데스크 성과	9	14%
6	36%	시스템 성과	3	31%
7	28%	설치시간	10	8%
8	17%	고객만족도	2	35%
9	14%	네트워크 처리율	5	27%
10	8%	애플리케이션 응답시간	1	41%
11	6%	기타 평가요소	11	6%
	22%	서비스 수준 협약의 부재		

* 정보기술 환경에서 애플리케이션 응답시간의 측정은 비교적 높은 비용이 들며 측정도 어려움

국내 기업의 경우에도 과거에 비해서 많은 기업들이 정보기술 아웃소싱 프로젝트를 진행할 때 서비스 수준 협약을 체결하고 있다. 하지만 아직도 다수의 고객 기업들이 서비스 수준 협약에 대한 사전지식이 취약하여 고객 기업 위주로 실질적인 서비스 수준 협약을 하기보다는 아웃소싱 전문업체의 의견을 따르는 형식으로 진행되고 있다. 고객 기업이 서비스 수준 협약을 효과적으로 추진하기 위해서는 정보기술 업무에 대한 정확한 현황 분석이 선행되어야 한다. 또한 효과적인 서비스 측정 방안을 마련하기 위해서는 추가적인 노력과 비용이 투입되어야 한다는 것을 인식해야 한다.

서비스 수준 협약을 진행할 때 해당 업무에 대하여 어느 정도로 자세한 수준의 측정지표를 만들고 이를 얼마만큼의 의지를 가지고 적용하는가 하는 것도 중요한 문제이다. 정보기술 부서 또한 과거에 행해져 오던 정보기술관리 체계를 재정립해야 하며 일반 부서에서도 서비스에 대한 인식을 바꾸어야 한다.

서비스 수준 협약은 정보기술 업무에 없어서는 안 될 중요한 관리기법이다. 그러나 서비스 수준 협약을 체계적으로 운영한다는 것은 상호 간에 단순히 계약서를 작성한다는 의미가 아니라 정보기술 운영에 대한 기업문화를 바꾸어야 하는 어려운 과제이다. 이러한 어려움을 극복하기 위해서는 우선적으로 최고경영자, 정보기술 관리자, 일반 업무 관리자들의 인식 변화가 반드시 선행되어야 한다.

17.2 서비스 수준 협약 주요 항목

서비스 수준 협약은 고객 기업과 아웃소싱 전문업체가 보유하고 있는 계약서 양식을 기반으로 작성이 시작된다. 실무자들에게 서비스 수준 협약에 대한 이해도를 높이고 실제 작성에 도움을 주기 위해 본 장에서는 서비스 수준 협약의 주요 항목들을 순서대로 간단히 나열 정리한다(부록 참조). 하지만 서비스 수준 협약의 형태는 기업마다 상이하게 다르기 때문에 여기에 제시된 것은 하나의 예로 보아야 한다. 여기에서 제시하는 서비스 수준 협약의 내용과 순서는 필요에 따라 얼마든지 변경될 수 있다.

그리고 여기에서는 정보기술의 재고조사 부문은 포함시키지 않았다. 아웃소싱 프로젝트를 추진할 때 정보기술 재고조사는 서비스 수준 협약을 작성하기 이전에 선행되어 아웃소싱 계약서의 일부분으로 미리 첨부되어야 하기 때문이다. 만일 기업의 내부 목적으로 서비스 수준 협약을 작성한다면 정보기술 재고조사와 서비스 비용 계산 부분이 서비스 수준 협약에 포함될 수 있다.

17.2.1 표지

서비스 수준 협약서의 표지를 작성한다.

17.2.2 갱신 일지

서비스 수준 협약서의 초안이 작성된 후에 서비스 수준 협약의 내용은 지속적으로 수정 보완되어야 한다. 또한 최종적으로 서비스 수준 협약이 확정되었다고 해도 상호 간의 추가 협의에 의해 서비스 수준 협약서는 수정될 수 있다. 여러 형태의 서비스 수준 협약이 동시에 진행되는 일이 발생하지 않도록 협의되는 과정에 대한 갱신 일지를 작성한다.

17.2.3 협약서의 순서

서비스 수준 협약의 대표 항목들의 순서를 제시한다.

17.2.4 용어 정리

서비스 수준 협약서에 사용된 중요한 용어들을 정리한다. 예를 들어, 최종 사용자가 원하는 서비스를 받을 수 있는 시간(가용성: Availability), 평균 고장수리시간(MTTR: Mean Time to Repair), 네트워크에서 분 또는 시간당 처리하는 송수신 자료의 양(네트워크 처리율: Network Throughput) 등과 같은 용어들을 나열하고 정의한다.

17.2.5 개요 및 가정

서비스 수준 협약서의 취지와 개괄적인 설명을 하고 이에 준한 가정 및 전제 조건 등을 기술한다.

17.2.6 운영시간의 구분

정보기술 관련 서비스에 대한 운영시간을 구분하여 명시한다. 운영시간은 크게 영업시간과 비영업시간으로 구분할 수 있으며, 비영업시간은 주중 비영업시간과 주말 비영업시간으로 나눌 수 있다. 그리고 정보기술의 유지보수를 위하여 정기적으로 시스템이 반드시 가동되어야 하는 시간과 다운이 필요한 시간을 구분하여 명시한다.

17.2.7 서비스 수준 정의

서비스 수준은 우선 서비스 영역별로 나누어 볼 수 있다. 예를 들면, 소프트웨어, 애플리케이션, 네트워크(예, 인터넷, LAN, WAN) 등으로 구분할 수 있다. 구분된 각각의 서비스 영역에 대하여 가용성(Availability), 응답시간(Response Time), 처리율(Throughout) 등에 요구되는 서비스 수준을 명시해야 한다. 일반적으로 많이 고려되는 서비스 수준은 다음과 같다.

- (종류별로) 메인 시스템에 대한 가용성
- (종류별로) 소프트웨어에 대한 가용성
- (종류별로) 애플리케이션에 대한 응답시간
- (종류별로) 네트워크의 가용도 및 처리율

제공되는 서비스를 정의할 때 어느 수준까지 자세하게 명시할 것인가는 업무 담당자의 의사결정사항이다. 예를 들어, 10개의 애플리케이션이 있다고 가정할 때, 가장 간편한 방법은 10개에 대하여 공통적으로 적용될 수 있는 한 개의 측정치를 만들어서 일괄적으로 적용하는 방법일 것이다. 그러나 만일 10개의 애플리케이션 특성이 상이하다면 각 애플리케이션 개별적으로 요구되는 서비스 수준을 정의해야 한다.

[표 17-3]은 해당 서비스 수준을 세부적으로 정의하는 방법을 제시하는 하나의 예이다. 서비스 수준의 측정을 필요로 하는 모든 시스템에 대하여 해당 표와 같이 준비한다.

표 17-3 ▌서비스 수준 정의의 예제

항목	내용
서비스 항목	• 메인 프레임의 가용성
측정치 정의	• (시스템의 다운시간/시스템 총계획 가용시간)×100
서비스 목표	• 업무시간(월~금 9:00a.m~18:00p.m): 주 평균 99.9% 이상 • 비업무시간1(월~금 18:00p.m~9:00p.m): 주 평균 99.5% 이상 • 비업무시간2(토~일): 주 평균 99% 이상 • 시스템 다운시간(일요일 00:00~4:00a.m): 적용되지 않음
측정 도구	• XXX
고객 기업의 책임	• 서비스의 문제가 생기면 헬프데스크로 연락 • 서비스 보고서를 검토하고 일주일 내에 결과를 통보
전문업체의 책임	• 메인 프레임 컴퓨터를 관리 • 관련된 애플리케이션을 설치하고 운영 • 메인 프레임 컴퓨터의 문제를 해결 • 메인 프레임 관련 서비스 항목을 주별로 측정하여 보고
전문업체의 책임자	• XXX(비상시 책임자: XXX)
측정 빈도	• 지속적으로
보고 빈도	• 매주 월요일
기타	

[표 17-3]은 서비스 수준 협약서의 일부분으로 포함된다. 제시된 표에서 '서비스 목표' 항목에는 최솟값만 표시를 하였지만, 필요에 따라서 평균값, 최댓값을 함께 명시할 수 있으며 빈도를 기준으로 기술하기도 한다. 고객 기업 입장에서 보면 최소한 달성되어야 하는 수준을 정의하는 것으로 만족할 수 있지만, 아웃소싱 전문업체 입장에서는 일정 수준 이상의 서비스를 달성하였을 경우 인센티브를 받거나 벌점을 감소시키기 위해 최댓값을 명시하고자 하는 경우도 있다. 즉 최소한의 수준을 달성하지 못할 경우에 계산되는 벌점(혹은 감점)과 최댓값 이상을 달성하였을 경우 얻어지는 인센티브(또는 득점)를 동시에 고려함으로써 결과적으로 서비스 수준 협약서에서 계산되는 벌점의 크기를 감소시킬 수 있다.

그러나 주의해야 할 것은 고객 기업 입장에서 볼 때 최댓값의 명시는 큰 의미가 없을 수도 있다. 그 이유는 서비스 수준 협약서의 목적은 아웃소싱 전문업체로 하여금 최소 수준의 서비스를 제공하도록 하는 것이지, 필요 이상의 서비스를 제공하도록 하는 것은 아니기 때문이다.

'전문업체의 책임'과 '고객 기업의 책임' 항목은 해당 서비스 업무에 대하여 책임 영역을 구분하기 위하여 포함된다. 여기에서는 해당 서비스에만 관련된 책임사항을 명시한다. 그리고 서비스 수준 협약에 관련된 일반적인 업무의 책임 구분은 별도로 구분하여 명시한다.

'전문업체의 책임자' 항목에는 해당 서비스에 대하여 실무적으로 책임을 지고 있는 사람의 이름, 직책, 그리고 연락처를 명시한다. 만일 문제가 발생할 경우에 바로 연락을 취할 수 있도록 하고 해당 서비스에 관하여 발생되는 일에 대하여 논의할 수 있도록 한다.

'측정 빈도'와 '보고 빈도'도 반드시 포함시키도록 한다. 어떤 경우에는 서비스 수준을 인터넷상에서 접속이 가능하도록 하여 수시로 그 수준을 파악하는 방법도 있을 수 있다. 그러나 해당 서비스 내용을 주기적으로 평가하는 것은 반드시 필요하다.

17.2.8 헬프데스크의 운영 및 관리

정보기술 아웃소싱을 실시할 경우 서비스의 제공 및 관리를 일원화하기 위하여 헬프데스크를 운영하는 것이 필요하다. 헬프데스크의 운영은 서비스 제공과 밀접한 관련이 있는 업무이므로 서비스 수준 협약서에 포함하여 정의하는 것이 일반적인 접근 방법이다.

헬프데스크의 운영과 관리는 서비스의 성과와 직접적으로 연관되어 있고 대부분의 정보기술 아웃소싱 프로젝트에서 중요한 요소로 포함되어 있으므로 좀 더 자세히 살펴보도록 한다.

● 헬프데스크의 운영 조직 형태 및 보고체계

고객 기업과 아웃소싱 전문업체 간에 헬프데스크를 운영하기 위한 기본적인 조직체계와 보고체계를 도출하고 기술한다.

● 헬프데스크의 책임 정의표

헬프데스크 운영에 필요한 업무를 나열하고 고객 기업과 전문업체 간의 책임 소재를 구분한다. 책임 정의표(Responsibility Matrix)를 만드는 형식은 다양하지만 표를 사용하여 작성하는 것이 좀 더 효율적이다.

● 헬프데스크의 운영시간

헬프데스크 서비스를 365일 동안 같은 수준에서 운영하기 위해서는 많은 자원과 비용이 소요된다. 정보기술 부서의 운영시간과 일반 부서의 운영시간에 준하여 헬프데스크의 서비스 수준에 차이가 발생하는 시간대를 구분하고 명시한다.

● 서비스 담당자 명단

서비스 종류별로 발생할 수 있는 문제 형태를 구분하고 문제를 해결할 수 있는 담당자의 목록을 작성한다. 담당자는 업무 책임자, 실무 담당자 그리고 비상시 연락이 가능한 담당자를 명시한다. 여기에서 작성된 명단은 현업 부서와 헬프데스크 담당자들이 함께 알 수 있도록 해야 한다.

● 서비스의 우선순위 및 보고 빈도

서비스의 우선순위(Prioritization Rule)는 헬프데스크에서 여러 종류의 서비스 혹은 문제를 요청받았을 때 어떤 업무를 어떤 이유로 우선적으로 처리해야 하는지를 명시하는 것이다. 우선순위는 3단계 또는 5단계로 구분하여 명시할 수 있다.

[표 17-4]는 우선순위를 3단계로 구분한 예를 보여 주고 있다. '정의'에서는 접수된 서비스가 어떠한 기준으로 우선순위가 구분되는지를 설명한다. 우선순위의 구분은 헬프데스크에서 서비스를 접수한 직원이 담당하기 때문에 실무자의 의사결정을 용이하도록 하기 위하여 예제를 제시한다. '해결 소요시간'이란 서비스가 접수되고 완료될 때까지 소요시간을 말한다. 따라서 우선순위가 높은 서비스는 문제의 심각성이 높기 때문에 요구되는 해결 소요시간이 짧아야 하지만 우선순위가 낮은 서비스는 상대적으로 길게 정의될 수 있다.

표 17-4 ▌서비스 우선순위의 예제

우선순위	정의	예제	해결 소요시간
1			
2			
3			

우선순위	업무시간		비업무시간	
	첫 보고	이후 보고 간격	첫 보고	이후 보고 간격
1	15분	30분 간격	30분	1시간 간격
2	30분	1시간 간격	1시간	2시간 간격
3	2시간	24시간 간격	N/A	N/A

또한 보고 빈도는 접수된 서비스의 진행 상황을 고객 기업의 담당자에게 어느 정도의 빈도로 보고해야 하는지를 정의하는 것이다. 예를 들어, [표 17-4]에서 보듯이 적용시간을 업무시간과 비업무시간으로 구분하고, 보고 빈도는 '우선순위'에 따라 차별화해서 작성한다. 제시된 표의 경우에는 1순위 우선순위를 갖고 있는 서비스 요구는 접수 후 15분 내에 전문업체의 담당자가 고객 기업의 현장에 연락을 하고 이후 30분 간격으로 주기적으로 진행 상황을 보고한다는 것이다.

● 순차적 해결 절차

순차적 해결 절차(Escalation Procedure)는 헬프데스크에 접수된 서비스가 우선순위에서 정한 해결 소요시간 이내에 끝나지 못했을 경우 어떤 방법으로 대처할 것인가를 정의하는 것이다. 정의 방법은 문제의 성격에 따라 다를 수 있지만, 우선순위에 의하여 단계별 책임자를 지정하도록 하는 방법이 보편적으로 사용된다.

예를 들어, 업무시간에 접수된 사용자의 특정 서비스 요청이 우선순위 1로 구분되었다고 가정하자. 헬프데스크 직원은 이를 해결하기 위해 30분 이상을 소모했는데도 해결책을 찾지 못하면 해당 문제를 다음 단계인 대리급 직원에게 인계한다. 만약 대리급 직원이 해당 서비스 요청을 해결하면 문제가 없지만, 해결하지 못하면 이를 다시 과장급 직원에게 인계해서 가능하면 빠른 시간 내에 문제를 해결한다.

● 헬프데스크의 서비스 항목 수준 정의

헬프데스크의 서비스 품질을 나타내기 위한 측정치들을 정의한다. 일반적으로 사용되는 측정치는 다음과 같다. 여기서 제시된 항목들은 일반적인 내용으로 실무에서는 모든 것들을 측정할 필요 없이 상황에 따라 선별적으로 사용하면 된다.

- **전화 접속률(Connectivity)**

  헬프데스크에 전화를 해서 신호음을 듣게 되는 성공률을 나타낸다.

- **전화 응답 속도(Responsiveness)**

  헬프데스크의 담당자가 얼마나 신속하게 전화에 응답하는지를 나타낸다. 전화벨이 울리는 횟수로 정의할 수도 있으며, 측정 도구를 사용해서 응답시간을 직접적으로 측정할 수도 있다.

- **전화 시도 후 포기율(Call Abandon Rate)**

  헬프데스크로 전화는 되었지만 신호음만을 기다리다가 전화를 끊어버리는 경우를 나타낸다.

- **문제해결 성공률(First Call Resolution Rate)**

  헬프데스크의 담당자와 전화상으로 원하는 서비스를 제공받거나 문제를 해결받는 정도를 나타낸다. 세부적으로 정의하고자 한다면, 접수된 서비스를 문제해결의 심각 정도(Severity Level)로 구분하고 심각 정도별로 성공률을 정의할 수도 있다.

- **우선순위별 문제해결 성공률(Priority Service Resolution Rate)**

  접수된 서비스가 만일 담당자선에서 일차적으로 해결되지 않거나 혹은 서비스 담당자의 도움이 긴급하게 필요한 경우에는 높은 우선순위가 부여된다. 우선순위에서 정의된 '문제해결시간' 이내에 해결된 성공률을 나타낸다.

[표 17-5]에서 제시된 형식으로 헬프데스크의 서비스 수준을 정의할 수 있다. '서비스 목표'를 기술할 때 최솟값, 최댓값, 평균값을 퍼센트나 빈도수로 나타낼 수도 있다. 그리고 '담당 책임자'는 서비스 내용의 실무 책임자 이름, 직책 및 연락처를 기술한다.

표 17-5 ▌헬프데스크 서비스 정의의 예제

항목	내용
서비스 내용	헬프데스크의 전화 응답 속도
측정치 정의	전화벨이 울리는 횟수(또는 담당자가 전화 응답을 하는 데 걸리는 시간)
서비스 목표	• 업무시간: 3회 이내(10초 이내)를 기준으로 95% – 최대 10회 이내(30초 이내) • 비업무시간: 10회 이내(30초 이내)를 기준으로 95% – 최대 20회 이내(1분 이내)
담당 책임자	×××
측정 도구	×××
측정 빈도	수시로
보고 빈도	매주 월요일
기타	

17.2.9 변화관리

정보기술의 관리가 효과적으로 이루어지기 위해서는 변화관리(Change Management)가 명확히 정의되어야 한다. 모든 업무가 변화관리의 영역에 포함될 필요는 없지만, 어떤 업무가 주요 대상이 되는지를 반드시 기술해야 한다. 서비스 수준 협약에 대한 변화관리는 일반적으로 다음과 같은 형식으로 기술한다.

● 변화관리의 범위

서비스 수준 협약의 대상이 되는 변화관리의 범위(Scope)를 정의하고 해당 업무를 나열한다.

● 변화관리의 책임 정의표

위에서 나열된 각 변화관리 업무의 책임을 구분하여 정한다. 아웃소싱 전문업체와 고객 기업의 변화관리 업무에 대한 책임 정의(Responsibility Matrix)를 표 형식으로 나타내는 것이 일반적인 방법이다.

● 변화관리의 관리체계 및 담당자

변화관리 업무를 위한 관리체계를 기술한다. 변화관리의 절차는 어떠한 방법으로 할 것인지, 어떠한 조직 형태를 가지고 변화관리를 수행할 것인지 정한다. [그림 17-1]은 변화관리의 형태를 크게 세 가지 종류로 구분하고 각각에 대한 일반적인 관리 절차를 도식화한 것이다.

그림 17-1 변화관리 체계의 예제

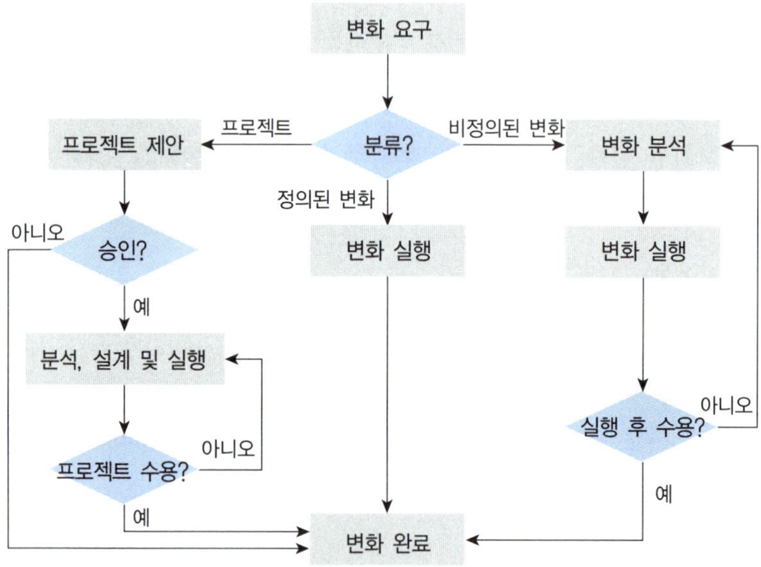

[그림 17-1]의 예시에 따르면, 변화관리의 형태를 정형화된 정도에 따라서 '정의된 변화', '비정의된 변화', 그리고 '프로젝트'로 구분하고 각각의 경우에 해당되는 관리 절차와 담당자를 정하여 기술한다.

● 우선순위 및 보고주기

헬프데스크에 접수된 서비스의 우선순위를 결정하는 것과 유사하게 변화관리 업무에서도 우선순위(Prioritization Rule)와 보고주기(Feedback Cycle)를 정의할 수 있다. 정의하는 형식은 헬프데스크에서 사용된 내용을 따른다.

● 순차적 해결 절차

변화관리 업무도 순차적 해결 절차(Escalation Procedure)를 정할 수 있다. 그 형식은 헬프데스크에서 정의된 내용을 따른다.

● 변화관리의 서비스 항목 수준 정의

변화관리에서 정의된 서비스에 대해 그 수준과 측정지표를 정의한다. 변화관리에서 가장 보편적으로 포함되는 서비스로는 사용자 등록 요청, 사용자 변경 요청 또는 문서 변경 요청 등이 있다. [표 17-6]은 변화관리의 서비스 수준을 정의하는 예를 보여 주고 있다.

표 17-6 ▌변화관리 서비스 정의의 예제

항목	내용
서비스 내용	사용자 등록 요청
측정치 정의	사용자 등록 요청서를 해당 부서에 제출하고 사용자가 시스템에 처음으로 접속할 수 있을 때까지 걸리는 시간(또는 날자)
서비스 목표	24시간(1일)
담당 책임자	×××
측정 도구	×××
측정 빈도	N/A
보고 빈도	매월 첫 번째 월요일
기타	

17.2.10 벌칙금 조항

서비스 수준 협약의 중요한 목적은 일정 수준의 서비스를 아웃소싱 전문업체로부터 보장받는 것이다. 이런 관점에서 서비스의 품질이 기대치 이하일 경우를 대비하여 이에 해당하는 벌칙금 조항(Penalty Clause)을 서비스 수준 협약서에 포함할 수 있다.

그러나 이런 벌칙금 조항이 아웃소싱 전문업체에게 지불되는 서비스 요금을 줄이는 하나의 수단으로 이용되어서는 안 될 것이다. 벌칙금을 정하는 방법은 아웃소싱 프로젝트의 유형에 따라 다양하므로 고객 기업과 전문업체 간의 협의를 통해서 결정해야 한다. [표 17-7]은 벌칙금에 대한 하나의 적용 예를 보여 주고 있다.

표 17-7 벌칙금 조항의 적용 예제

기준치 이하의 서비스가 제공된 월(Month) 수	벌금 적용기준	
	기준 A	기준 B
1	0%	0%
2	3%	0%
3	7%	3%
4	10%	7%
5	15%	10%
6	20%	15%
7	25%	20%
8	계약파기 가능	25%
9		계약파기 가능
10		

[표 17-7]은 비교적 단순한 형태의 벌칙금 적용 방법을 보여 주고 있다. 이 예에서는 두 개의 기준(기준 A와 기준 B)을 제시하고 있으며, 제시된 숫자는 원래의 서비스 금액에서 아웃소싱 전문업체가 벌금으로 포기해야 하는 서비스 요금의 비율이다. 적용기준은 월별로 독립적으로 적용할 수도 있지만 또 다른 방법은 매월 누적값을 계산하여 적용하기도 한다. 예를 들어, 전문업체가 1년 중에 3개월 동안 서비스 수준을 달성하지 못했다면, 기준 A를 적용할 때 첫 번째 달에는 0%가 적용되지만, 두 번째 달에는 3%가 적용되고, 세 번째 달에는 3%에 7%를 더한 총 10%의 벌칙 비율을 해당 달에 적용받을 수 있다. 그리고 합의를 통해 월에 부과될 수 있는 벌칙금의 상한선을 정하여 아웃소싱 전문업체가 과도한 손실을 보지 않도록 한다.

또 다른 방법은 서비스 항목들에 가중치를 부여하여 서비스 수준 전체를 단일 점수로 만들어서 사용하는 것이다. 단일 점수로 계산된 수치는 미리 정해진 최솟값 및 최댓값과 비교하게 된다. 만일 최댓값을 초과할 경우는 기대 이상의 서비스를 제공했기 때문에 +의 점수를 부여하고, 반대로 최솟값에 미달하였을 경우에는 −점수를 부여해서 최종적으로 얻어진 +점수와 −점수를 합하여 최종 벌칙금 비율을 정하는 방법이다.

이외에 위에서 언급한 두 가지 방법을 조합하거나, 제공되는 서비스에 적합한 계산 공식을 만들어서 적용하는 방법도 있다. 벌칙금 조항을 만들 때 주의해야 하는 것은 이 제도가 부정적으로 적용되기보다는 긍정적인 결과를 도출할 수 있도록 적용되어야 한다는 것이다. 이런 측면에서 너무 복잡한 계산 방법보다는 단순하지만 이해와 적용이 쉬운 방법을 만들어야 한다.

17.2.11 서비스 수준 협약의 보고 형식 및 방법

서비스 수준 협약서를 작성할 때 서비스 수준에 대한 보고 형식과 절차를 문서화하는 것이 필요하다. 아웃소싱 프로젝트가 진행되고 난 후에 발생하는 모든 측정값들을 어떠한 보고 형식으로, 얼마만큼의 간격으로, 누구에게 보고해야 하는지 명확히 기술한다.

17.2.12 서비스 수준 협약의 관리 및 변경 방법

서비스 수준 협약을 관리하기 위한 절차와 변경 방법을 문서화해야 한다. 서비스 수준 협약을 책임지는 고객 기업과 전문업체의 담당자를 명시하고, 서비스 수준 협약의 업무를 전체적으로 관장하는 부서에 대해서도 기술한다. 또한 서비스 수준 협약을 변경하고자 할 때 필요한 절차, 변경 양식, 승인 절차 등을 명시한다.

17.2.13 기타

앞에서 논의되지 않은 사항들에 대하여 추가적으로 측정할 내용, 규정, 절차 등을 포함한다.

17.2.14 서명 날인

최종적으로 작성된 서비스 수준 협약서에 고객 기업과 아웃소싱 전문업체 양측의 책임자가 서명한다.

17.2.15 첨부 자료

서비스 측정 보고서의 형식 및 관련 문서 등을 모두 포함한다.

17.3 주요 성공요인

정보기술 아웃소싱이 보편화되면서 서비스 수준 협약에 대한 중요성과 필요성이 더욱 강조되고 있다. 서비스 수준 협약은 고객 기업뿐만 아니라 서비스를 제공하는 전문업체 입장에서도 아웃소싱 프로젝트를 효과적으로 관리하고 운영할 수 있는 가장 중요한 요소 중의 하나이다.

다시 말해 서비스 수준 협약은 두 기업 간의 책임과 역할을 명확히 정의해서 효율적인 의사소통을 가능하게 한다. 고객 기업 입장에서는 이를 활용하여 내부적인 업무 프로세스를 개선할 수 있는 기회를 제공하고, 아웃소싱 전문업체 입장에서는 보다 효과적으로 고객이 원하는 서비스를 제공할 수 있는 발판이 된다.

이러한 관점에서 서비스 수준 협약을 추진하는 두 기업의 경영진과 실무자들에게 몇 가지 내용을 조언하고자 한다. 우선 서비스 수준 협약을 추진하는 경영진은 다음과 같은 사항들을 고려해야 한다.

- 서비스 수준 협약은 기업의 정보기술문화를 바꾸는 작업임을 인식하고 보다 체계적으로 접근해야 한다. 태스크포스팀을 구성하여 서비스 수준 협약을 진행하면 되지만, 이 과정에서 해당 아웃소싱 프로젝트에 관련된 내용만을 고려하기보다는 기업 전체 입장에서 해당 프로젝트가 어떤 의미가 있고 이를 통해 기업이 비즈니스 측면에서 어떤 영향을 받을 수 있는지를 평가해 보는 것이 필요하다. 그래야 서비스 수준 협약이 추구하는 근본적인 목적을 달성할 수 있다.
- 서비스 수준 협약은 장기적인 관점에서 작성해야 한다. 특정 아웃소싱 프로젝트에 초점을 두고 단기간에 서비스 수준 협약을 만들어 서비스 수준을 측정하고 이에 대한 효과만을 보고자 한다면 장기적인 측면에서 기업의 전략과는 무관한 결과를 얻을 수도 있다. 왜냐하면 기업의 향후 방향이나 전략을 고려하지 않고 단기간에 작성된 서비스 수준 협약은 과거나 현재의 자료를 기준으로 작성될 수밖에 없기 때문이다.
- 서비스 수준 협약이 성공적으로 실행되기를 바란다면 실무진들에게 장기적인 관점에서 기업의 전략적 방향성을 이해하고 단기적인 관점에서 아웃소싱 프로젝트 자체를 이해할 수 있는 적절한

교육을 제공하고 이를 적용하도록 하는 배려가 필요하다.

또한 서비스 수준 협약을 실질적으로 추진하는 실무 담당자들은 다음과 같은 사항들을 고려해야 한다.

- 너무 복잡한 서비스 수준 협약을 만들지 않도록 한다. 예를 들어, 500개의 서비스 측정치를 개발하였다면 500개의 서비스 수준을 측정하기 위한 책임자와 보고 담당자가 있어야 하며, 이에 해당되는 보고 형식 및 절차가 모두 정의되어야 한다. 이는 개발도 어렵지만 적용도 힘들어서 두 기업에게 비현실적인 상황을 야기시킨다. 따라서 현실적으로 관리할 수 있는 범위 내에서 반드시 지켜져야 할 부분들을 우선적으로 고려하여 서비스 수준 협약을 만드는 것이 필요하다.
- 서비스 수준 협약이 살아있는 문서가 되도록 작성한다. 이를 위해서 고객 기업과 아웃소싱 전문업체의 실무자들은 서로 충분한 협의와 조정을 통해 실질적으로 활용 가능한 서비스 수준 협약을 만들도록 노력해야 한다. 이런 과정이 없다면 서비스 수준 협약은 의미 없는 문서가 되기 쉽다. 또한 지속적으로 적용되고 갱신될 수 있는 문서를 작성하기 위해서 필요한 조직 형태를 만들고 자동화 도구를 적절히 사용해야 한다.

APPENDIX

아웃소싱 계약서 (예)

Appendix

A 아웃소싱 표준 계약서

본 계약서는 _____ 년 _____ 월 _____ 일부터 본사를 _____ 에 두고 있는 A사(고객 기업)와 본사를 _____ 에 두고 있는 B사(아웃소싱 전문업체) 사이에 체결되어 그 효력을 발휘한다.

계약의 개요

- A사는 _____ 에 본사를 두고 _____ 업을 주력 사업으로 하고 있으며 본사가 소재한 _____ 와 데이터 센터가 소재한 _____ 까지 통신 라인으로 연결되어 있으며, 생산시설이 소재한 _____ 시까지 통신 라인이 설치되어 있다.
- B사는 정보기술 아웃소싱 및 통신사업에 종사하고 있다.
- A사와 B사는 A사의 정보기술 운영을 아웃소싱 전문업체인 B사에게 이전하고 B사는 A사의 정보기술 운영에 의해 지원되는 모든 서비스를 A사에게 제공한다.

이에 아래와 같은 사항에 대하여 상호 동의한다.

제1조 서비스

1.1 B사의 공급 서비스 기술

B사는 다음과 같은 서비스를 A사에게 공급하는 것을 동의한다.

- 계약효과 발효 개시일 이전에 A사의 정보기술 부서에 의해 지원되었던 모든 서비스 중에서 '제외된 서비스'(서비스 설명서에 첨부)를 제외하고 구체적으로 '정의된 서비스'(서비스 설명서에 첨부)를 제공한다.
- 새롭게 정의된 '신규 서비스'(서비스 설명서에 첨부)를 제공한다.
- 계약 이전 서비스를 공급자 서비스로 전환하기 위한 '전환 서비스'(서비스 설명서에 첨부)를 제공한다
- 현재 B사에 의해 제공되는 공급자 서비스를 A사에 다시 이전해 주는 '반환 서비스'(서비스 설명서에 첨부)를 제공한다.

1.2 공급자 서비스에 있어서의 생략 오류

계약 이전 서비스 중에서 공급자 서비스와 제외된 서비스로부터 제외된 것이 있다면 해당 서비스는 공급자 서비스에 포함되는 것으로 간주한다.

1.3 공급자 서비스의 부가 서비스

A사의 공급자 서비스 사용량에 관계없이 공급자 서비스를 수행하기 위해 필요한 하드웨어나 소프트웨어를 A사에게 서비스 요금의 부담 없이 구매할 수 있다. 공급자 서비스에 포함되어 있지 않은 서비스로서 A사의 사용량의 증가에 따라 A사가 B사에게 요구한 서비스는 부가적 서비스 항목을 기준으로 수행된다.

1.4 공급자 서비스의 부가 서비스 요율

부가 서비스에 포함되지 않은 서비스라도 A사가 요구하는 서비스는 정해진 요율(서비스 설명서에 첨부)에 따라서 그 서비스를 공급한다.

- 다음의 경우를 제외하고는 부가 서비스에 대하여 요금을 지불하지 않는다.
  - A사는 서면으로 부가 서비스를 요청할 수 있다.
  - B사는 서면으로 요청된 부가 서비스를 수행하기 위한 총비용(업무수행 예측가)을 예측하여 제시한다.
  - A사는 B사에게 부가 서비스에 대한 수행 허가서를 발급한다.
- A사는 업무수행 예측가를 _____% 이상 상회하는 요금을 지불할 의무가 없다.
- B사는 부가 서비스를 수행하기 위하여 소요된 시간을 기록으로 보관해야 하며, 이를 요금청구서에 첨부하여 A사에게 공개한다.

제2조 요금

2.1 고정 요금

공급자 서비스에 대하여 A사는 B사에게 월별 선금으로 고정 요금 _____ 원을 지불한다.

2.2 고정 요금 변동

A사와 B사는 사용자의 거래량이 월 _____ 처리건수를 넘을 경우에 규정된 고정 요금 외에 처리건수 상회분에 대하여 처리건수마다 _____ 원의 요금 증액을 합의한다.

제3조 전환

3.1 공급자 운영으로 전환

A사와 B사는 공급자 서비스 사용을 위한 이전 계획(전환 계획서 첨부)에 따라서 진행됨을 합의한다. 전환 계획에는 전환 계획을 수행하기 위한 계획 그리고 A사와 B사의 의무를 기술한다. 전환기간의 종료시점까지 B사는 A사의 활용 서비스에 대하여 요금청구권이 없다.

3.2 전환 일정

이전 계획(전환 계획서 첨부)에 따라 각자의 책무를 수행할 것을 A사와 B사는 동의하며, 이 일정표에 대한 변경은 당사자 간의 서면 동의에 의해서만 변경될 수 있다.

3.3 상호 연락

A사와 B사는 아래의 담당자들이 서로의 의사소통을 위한 접촉 창구의 역할을 수행하는 것에 합의한다. 당사자는 서면 통보에 의해서만 연락 담당자를 변경할 수 있다. A사가 지정한 담당자는 B사가 제공하는 물품이나 서비스를 결정할 수 있고, 이는 법률적으로 A사를 대표한다.

- A사 담당자: ____________
- B사 담당자: ____________

3.4 정보기술 인력

B사는 합의된 A사의 기존 정보기술 직원에게 본 계약의 최초 실효 날

짜부터 최소한 _____ 년 동안은 현재의 직위 및 직무를 보장한다. 이는 아래와 같은 조항에 따른다.

- B사는 현 직원 중에 일부를 A사가 보유하는 것에 동의한다. 이 직원들은 '보유 요원'이라 칭한다.
- B사는 A사로부터 이전된 직원들에 대하여 고용을 보장하고, 보유 요원 이외의 직원은 이전된 직원으로 간주한다.
- B사는 이전된 직원에 대하여 개인별 혹은 직무별 임금과 혜택을 보장한다.
- B사는 최소 _____ 년 동안은 보유 요원에 대하여 어떠한 형태의 고용 제의나 계약체결을 할 수 없다.
- 최초 보장기간 동안은 이전 직원들을 특별한 이유 없이 해고하지 못한다.
- 보장기간 이후에 이전 직원들의 해고를 원하는 경우 최소한 _____ 주 이전에 통보해야 하며, 가능하면 B사는 이전 직원이 다른 직장을 구하는 데 적절한 노력을 해야 한다.

3.5 기존 소프트웨어 라이선스

기존 소프트웨어 응용시스템을 B사가 사용하기 위한 동의를 얻는 것은 A사의 책임이며, A사는 이와 관련된 동의를 얻어내기 위하여 적절한 노력을 수행한다.

- 관련된 모든 응용시스템의 사용 동의를 얻는 데 발생하는 비용은 최대 _____ 원까지 B사가 부담하는 것을 원칙으로 한다.
- 서비스 설명서에 기술된 응용시스템에 대하여 A사의 사용권한을 B사가 부여한다.

- A사가 B사의 사용권을 얻지 못하는 경우에는 응용시스템에 대하여 총 _____ 원 한도 내에서 B사의 비용으로 A사를 위한 응용시스템을 공급한다.

3.6 기존 하드웨어 관련 합의

A사와 B사는 A사가 보유하고 있는 하드웨어 중에서 리스 하드웨어에 대하여 B사에게 리스권을 부여함에 동의한다. 리스권 부여는 본 계약의 실효 날짜나 실무적으로 가능한 최단 기일에 발효된다. B사는 부여된 날짜부터 리스와 관련된 재무와 모든 의무를 부여받음에 동의하며, 리스 요금에 대한 지급이나 관련된 리스 계약의 폐기를 해당 리스 공급사와 협의하여 결정하도록 한다.

3.7 기존 하드웨어 유지보수 협약

A사는 보유한 하드웨어 유지보수를 종결하거나 B사에게 유지보수 활동을 부여함에 동의한다. 본 계약 발효일 현재, B사는 하드웨어 유지보수 협약에 대하여 재무적 의무를 가진다. 만약 본 항목에 규정된 시행 항목에 대하여 계약 발효일부터 그 시행이 진행되지 못하는 경우에 A사는 계약일 이후의 비용을 지불할 의무를 지니며 이 비용에 대해서는 계약일 이후에 B사에게 지불할 요금에서 상계처리한다.

3.8 자산의 구매가 있는 경우

B사는 A사의 일부 자산을 구매하며 A사는 B사에게 본 조항에 나열된 자산을 판매함에 동의한다. 이러한 구매는 이 항에 기술되고 첨부된 구매 협약서에 따라 구매된다.

- B사가 A사에게 구매할 자산은 아래와 같다.
  - _____에 소재한 A사의 데이터 센터를 구성하는 대지와 부속 건물
  - _____와 _____에 소재한 메인 프레임 컴퓨터
- 아래에 제시된 자산을 구입한다.
  - 서비스 설명서에 첨부된 부동산 구매 협약서
  - 서비스 설명서에 첨부된 컴퓨터 구매 협약서

제4조 성과 표준

4.1 성과 표준

성과 표준이란 서비스 수준 협약서에 제시된 성과 측정기준을 의미한다.

- B사는 성과 표준에 맞추어서 서비스를 제공한다.
- 결함 있는 성과는 성과 표준의 하나 이상 기준을 달성하지 못함을 의미한다.

4.2 결함 있는 성과에 대한 대비

결함 있는 성과가 발생 시에는 A사는 B사에게 가능한 조치 이외에도 다음 항에서 제시된 조치를 직접 취할 수 있다.

- 결함 있는 성과 유형은 다음과 같다.
  - 레벨 1 결함이란 _____시간 이상 _____시간 이하 기간 동안에 지속된 결함을 말한다.
  - 레벨 2 결함이란 _____시간 이상 지속된 결함을 말한다.
  - 레벨 3 결함이란 _____일간 한 번 이상 발생된 결함을 말한다.

  - 레벨 4 결함이란 _____ 일 동안 한 번 이상 발생된 레벨 2 결함을 말한다.
- 레벨 1 결함에 대하여 B사는 A사가 B사에 지불하는 요금에 대하여 _____ 원의 신용(또는 위약금)을 부여한다.
- 레벨 2 결함에 대하여 B사는 A사가 B사에 지불하는 요금에 대하여 _____ 원의 신용(또는 위약금)을 부여한다.
- 레벨 3 결함에 대하여 B사는 A사가 B사에 지불하는 요금에 대하여 _____ 원의 신용(또는 위약금)을 부여한다.
- 레벨 4 결함에 대하여 B사는 A사가 B사에 지불하는 요금에 대하여 _____ 원의 신용(또는 위약금)을 부여한다.
- 만약에 레벨 4 결함이 _____ 일 기간 동안에 한 번 이상 발생될 경우에는 B사에게 서면으로 본 계약을 파기할 수 있다.

4.3 서비스 공급 일정

B사는 A사에 대한 일별, 월별, 서비스 공급 일정을 서비스 협약서에 제시한 바와 같이 수행한다. A사는 _____ 일 이전에 서면 통보를 통하여 이 서비스 공급 일정을 수정할 수 있다.

4.4 자원 일정

B사는 자원과 설비를 자원 공급 일정에 따라서 공급하는 데 동의하며, 이 일정의 변경은 A사와 B사의 서면 동의에 의해서만 수정될 수 있다.

4.5 데이터에 대한 소유권

B사는 A사의 사업수행과 연관된 데이터의 소유권이 A사의 소유 재산

임을 동의한다. B사의 서비스 기술서 항목에 관련된 백업을 위해 활용되거나 A사에게 제공된 모든 미디어는 전적으로 A사의 소유에 귀속함에 동의한다.

4.6 분쟁기간 동안의 서비스 제공

A사와 B사 사이에 분쟁이 있을 경우라도 B사는 서비스 기술서에 기술된 서비스를 제공해야 한다. A사와 사용 요금에 대한 분쟁이 있을 경우에는 B사는 최소 _____ 개월 이전에 공식적인 통보에 의해서만 서비스 공급을 중단할 수 있다.

4.7 발생된 문제의 처리

A사에게 가능한 조치 이외에도 B사는 자신의 비용으로 처리과정 중에 발생된 오류를 신속히 수정한다.

4.8 감사권

B사는 A사가 A사의 비용으로 독립된 감사기관에 B사의 서비스를 감사할 권한을 부여한다. _____ 일 전의 서면 통보를 통하여 감사기관은 B사의 관련 지역에 출입하여 감사를 수행할 수 있다. 이러한 과정에서 감사기관은 B사의 상시적 사업에 방해가 되지 않는 범위에서 감사를 수행한다. A사는 감사기관이 B사의 서비스를 활용할 경우에 부가 서비스에 규정된 서비스 요금에 따라서 B사에게 요금을 지불한다.

제5조 분쟁

5.1 분쟁 해결 및 처리 절차

A사와 B사 사이의 모든 분쟁은 법률적 절차 이전에 다음과 같은 절차를 거친다.

- A사와 B사는 분쟁의 시작을 상대방 연락자에게 서면으로 통보하고 발생한 분쟁을 해결하기 위한 시간과 장소를 정한다. 회의는 통보한 지 _____시간 내에 이루어짐을 원칙으로 한다.
- 첫 번째 회의 이후 _____시간 내에 만족스러운 해결안에 도달하지 못한 경우에는 이를 상대방 중간관리 지정인에게 서면으로 상황을 통보한다. 양방의 중간관리 지정인은 통보로부터 _____시간 이내에 회합을 갖는 것을 원칙으로 한다.
- _____시간 이내에 중간관리 지정인이 당사자 간의 이해를 만족스럽게 해결하지 못하였을 경우에는 어느 한 지정인이 이를 서면으로 최고 지정인에게 통보할 수 있다. 이러한 통보를 받은 후 _____시간 이내에 최고 지정인은 회합을 가져서 분쟁해결에 최선을 다한다.
- 이 회합 이후 _____주일 이내에 당사자 간에 만족스러운 서면해결 동의를 얻어 내지 못하면 협약서 본 조항 이외에 규정된 조치에 따라서 이를 해결하도록 진행한다.
- 중간관리 지정인은 다음과 같이 정한다.
  - A사 지정인: ______________________________
  - B사 지정인: ______________________________
- 최고 지정인은 다음과 같이 정한다.

- A사 최고 지정인: ____________________
- B사 최고 지정인: ____________________

5.2 비구속적 중재

A사나 B사가 서면으로 분쟁의 해결을 동의하지 아니하면 5.1항에서 제시된 기간 이후에 A사나 B사가 서면으로 아래의 절차를 시작할 수 있다.

- 중재 통보서를 받으면 A사나 B사는 _____ 일 이내에 비구속적 중재에 돌입한다.
- 중재자는 당사자 간에 서면으로 동의한다.
- 당사자는 자신의 비용은 자신이 지불함을 원칙으로 하며 중재자의 비용은 양자가 같이 부담한다.
- A사나 B사가 중재자에 대하여 합의하지 못할 경우에는 A사가 속한 법률협회가 선임한 중재자를 활용한다.

제6조 보증 및 의무 제한

6.1 B사의 보증

B사는 다음과 같은 보증을 약속한다.

- B사는 본 계약과 B사가 관련 있는 어떠한 계약도 파기하지 않는다.
- B사는 _____ 법에 의해 조직되고 건실하게 운영되는 기업이다.
- 본 계약을 체결하고 각 조항을 수행하기 위한 모든 필요한 행동을 수행한다.
- B사는 성과 표준에 따라서 수행한다.
- B사의 종업원과 대행사는 각자의 의무를 전문가 수준에서 성실히

수행한다.

6.2 A사의 보증

A사는 다음과 같은 보증을 약속한다.

- A사는 A사와 관련이 있는 협약과 관련된 책무를 온전히 수행한다.
- A사는 _____ 법에 의해 조직되고 건실하게 운영되는 기업이다.
- A사는 본 협약과 각 조항에 따르기 위한 모든 필요한 행동을 수행한다.

6.3 의무의 한계

A사와 B사는 이 협약에 다음과 같이 의무의 한계를 인정한다.

- A사와 B사의 보증 항목에 기술된 보증사항을 제외하고는 A사나 B사는 여타의 보증을 확약하지 않는다.
- 어떠한 경우에도 A사나 B사는 일시적 사건과 연관된 간접적인 피해에 대하여 가능성에 의해서 책임을 지지는 않는다.
- 어떠한 경우에도 한 당사자가 다른 당사자에게 그 원인이 _____ 년 이상 이전에 발생하였을 경우에 어떠한 행위에 대한 원인을 상대방에게 귀속시켜 주장할 수 없다.

제7조 조건과 계약해지

7.1 조건

본 협약은 효력 발생일부터 효력을 발생하고 향후 _____ 년 동안 효력을 발휘한다.

7.2 말소

본 협약 만료일에는 양 당사자 간에 말소와 계약해지 절차 항에 명시된 조건에 따른다.

7.3 재협약

A사는 B사에게 계약 만료일을 _____ 일 전에 통보하며, _____ 년간의 계약 연장을 할 수 있다.

7.4 파기를 위한 계약해지

당사자 중에 한편이 계약을 파기하고 상대방으로부터 서면 통보를 받은 후 _____ 일 이내에 협상에 의한 조치를 취하지 못할 경우에는 협상 파기 상대방은 _____ 일 이전에 파기를 통보함으로써 본 협약을 파기할 수 있다. 이러한 경우에 당사자 쌍방은 말소와 해약 절차 항에 따라서 계약해지를 진행한다.

7.5 편의를 위한 계약해지

A사는 어떠한 이유에서든지 _____ 일 이전에 서면 통보를 통해 파기할 수 있으며, 이 경우에 협약 조건에 나타난 잔여 계약 월수에 _____ 원을 곱한 위약금을 B사에게 지불한다. 이 경우에 계약 당사자는 말소와 해약 절차에 따라서 계약해지를 진행한다.

7.6 인수에 따른 계약해지

본 협약과 관련 없이 A사가 B사의 주를 소유함으로써 실제적으로 인수하였을 경우 A사는 _____ 개월의 사전통보를 통하여 계약을 해지할 수 있다. 이 경우에 A사나 B사는 말소와 해약 절차에 따라서 계약해지를 진행한다.

7.7 기업 분할로 인한 계약해지

A사가 자산이나 계열사를 팔거나 교환함으로써 B사가 제공하는 서비스의 _____% 이상을 감소시킬 경우에는 _____ 개월의 통보를 통하여 A사는 본 협약을 종료시킬 수 있다. 이러한 경우 A사나 B사는 말소와 해약 절차에 따라서 계약해지를 진행한다.

7.8 통제의 변환

본 계약기간 중에 B사 소유권의 _____% 이상이 변화하였을 경우에는 A사는 B사에게 _____ 일 이전의 통보를 통하여 계약을 파기할 수 있다. 이러한 경우 A사나 B사는 말소와 해약 절차에 따라서 계약해지를 진행한다.

7.9 말소와 해약 절차

이 협약이 말소되거나 해약이 된 경우에는 A사와 B사는 아래와 같은 절차를 통하여 해약 및 말소 절차를 진행한다.

- 본 협약이 말소되는 날짜를 말소일이라고 한다.
- 본 협약이 종결되면, 종결 효력이 발하는 날짜를 해약일이라 한다.
- A사는 B사 서비스 활용을 즉시 중단하거나 A사의 단독 결정에 의해 사용자 환원을 결정할 수 있다. 이 경우에는 환원 절차 규정에 따른다.

- A사는 B사에게 다음 항목 중에서 적절한 항목에 따라서 A사의 선택을 서면으로 통보할 수 있다.
    - 최소한 계약기간의 말소 이전 _____ 일 이내
    - A사가 계약을 파기한다는 통보를 준 후 최소 _____ 일
    - A사가 계약을 파기한다는 B사의 통보를 받은 후 _____ 일 이내
    - 편의를 위한 계약파기 조항에 관련된 계약파기 이전 최소 _____ 개월
    - 흡수 통합에 의한 계약파기 항에 관련된 계약파기 이전 최소 _____ 개월
    - 분사에 의한 계약파기와 관련된 계약파기 이전 최소 _____ 개월

7.10 서비스 복원

A사가 말소와 파기 절차에 따르고자 할 경우 B사는 본 항목의 절차에 따라서 B사의 서비스를 제공하며 아래 항목 중에서 적합한 항에 따라서 A사는 계약파기일 또는 말소일 이후 _____ 개월까지 공급자 서비스 요금을 B사에 지불한다.

- B사는 복원기간 이후에는 서비스 공급을 중단할 수 있다.
- 복원기간 동안에는 A사는 _____ 일 이전의 통보에 의해서 B사의 서비스를 중단할 수 있다.
- 부가적 요금 없이 B사는 A사에게 B사의 기존 서비스 이외에도 다음과 같은 서비스를 제공한다.
    - B사는 B사의 서비스에 대한 A사의 문의사항에 대해 즉각 응답해야 한다.
    - B사는 A사에 의해서 서면으로 지시된 A사의 설비로 절차에 따

라 신속하게 이전해야 한다.

- 부가적 요금 없이 B사는 A사에게 다음과 같은 항목을 제공한다.
    - A사의 데이터와 소프트웨어 사본
        - A사에 의해 지정된 미디어 혹은 A사의 서면 지시서에 따라서 A사의 설비에 전자적으로 전송
    - B사가 보유하고 있는 A사의 소프트웨어 운영 문서 사본
    - A사의 소프트웨어를 위한 통제관리 사본
    - B사의 서비스를 공급하기 위한 클라이언트/서버 네트워크에 대한 구성도 및 구체적 설명서
    - A사가 제3자에게 라이선스로 활용한 소프트웨어와 관련 서류에 대한 목록 및 사본
    - B사가 제3자에게 라이선스한 소프트웨어와 관련 서류에 대한 목록 및 사본
    - B사가 서비스 제공을 위하여 보유하고 있는 소프트웨어 목록
- B사는 A사의 서면 요구에 의해서 _____ 일 이내에 환원 관련 서류를 제공한다. 반드시 환원기간의 소멸 이전에는 관련 서류를 A사에게 제공해야 한다.

7.11 B사의 소프트웨어에 대한 계속 사용권

A사와 B사는 본 협약의 말소나 종료 시에 본 항에서 제시된 소프트웨어에 대하여 사용자가 계속 사용할 수 있음에 동의한다.

- A사의 선택은 말소나 종료일 이전에 B사에게 서면 통지에 의해서 발휘된다.
- 이런 권한을 발휘함에 있어서 A사는 B사의 소프트웨어를 활용할 수

있다.

- A사는 B사의 소프트웨어를 라이선스 협약에 의해서 사용한다.
- 서면 통지와 B사에게 요금의 지불과 동시에 B사는 A사에게 원시 및 목적 코드 형태의 소프트웨어 사본을 제공한다.

제8조 기타 사항

8.1 부가

B사는 A사의 사전 서면 동의 없이 본 협약을 부가할 수 없다. B사는 A사의 사전 서면 동의 없이는 본 협약의 어떠한 의무 및 하청 계약을 체결할 수 없다.

8.2 국가(또는 주) 법

A사와 B사는 본 협약의 국가(또는 주) 법으로서 _____ 법을 채택하는데 동의한다.

8.3 비밀 사항

A사와 B사는 본 협약과 관련하여 A사와 협의된 정보나 B사가 A사로부터 획득된 정보는 절대 비밀을 보장함에 동의한다. B사는 본 계약과 관련된 정보, 결론, 보고서, 디자인, 계획, 프로젝트 평가, 데이터, 권고사항, 사업계획, 고객 목록을 포함하는 모든 관련 서류의 비밀을 보장하며, 이 모든 정보가 A사의 재산임에 동의한다. 법에 의해서 달리 정해진 사항을 제외하고는 A사와 B사는 본 계약을 수행하는 동안 상대방에 의해서 공개

되어 서면으로 확인된 사적인 또는 비밀 정보는 절대 비밀이 확보되도록 하고 본 계약의 수행을 위해서만 활용해야 한다. 그러나 정보가 이미 공개되어 공개적으로 획득 가능한 경우에는 해당 정보의 공개를 제한하지 않는다.

8.4 불가항력

A사나 B사는 직간접적으로 천재지변, 화재 등 불가항력적인 사건에 의해 본 협약사항을 수행하지 못할 경우 그 오류에 대하여 책임을 면제받는다. 불가항력적인 사건이 B사의 서비스 공급을 막아서 _____시간 이상 계속될 경우 A는 _____시간의 사전 서면 통보에 의해서 본 협약을 파기할 수 있다.

8.5 통보

본 협약과 관련된 모든 통보와 요구는 당사자에게 서면으로 통보하며 이는 아래에 표시된 주소로 공인 우편을 송부한다. 아래 주소를 변경하기 위해서는 상대방에게 서면으로 통보해야 한다.

- A사에 대한 통보 주소: ______________________________
- B사에 대한 통보 주소: ______________________________

8.6 법적 문제해결

A사와 B사는 본 협약이 _____ 지방법원 관할하에서 맺어지며, 분쟁이 있을 경우에는 _____ 지방법원이나 _____ 고등법원에서 그 문제를 해결한다.

8.7 협약의 통합

A사와 B사는 본 협약과 첨부된 서류가 본 건과 관련된 전체 협약을 구성함에 동의하며 이외에 어떠한 형태의 구두나 서면 협약은 존재하지 않는다.

8.8 협약의 변경

A사와 B사는 본 협약이 A사와 B사에 의해 공히 서면 동의에 의하지 않고는 변경될 수 없음에 동의한다.

8.9 법적 유효성

본 계약의 조항이 어떠한 이유에서든지 타당성과 합법성, 법적인 구속력이 없을 경우에 이러한 항목의 비합법성이 여타의 조항에 영향을 미치지 않는다.

8.10 면제

본 협약의 어떠한 조항에 대하여 A사나 B사에 의한 면제는 자동적으로 향후의 면제를 의미하지 않는다. 어떠한 면제도 서면으로 양사에 의해서 승인되어야 한다.

8.11 구속효과

본 계약은 본 계약 당사자, 향후의 승계자, 지정된 당사자의 혜택을 위하여 구속효과를 지닌다.

8.12 권한

A사와 B사는 각자 아래의 승인 및 서명이 효력 발생일부터 관련 당사자들에 의해서 본 협약을 시행할 수 있는 권한을 부여함을 승인한다.

8.13 약자

본 협약에 포함된 약자들은 편의와 참조를 위한 것이며 본 계약 항목의 범위를 정의하거나 제한하려는 목적은 없다.

8.14 실행을 위한 비용

본 계약 당사자가 본 협약의 실행을 위해 변호사를 활용해야 할 경우나 법적인 절차를 시작해야 할 경우에 우세한 편이 관련 비용(변호사비용, 자금회수 기관 비용, 탐색비용 등)을 담당한다.

8.15 세금

A사는 본 협약과 관련하여 B사에 의해 제공된 서비스에 대한 세금을 지불한다. 그러나 이외에 어떠한 경우에도 A사는 B사의 순이익이나 세금에 대하여는 지불할 의무가 없다.

8.16 오자

본 협약에 포함된 단어의 오자는 본 협약의 법적 유효성을 무효로 하지 않는다. 오자가 있을 경우는 사용 당사자에 의해서 원래의 의도된 의미로 해석한다.

8.17 합작의 무효

A사와 B사는 각 사가 본 협약하에서 독립된 계약 당사자임에 동의한다. 어떠한 경우에도 본 협약은 파트너십, 합작사 등의 A사와 B사 사이의 다른 형태의 합작 형태를 인정하지 않는다.

8.18 관련 법의 준수

A사와 B사는 본 협약 계약기간 동안 관련 법에 대하여 준수할 것을 동의한다.

8.19 계약 상대방 종업원 고용

본 계약의 현 정보기술 직원에 관한 항목에 합의된 사항을 제외하고 계약 당사자는 본 협약기간 동안 당사자의 서면 동의 없이 상대방 직원을 고용할 수 없다. 여기에 A사와 B사의 각 대표자는 본 협약에 서명 동의함으로써 본 계약 효력 발생일부터 본 협약의 시행을 동의한다.

____________년 _____ 월 _____ 일

■ A사: ________________	■ B사: ________________
■ 대표: ________________	■ 대표: ________________
■ 직위: ________________	■ 직위: ________________
■ 서명: ________________	■ 서명: ________________

Appendix

B 아웃소싱 서비스 계약서

본 계약서는 _____에 본사를 두고 _____업을 주력사업으로 하고 있는 주식회사(이하 'A'라 함)와 정보기술 서비스 및 부가통신사업에 종사하고 있는 주식회사(이하 'B'라 함)는 정보기술 서비스 계약을 다음과 같이 체결한다.

제1조 계약의 목적

본 계약의 목적은 계약서에 규정된 바에 따라 A사의 현재 정보기술 운영을 B사에게 이전하고 B사는 현재 A사의 운영에 의해 지원되는 모든 서비스를 제공하며, A사가 그 대가를 지급하는 것과 관련된 제반 사항을 정함에 있다.

제2조 계약의 규정

본 계약은 _____년 _____월 _____일(이하 '발효일'이라 함)에 발효하고 본 계약의 규정에 따라 _____년 _____월 _____일에 종료한다. 본 계약의 종료일 _____개월 이전까지 서로에 대한 계약 종료의 의사표시가 없는 한 본 계약은 동일한 조건으로 향후 _____년간 자동 연장된다.

제3조 용어 정의

본 조에서 정의되는 용어는 본 계약서에 한하여 사용되며, 본 조에서 정의되지 아니한 용어는 관련 법규 또는 일반관리에 따라 해석된다.

3.1 '아웃소싱 서비스'란 A사와 B사의 상호 합의하에 작성되어 A사의 요청 또는 B사의 제안 및 A사의 합의 절차를 거쳐 B사가 수시로 제공하는 일련의 정보기술 서비스를 의미한다.

3.2 '전환 서비스'란 계약 이전 서비스를 B사의 서비스로 전환하기 위한 서비스를 의미한다.

3.3 현재 B사에 의해 제공되는 서비스를 A사에 의해 서비스가 제공될 수 있도록 지원하거나 제3의 서비스 공급자에게 기존의 서비스를 이전해 주는 반환 서비스는 반환 계획서에서 정의한다.

3.4 '서비스 설명서'란 본 계약에 의거하여 B사가 제공하고 있는 시스템 운영 및 부가 서비스를 구체적으로 설명한 것으로 본 계약에 첨부된다. 서비스 설명서에는 시스템 운영 및 부가 서비스의 목록, 상세 내역, 서비스 대가 등이 포함된다. B사가 제공하고 있는 시스템 운영 및 부가 서비스와 관련하여 계약기간 동안에 발생할 변경사항을 반영하기 위하여 A사와 B사는 매 계약단위기간 초에 서비스 설명서를 보완하도록 한다.

3.5 '계약단위기간'이란 매년 1월 1일부터 12월 31일까지를 말한다. 단, 계약 체결연도의 경우 계약 발효일로부터 12월 31일까지이며, 본 계약이 종료되는 계약연도의 경우 해당 연도 1월 1일부터 본 계약 종료일까지의 기간을 말한다.

3.6 '시스템'이란 입출력 양식, 프로그램 리스트, 시스템 흐름도, 설명서

및 사용자용 매뉴얼을 포함한 보조 문서가 수반된 컴퓨터 프로그램 및 프로그램 보조물을 의미하며 해당 프로그램이 기록되는 유형 매체를 포함한다. B사가 제공하는 시스템의 목록, 상세 내역, 서비스 대가 등은 서비스 설명서에 상술되어 있다. 시스템은 시스템의 소유, 사용 여부에 따라 'A사의 소유 시스템', 'A사의 사용 시스템', 'B사의 시스템'으로 구분된다.

3.7 '장비'란 본 계약을 이행함에 있어서 사용되는 컴퓨터 및 관련되는 하드웨어, 통신 장비, 정보기술 부문의 사무기기 및 기타 관련 장비를 말한다. A사의 리스 장비에는 A사의 렌탈 장비까지 포함하는 것으로 한다. 통신 장비에는 포트, 접속 장비 등이 포함된다.

제4조 계약관리자 및 운영위원회

4.1 A사와 B사는 본 계약의 적정하고 원활한 이행을 위하여 각각 계약관리자를 지정하기로 한다.

4.2 A사와 B사는 필요한 경우 계약관리자의 권한을 서비스 설명서에 정할 수 있다.

4.2.1 B사의 계약관리자

계약기간 동안 B사는 A사의 업무를 전담하고, A사의 요구에 대응하도록 B사의 주된 연락인을 지정한다. 제5조에서 정한 서비스의 제공을 관리하고 조정하는 전반적인 책임을 진다. 본 계약에 따른 A사의 일일 업무관리에서 B사가 취하게 될 행동에 대한 결정 권한을 갖는다.

4.2.2 A사의 계약관리자

계약기간 중에 A사는 B사를 위하여 주된 연락인으로 행동할 수 있는 권한을 지닌 인원을 지정하며, 이 인원은 본 계약에 따라 A사가 취하는 행동에 관하여 결정을 내릴 수 있는 권한을 지닌다.

4.2.3 운영위원회

유효일로부터 _____ 일 이내에 A사와 B사는 각각 상대방에게 선정된 관리자 명단을 제출하며, 이들을 운영위원회라 한다. 운영위원회의 의장은 A사의 위원회 위원 중에서 지명한다.

제5조 B사의 서비스 내역 및 범위

본 계약기간 동안 B사가 제공하는 서비스는 A사와 B사의 상호 합의하에 작성된 서비스 설명서에 의거하여 제공한다. 명기된 시스템 운영 및 부가 서비스와 서비스 설명서에 정의되지 않았지만 별도의 추가 계약을 체결하여 수행되는 추가 서비스로 구분된다.

5.1 시스템 운영

B사는 A사와 상호 합의한 바에 따라 시스템 서비스를 제공한다. 본 계약 발효일 현재 B사가 운영 서비스를 제공하고 있는 시스템의 목록 및 상세 내역은 서비스 설명서에 정한 바와 같다. 이는 현행 시스템을 정상적으로 운영하기 위해 행하는 지속적인 유지보수 및 기타 운영 지원으로써 아래의 서비스들이 이에 포함된다.

- 본 계약 발효일 현재 입/출력물의 내용 및 처리량을 기준으로 하여 현행 시스템의 기능을 유지하는 데 필요한 지원

- B사의 서비스 중단 사태 발생 시 위기관리 및 시스템 복구를 위한 계획수립 및 계획을 유지 보수하는 지원
- B사의 컴퓨터 플랫폼의 변경, 표준화, 업그레이드 시 현행 시스템이 이와 호환되게 하기 위해 행하는 각종 지원
- 출력물을 A사의 사업장에 제공하는 서비스
- 계약 체결 당시의 서비스 수준을 유지하기 위하여 B사가 담당하는 컴퓨팅 기반시설의 관리
- 시스템에 대한 변경이 모든 부분 또는 특정 부분에 적용될 수 있게 하는 통제

5.2 부가 서비스

제공하는 시스템 운영 서비스 외에 장비 대여, 회선 대여, 부가가치 통신 서비스 등이 이에 포함되며, B사는 서비스 설명서에 명시된 부가적인 서비스를 제공한다. 본 계약 발효일 현재 B사가 제공하고 있는 부가 서비스의 목록 및 상세 내역은 서비스 설명서에서 정한 바와 같다.

5.3 추가 서비스

서비스 설명서에 정의되지 않은 서비스로서 A사의 요청 또는 B사의 제안에 따라 상호 합의하에 B사가 행하는 추가적인 서비스로서 관련된 서비스 내용, 대가 등은 A사와 B사가 별도의 추가 계약을 체결하여 규정토록 한다.

- 신규 시스템의 개발 및 기존 시스템을 대체하는 시스템의 개발 또는 운영
- 서비스 명세서에 없는 서비스 중에서 B사가 판단하여 필요하다고

생각되는 서비스

5.4 서비스 수준

A사와 B사는 명시된 날짜 이후에 B사의 서비스 이행에 적용 가능한 서비스 수준을 조정하기 위하여 상호 협력하였음을 인정하고 이에 동의한다. 운영위원회를 통하여 본 계약기간 동안 수시로 서비스 수준을 검토하여 서비스 수준이 조정되어야 하는지 여부를 결정한다. A사와 B사의 사전 서면 동의 없이는 어떠한 조정도 이루어지지 아니한다.

제6조 B사에 대한 지급 조항

본 계약에 의거 B사가 A사에게 제공하는 서비스의 대가는 다음과 같이 산정, 청구되며, A사는 본 조에 정한 바에 따라 B사가 청구한 서비스 대가를 지급한다. 전체적인 서비스 대가는 서비스 설명서에 명시된다. 본 계약 발효일 이후부터 계약 체결일 이전에 발생한 서비스 대가는 계약 체결 월에 본 계약의 조건을 적용하여 정산하기로 한다.

6.1 기본료

기본료는 서비스 범위에 의거 제공되는 시스템 운영의 대가로서 A사와 B사의 상호 협의하에 서비스 설명서에 명시한다. 본 계약상의 기본료는 매 계약 단위기간별로 상호 협의하여 변경될 수 있다.

6.2 사용료

사용료는 B사의 모든 자원 사용에 대한 대가로서, A사가 실제 사용한 사용량에 사용 구간별 할인 단가를 곱하여 누적적으로 매월 산정되며, 매월 말에 청구된다. 누적 산정이라 함은 구간별로 해당 구간의 사용량에 해당 구간의 할인 단가를 곱하여 산정한 각 구간별 사용료를 합하여 총사용량으로 산정하는 방식을 말한다.

6.3 부가 서비스료

부가 서비스료는 A사와 B사가 상호 합의하에 서비스 설명서에 의거 B사가 수행한 부가 서비스에 대한 대가로서, 특정 월에 발생한 부가 서비스료는 해당 월말에 A사에게 청구된다.

6.4 추가 서비스료

신규 또는 대체되는 시스템의 개발, 운영 및 신규로 제공되는 서비스에 대한 대가는 A사와 B사가 체결하여 서비스 설명서에 정하는 바에 따라 지급한다.

6.5 장비 사용료

본 계약 체결일 이후 B사가 대여한 장비(리스 또는 렌탈 장비) 사용에 대한 대가로 A사가 지급하는 장비 사용료에는 A사의 요청에 의거 일정기간 동안 사용하기 위한 목적으로 B사가 설치한 장비(단말기, 접속 장비, 기타 장비 등)에 대한 사용료와 B사가 이를 유지보수, 운영하는 제반 서비스를 제공하는 데 소요되는 비용을 포함한다. 장비 사용료는 서비스가 제공되는 당시 B사가 정한 단가를 적용하여 산정한다.

6.6 지급 시기 및 방법

A사가 본 계약에 따른 서비스 제공에 대한 대가를 별도로 달리 합의하는 경우를 제외하고, 본 계약상의 조건에 따라 B사의 청구서 발행일자로부터 _____ 일 이내에 현금 또는 일람 수불표로 지급한다.

6.7 경비 상환

A사는 본 계약에 규정되지 아니한 것으로서 A사의 요청에 따라 제공된 서비스에 대하여 A사의 승인하에 B사가 부담한 여비를 포함한 B사의 모든 경비를 B사에게 상환한다. 경비의 산정은 해당 경비 발생일 현재 적용되고 있는 A사의 관련 규정에 따른다.

6.8 세금

본 계약하에서 B사가 수행하는 제반 서비스에 따라 부과되는 부가가치세 및 기타 이와 유사한 간접세는 달리 명시된 경우를 제외하고 본 계약하의 요금에 별도로 청구된다.

6.9 재실행비용

A사가 B사에게 제공한 잘못되거나 불안전한 데이터 또는 그릇된 지침에 의해서 발생된 반복된 재실행과 관련하여 추가비용을 발생시켰거나 고객에 의해 야기된 프로그래밍, 운영자, 기타 처리상의 오류를 시정하는 데 추가로 비용이 발생하였을 경우, A사는 B사에게 이에 대한 추가비용을 지불한다.

제7조 권리 및 의무

7.1 B사의 의무

7.1.1 B사는 A사에게 가격 경쟁력을 확보할 수 있도록 지원한다. 본 계약에서 정한 의무를 수행하기 위해 B사는 A사의 사업을 지원할 정보기술을 선택, 설계, 개발, 시험, 설치, 이행, 운영 및 지속적인 지원을 제공할 책임이 있다.

7.1.2 B사는 A사와의 협력하에 A사의 사업을 지원하지 않은 서비스를 찾아내어 이를 수정, 대체 또는 제거하기 위한 절차를 세우도록 한다.

7.1.3 B사는 서비스 설명서에 명시된 서비스를 수행하기 위하여 필요한 모든 장비 및 소프트웨어를 상호 협의한 바에 따라 공급, 운영한다. 또한 B사는 추가 서비스 형태로 신규 장비 또는 현행 장비를 대체할 장비를 공급, 운영한다.

7.1.4 B사는 A사의 사업 요구를 충족시키기 위하여 신기술의 이행을 위한 대체 해결책을 A사에게 제공하는 등 파트너로서의 역할을 다해야 한다. B사는 시스템 개발 이전에 개선되어야 할 A사의 사업 절차를 찾아내도록 노력해야 한다. B사가 새로운 절차, 기술 또는 서비스 설명서에 명시되지 아니한 추가 서비스를 A사에게 제시한 경우에는 상호 협의하는 조건에 따라 서비스를 제공할 우선적인 기회를 갖는다.

7.1.5 A사의 사업장에서 A사를 지원하는 B사의 인원은 A사의 출

퇴근시간, 휴일 등의 규정을 준수한다.

7.1.6 B사는 개발한 신규 시스템에 대하여 상호 합의하는 조건에 따라 사용자에게 교육 및 교육 자료를 제공한다. 또한 B사가 필요하다고 판단하거나 A사가 요청하는 경우 상호 합의하는 조건에 따라 사용자 교육을 제공한다.

7.2 A사의 기본 의무

7.2.1 A사는 정기적 또는 비정기적으로 개최되는 본 계약 관련 제반 회의에 B사의 계약관리자 또는 그 대리인을 참여하게 한다.

7.2.2 A사는 비용절감을 위한 불필요한 부가 서비스의 삭제, 사업 절차의 개선 및 기타 불필요한 업무를 없애기 위하여 B사와 상호 협력한다.

7.2.3 A사는 시스템 개발 프로젝트 시행 이전에 A사의 개선되어야 할 사업 절차를 명백히 하기 위하여 B사와 상호 협력한다.

7.3 A사의 시스템 운영 또는 개발에 관련된 의무

시스템 운영 또는 개발과 관련하여 A사는 A사의 경비 또는 비용으로 적절한 시기에 다음 사항을 이행해야 한다.

7.3.1 정보처리에 필요한 원시 데이터 및 기계 데이터를 통제용으로 합계 수치와 함께 B사가 요청한 형태로 제공해야 한다.

7.3.2 B사가 요청하는 경우 서비스 제공과 관련된 회의에 참석해야 한다.

7.3.3 B사가 요청하는 경우 본 계약의 서비스 제공과 관련된 자료 및 서류를 B사에게 제공해야 한다.

7.3.4 A사는 B사가 작성한 모든 보고서를 검토해야 하고 일간보고서에 대해서는 수령일로부터 ____일 이내, 주간보고서에 대해서는 수령일로부터 ____일 이내, 기타 월간 또는 정기보고서에 대해서는 수령일로부터 ____영업일 이내에 검토하여 부정확한 보고서는 거절해야 한다. 검사기간 내에 거절하지 아니한 경우에는 이를 승인한 것으로 본다.

7.3.5 B사에 의해서 작성되고 A사의 종업원이 활용할 목적으로 A사에게 공급된 모든 교재를 유지 및 보관해야 한다.

7.3.6 B사와 별도로 서면 합의한 경우를 제외하고 A사는 본 계약에 의하여 B사가 시스템 운영에 필요한 장비를 제공한다.

7.4 안전관리

7.4.1 데이터 파일에 대한 안전

A사의 데이터 및 데이터 파일과 그곳에 수록된 데이터는 A사가 소유하며, 종료일 또는 본 계약해지일에 B사는 A사에게 이를 반환해야 한다. B사는 A사의 데이터의 전부 또는 일부를 본 계약하에서 A사에게 서비스를 제공하는 이외의 목적으로 이용해서는 아니 된다.

7.4.2 데이터 센터 보안

B사는 본 계약에 따라 A사를 위하여 서비스가 수행되고 있는 각각의 모든 장소에서 발효일 현재 가능한 모든 보안유지 절차를 수행해야 한다. A사의 종업원은 본 계약하에서 B사에 의하여 이용되고

있는 장비, 시스템을 조작해서는 아니 되며, B사의 사전동의 없이 어떠한 방법으로든 그러한 장비 및 시스템이 위치하고 있는 어떠한 장소에도 접근해서는 아니 된다.

7.5 감사권

A사에 대한 정보처리와 관련된 감사를 A사 또는 A사의 감사인이 요청할 경우 B사는 즉시 감사에 응해야 한다. B사는 A사의 정보가 처리되고 있는 데이터 센터에 대한 합리적인 접근을 허용해야 하며, A사의 데이터 검사와 관련된 모든 서비스를 제공해야 한다. A사는 상기의 검사 및 이에 관련하여 제공되는 B사의 서비스 대가를 당시의 B사가 A사에게 일반적으로 적용하고 있는 요금체계에 따라 보상한다.

7.6 신의 성실의 의무

B사는 본 계약상 서비스의 중요성을 깊이 인식하여 성실과 신의를 다하여 최상의 서비스를 A사에게 제공하도록 최선의 노력을 다해야 한다.

7.7 비밀유지

본 계약에 달리 규정되는 경우를 제외하고 A사와 B사는 서로에게 전달된 일체의 모든 정보를 계약기간 동안 또는 이후에도 엄격히 비밀로 유지해야 한다. 동 정보는 본 계약의 목적에만 이용되어야 하며, 서로의 동의 없이 제3자에게 누설되어서는 아니 된다. 본 항의 비밀유지의무는 본 계약의 종료 또는 해지 이후에도 존속하며 해당 정보가 공지의 사실이 되었을 때 소멸된다.

7.8 의무 이행에 대한 검토

A사와 B사의 계약관리자는 본 계약하에서의 B사의 의무 이행 상황을 검토하기 위하여 어느 일방의 요청이 있을 경우 회의를 개최할 수 있다. 본 계약서의 모든 조항에 대한 해석에 있어서 계약 당사자 쌍방 간에 분쟁이나 의견 불일치가 발생할 경우 어느 일방의 서면 통지에 따라 쌍방은 각각 한 사람씩 간사를 지명하여 분쟁을 해결하거나 본 계약서의 조항에 대한 조정을 하기 위하여 협상을 하도록 한다. 계약관리자가 선의로 현안 문제에 대한 계속적인 협상 시 _____일 이내에 원만한 해결이 되지 않을 것이라고 판단하는 경우에는 서비스 설명서에 따라 이를 해결한다.

7.9 지식재산권의 침해에 따른 보호

A사와 B사는 본 계약과 관련하여 저작권, 특허권, 상표권, 서비스표, 상호 또는 기타 유사한 지식재산권에 대한 제3자의 침해 주장이 있는 경우 이를 즉시 서면으로 상대방에게 통지해야 한다. 침해 주장과 관련된 귀책사유가 있는 당사자는 동 침해 주장으로부터 발생하는 일체의 모든 비용을 부담해야 하며, 이로 인한 피해를 받지 않도록 타방을 보호해야 한다.

7.10 품질보증

B사는 본 계약 또는 추가 계약에 의거 B사가 개발 또는 제공한 시스템 및 장비가 해당 계약에서 명시적으로 정한 바에 따라 또는 원 공급자가 제공하는 매뉴얼, 사용설명서 등에 따라 정상적으로 작동됨을 보증한다.

제8조 해지

8.1 의무 불이행에 의한 해지

A사 또는 B사의 일방 당사자가 본 계약상의 의무를 중대하게 또는 반복적으로 불이행하는 경우 등 의무 불이행을 타방 당사자에게 서면으로 통지하고, 서면 통지가 상대방에게 도달한 때부터 _____ 일 이내에 동 불이행이 시정되지 않은 경우 본 계약을 즉시 해지할 수 있다.

8.2 파산 등에 의한 해지

A사 또는 B사는 타방 당사자에게 아래의 항목 중 어느 하나의 사유가 발생한 경우에는 타방 당사자에 대하여 계약의 해지를 통지한 후 언제든지 본 계약을 해지할 수 있다.

8.2.1 타방 당사자에 대한 법정관리인이 임명될 경우

8.2.2 파산, 회사 정리법상의 보전처분, 회사정리, 화의 등의 절차에 들어갔거나 들어갈 염려가 있다고 인정될 경우

8.3 해지의 효과

본 계약 또는 본 계약에 따른 추가, 수정 등의 제반 계약이 전체적 또는 개별적으로 해지되는 경우, 양 당사자가 준수해야 할 해지에 따른 의무는 다음과 같다.

8.3.1 해지 통지가 상대방에게 도달한 날로부터 해지의 효력이 발생한다.

8.3.2 해지 시 각 당사자는 해당 계약의 이행을 중지하고 지출을

최소화하기 위하여 신속하고 적절한 조치를 취해야 한다.

8.3.3 본 계약이 해지된 경우에도 이미 발생한 양 당사자의 권리와 의무에는 영향을 미치지 아니한다.

8.3.4 해지 시 B사는 A사로부터 제공받은 일체의 문서 및 기타 자료의 원본 및 사본을 A사에게 반환해야 하며, 일방의 귀책사유로 인하여 계약이 해지되지 않는 한 B사는 해지 시까지 수행된 서비스 결과를 A사에게 제공하고 해지일까지 발생한 지급의무를 이행해야 한다.

8.3.5 B사가 A사에게 서비스를 제공하기 위하여 해지 통지 이전에 특정 장비 또는 기타 물품을 이미 구매하였거나 구매 계약이 취소 불가한 경우에는 A사는 구매된 장비 또는 기타 물품에 대한 대가를 B사에게 지급해야 한다. B사가 계약해지 전에 A사에게 공급한 리스 장비와 관련하여 A사는 계약해지로 인하여 B사가 리스회사로부터 부담하는 모든 손해를 부담토록 한다.

8.4 계약 종료 시 B사의 의무

계약이 종료될 경우 B사는 A사가 요청하면 A사의 종업원에 대한 교육을 실시하고 서비스의 제공을 계속 수행해야 한다. 교육을 실시하고, 서비스를 실시하는 데 있어서 A사는 별도의 계약에 따라 B사에게 서비스 제공에 대한 대가를 지불해야 한다. 또한 B사는 A사가 요청하는 경우 A사로 하여금 계약 종료일 또는 해지일 현재 B사가 제공하고 있는 서비스를 A사의 장비를 사용하여 수행할 수 있도록 장비, 프로그램, 교육, 정보기술요원 등과 관련된 상호 합의한 모든 서비스를 제공한다.

8.5 B사의 시스템에 대한 A사의 권리

B사의 시스템은 B사에게 사용권을 부여한 제3자의 소유이며 본 계약이 A사의 귀책사유로 인하여 조기 해지되는 경우를 제외하고 계약 종료 시에 계약상 가능한 한도 내에서, B사는 A사에게 추가 대가의 청구 없이 A사에 대한 서비스를 수행한다. 단, B사가 A사에 대한 서비스를 위하여 제3자로부터 사용권을 부여받은 시스템에 대해서는 A사가 원하는 경우에 해당 시스템의 사용 계약에 따른 각종 제한에 따를 것과 A사와 B사가 합의하는 합리적인 사용료를 B사에게 지급하는 조건으로 위의 사용권을 부여한다.

8.6 만료 또는 중지의 효력

8.6.1 단계적 축소

어떠한 이유에서든 이 계약이 만료 또는 중지되면 B사는 서비스의 이행을 중지하고 A사는 그러한 만료 또는 중지의 유효일까지 발생한 비용과 모든 서비스에 대하여 B사에 지불해야 할 금액을 지불한다.

8.6.2 전환

만료일에 이 계약의 만료와 관련하여, 이 협정의 중지와 관련하여, 또는 한 당사자에 의한 이 계약의 중지와 관련하여 B사는 A사에게 B사가 이행 중인 모든 서비스의 순조로운 전환을 위하여 성실하게 협력하며 A사는 전환 계획에 따라 그 의무를 이행한다.

- 전환 계획: B사와 A사는 중지 전환과 관련하여 각 당사자가 수행하게 될 각자의 임무를 정하는 전환 계획과 그러한 임무가 완

성될 수 있도록 하는 일정 계획을 공동으로 수립한다.

- 사양서: B사는 A사의 요청이 있으면 B사가 제공하던 서비스를 적절히 이행하는데 A사가 필요로 하는 하드웨어와 소프트웨어에 대한 상세한 사양서를 A사에게 제공한다.
- 장비의 취득: A사는 B사로부터 공정한 시장가격으로 B사가 소유하고 있는 장비를 구입할 수 있는 선택권과 B사가 임차한 장비에 대한 임차 계약을 승계할 선택권을 가진다.
- 사용 허가된 프로그램: 상호 수용 가능한 사용 허가 계약이 양 당사자에 의하여 집행되면 B사는 사용 허가된 프로그램과 기존 서류를 A사에게 인도하고 A사의 장비에 그 허가된 프로그램을 설치한다.
- 소프트웨어: B사는 서비스를 제공하는 데 있어 B사가 기존에 사용 중인 제3자의 소프트웨어 및 서류에 접근하기 위하여 필요한 권리를 A사가 취득하는 데 있어 A사에게 협조한다.
- 훈련: B사는 전환기간이 끝나면 소프트웨어 운용 책임을 맡게 될 A사의 종업원에 대하여 적절한 훈련을 제공한다.

제9조 면책 및 손해배상

본 계약상 의무 이행과 관련하여 B사의 고의 또는 과실로 인하여 A사에게 손해가 발생한 경우 B사는 A사의 입증된 손해에 대하여 배상책임을 진다. A사에 대하여 책임을 부담해야 할 경우에는 별도로 정한 경우를 제외하고 다음 조항을 적용한다.

9.1 요금이 월정료 기준인 서비스에 대하여 B사가 부담해야 할 손해배상의 누적 총액은 시스템 운영 서비스의 경우 손해가 발생한 각 시스템별로, 부가 서비스의 경우 손해가 발생한 각 서비스별로 매 단위 계약기간 동안 A사가 B사에게 지급한 요금의 평균 _____ 개월분의 요금을 초과하지 아니한다.

9.2 손해액을 계산하는 데 있어 본 계약 당사자의 일방 또는 제3자에 대한 간접 손해액, 특별한 사정으로 인한 손해액은 포함하지 아니하고, B사에 의하여 제공된 데이터 또는 기타 자료가 이용되기 전에 검증이 되었다면 피할 수 있었던 손해에 대한 금액을 포함하지 아니한다.

제10조 이해 사항

10.1 A사의 소유시스템

A사의 소유시스템이란 발효일 및 본 계약기간 중 A사의 소유로서 A사를 대신하여 B사가 운영하고 있는 완성된 시스템을 말한다. A사의 소유시스템은 A사의 소유이지만 B사가 A사에게 본 계약상의 서비스를 제공하기 위하여 A사의 소유시스템을 무료로 사용할 수 있다. B사는 A사의 소유시스템 목록을 관리해야 하며, 본 계약이 종료 또는 해지되면 즉시 A사에게 인도해야 한다.

10.2 B사의 사용시스템

B사의 사용시스템이란 발효일 및 본 계약기간 중 A사의 소유가 아니나 A사가 사용하는 것으로 A사를 대신하여 B사가 운영하고 있는 시스템을 말한다. A사는 본 계약에 의하여 B사가 A사에게 서비스를 제공함에 있어

서 B사가 필요로 하는 경우에 A사의 사용시스템을 무상으로 B사에게 제공한다. A사는 A사의 책임하에 시스템 소유자 또는 제3자로부터 필요한 허가 또는 동의를 얻도록 한다.

10.3 A사의 소유 장비

A사는 B사가 A사에게 본 계약상의 서비스를 제공하기 위하여 A사 소유의 장비를 B사가 무료로 사용할 수 있게 해야 한다. 본 장비는 A사의 소유 재산이며 계속해서 A사의 소유 재산으로 남는다. 본 계약 종료 또는 해지 시에 B사는 B사의 비용으로 A사가 지정한 장소에 A사의 소유 장비를 반납해야 한다. B사의 필요에 의하여 B사가 해당 장비의 구입을 서면으로 요청하고 A사가 이에 동의하는 경우에 B사는 해당 장비를 A사로부터 구입할 수 있다.

10.4 A사의 리스 장비

A사는 A사의 리스 장비를 B사가 이용할 수 있도록 필요한 경우 A사의 리스 장비의 소유주로부터 일체의 모든 필요한 허가나 동의를 득하여야 한다.

10.5 A사의 소프트웨어

A사의 소프트웨어라는 용어는 A사가 소유하고 A사에 의하여 또는 A사를 위하여 운영되고 있는 소프트웨어를 뜻한다. 모든 A사의 소프트웨어는 A사의 자산이 된다. A사의 소프트웨어는 B사가 요구하는 형태와 매체로, 해당 문서를 포함하여, B사가 이용할 수 있어야 한다. B사가 본 계약에 따라 A사의 소프트웨어를 변경하는 경우, B사는 A사에게 계약이 중지되

거나 종료된 때에 해당 소프트웨어를 이용할 수 있도록 충분한 문서와 수정된 원시 코드를 제공한다. 또한 해당 소프트웨어 변경은 A사가 고용을 통하여 이룬 성과물로 간주한다.

10.6 B사의 소프트웨어

B사의 소프트웨어라는 용어는 서비스의 이행과 관련하여 B사가 소유하고 운용하는 소프트웨어를 뜻한다. 모든 B사의 소프트웨어는 B사의 자산이며, A사는 어떠한 권리나 권한도 가지지 아니한다. 단, 서비스를 이행하는 데 있어 A사를 위하여 B사가 특정 소프트웨어를 A사와 B사의 계약에 따라서 적절한 조건으로 A사에게 부여하였을 경우는 예외로 한다.

10.7 개발 소프트웨어

A사는 모든 개발 소프트웨어를 소유한다. 개발 소프트웨어는 A사가 고용을 통하여 이룬 성과물로 간주한다. 그러한 개발 소프트웨어가 관련 법률상 고용을 통하여 이루어진 성과로 간주되지 않는 경우라도 B사는 저작권에 대한 고려 없이 A사에게 양도한다.

10.8 편의시설 제공

A사는 사업장에 있는 정보기술 부서에 근무하는 모든 B사의 종업원에게 A사의 종업원에게 제공하고 있는 동일한 조건으로 A사의 편의시설(사택, 기숙사 시설, 주차시설, 유니폼 등)을 제공한다.

제11조 계약의 변경

본 계약의 제 조건 및 서비스 설명서는 양 당사자의 서면 합의에 의해서만 변경될 수 있다. 계약 조건을 수정하거나 서비스 설명서상 서비스 범위를 확대, 대체, 축소 등 변경을 하고자 하는 경우에는 수정 계약을 체결하고, 계약 조건을 신설하거나 서비스 설명서상에 명시되지 아니한 서비스 범위 밖의 추가적인 서비스를 제공하거나 받고자 하는 경우에는 추가 계약을 체결하기로 한다. 계약의 변경 절차는 다음과 같다.

11.1 A사 또는 B사가 상기의 수정 또는 추가 계약이 필요한 경우 그 이유 및 내용을 서면으로 상대방에게 통지한다.

11.2 B사는 이에 관련된 제안 또는 계약(안)을 A사에게 제출한다.

11.3 A사와 B사는 상호 합의하여 수정 또는 추가 계약을 체결한다.

11.4 상기 절차에 따라 체결된 수정 계약 또는 추가 계약의 내용은 본 계약 조건의 수정, 추가인 경우를 제외하고 매년 초에 서비스 설명서에 보완되며 A사의 계약관리자는 이를 확인해야 한다.

제12조 분쟁의 해결

본 계약으로 인하여 또는 본 계약과 관련하여 발생하는 모든 분쟁은 상호 합의에 따라 원만히 해결하기로 하며, 분쟁이 발생한 날로부터 __일 이내에 상호 합의에 따라 해결되지 못한 경우 불복 당사자는 아래에 정한 바에 따라 중재를 구할 수 있다.

12.1 본 계약으로 인하여 또는 본 계약과 관련하여 발생하는 모든 분쟁은 ____의 중재를 통해 최종 해결된다.

12.2 각 당사자는 중재신청을 하거나 받은 후 ____일 이내에 ____인의 중재인을 선임한다. 중재인들은 자유롭게 선정되며 당사자들은 지정된 명단에 포함되지 않는다. 이렇게 선임된 ____명의 중재인은 선임된 후 ____일 이내에 제3의 중재인을 선임한다.

12.3 중재 판정은 당사자 간에 있어서는 법원의 확정 판결과 동일한 효력이 있으며 중재 판정에 대한 집행 판결의 소는 관할권 있는 법원에 제기할 수 있다.

12.4 본 계약상의 다른 어떤 규정에도 불구하고, 각 당사자는 중재인들의 최종 결정 또는 판정이 있을 때까지 관할권 있는 모든 법원에 임시적인 가처분 조치를 구할 권리가 있다.

제13조 기타 조항

13.1 구속력과 양도

본 계약은 계약 당사자, 승계자 및 양수인에 대해 구속력을 갖는다. 본 계약은 계약 당사자 일방에 의하여 타방의 사전 서면 동의가 없이는 양도될 수 없으며, 이러한 동의는 부당하게 거부되어서는 아니 된다.

13.2 통지

본 계약에서 A사와 B사의 통지는 서면으로 해야 하며, 직접전달, 등기우편 또는 팩스로 지정된 통지용 주소로 통지한다. 직접전달, 등기우편의 경우 상대방에게 도달한 시점에 발효되고, 팩스의 경우 전송 후 상대방에게 전화 등으로 직접 확인한 시점에 발효된다.

13.3 전체 계약

본 계약은 본 계약에 첨부된 문서와 함께 양 당사자 간에 전체 계약으로 간주한다. 모든 합의 내용은 본 계약서와 서비스 설명서에 충분히 나타나 있으며 당사자 간에 서면으로 작성되지 아니하는 한 변경, 포기, 면제는 무효이다. 만일 본 계약서와 서비스 설명서 사이에 상충이 있는 경우 본 계약서가 우선한다.

13.4 제목 및 해석

본 계약서의 조문 제목과 목차는 참고와 편의를 위해 사용된 것일 뿐 해석의 대상이 되지 아니한다.

13.5 계약 당사자의 관계

B사는 별도로 합의하거나 본 계약에 명시된 경우를 제외하고 A사를 대리하거나 A사의 의무를 부담하지 아니한다.

13.6 불가항력

천재지변, 전쟁, 법원 명령, 노동쟁의 또는 B사의 합리적인 통제 범위를 벗어나는 전원, 열, 조명, 냉난방 부족 등의 사유로 인하여 B사가 본 계약에 명시된 서비스의 전부 또는 일부를 이행하지 못한 경우에 B사는 상기 이행으로부터 면제되며 그러한 불이행은 계약의 해지 또는 의무 위반의 근거가 되지 아니한다.

13.7 포기

본 계약의 일방이 타방의 계약 위반, 의무 불이행에 대하여 주장할 수 있는 권리행사를 미루거나 하지 아니한다고 해서 그 권리를 손상시키거나 그 권리를 포기하는 것은 아니다. 당사자 일방이 타방 당사자가 수행해야 할 약속, 조건, 계약에 대한 권리행사를 포기하였다고 하여 그러한 사항에 대한 향후의 위반에 대하여서도 권리행사를 포기하는 것은 아니다.

13.8 다른 활동에 종사할 권리

A사는 B사가 서비스 이행을 위하여 때때로 이용하게 되는 B사의 시설에서 제3자들을 위하여 데이터 처리 및 기타 정보기술 서비스를 B사가 제공할 수 있다는 것을 인정하고 이에 합의한다. 본 계약의 어떠한 조항도 본 계약에서 기술된 기술, B사의 서비스 그리고 추가 서비스와 동일한 또는 유사한 기능을 수행하는 유사 기술을, B사가 직접 또는 다른 사람이 B사를 위하여, 취득, 사용, 허가, 상품화, 분배, 개발할 수 있는 B사의 권리를 침해하지 아니한다.

13.9 실행을 위한 비용

본 계약 당사자가 본 협약의 실행을 위해 변호사를 활용해야 할 경우나 법적인 절차를 시작해야 할 경우에 우세한 편이 관련 비용(변호사비용, 자금회수 기관 비용, 탐색비용 등)을 담당한다.

13.10 세금

A사는 본 협약과 관련하여 B사가 제공하는 서비스에 대한 세금을 지불한다. 그러나 이외에 어떠한 경우에도 A사는 B사의 순이익이나 프랜차이

즈 세금 및 기타 관련된 세금에 대해서는 지불할 의무가 없다.

13.11 계약 상대방 종업원 고용

본 계약의 현 정보기술 종업원에 관한 항목에 합의된 사항을 제외하고 계약 당사자는 본 협약기간 동안 당사자의 서면 동의 없이 상대방 종업원을 고용할 수 없다.

____________년 _____월 _____일

- A사: ____________________
- 대표: ____________________
- 직위: ____________________
- 서명: ____________________

- B사: ____________________
- 대표: ____________________
- 직위: ____________________
- 서명: ____________________

| 참고문헌 |

Ali, S. and Green, P., "Effective Information Technology Governance Mechanisms: An IT Outsourcing Perspective," *Information Systems Frontiers*, 14(2), 2012, pp.179-193.

Ang, S. and Inkpen, A. C., "Cultural Intelligence and Offshore Outsourcing Success: A Framework of Firm-Level Intercultural Capability," *Decision Sciences*, 39(3), 2008, pp.337-358.

Ang, S. and Straub, D. W., "Costs, Transaction Specific Investments and Vendor Dominance of the Marketplace: The Economics of IS Outsourcing," in *Information Systems Outsourcing: Enduring Themes, Emergent Patterns, and Future Directions*, R. Hirschheim, A. Heinzl, and J. Dibbern(eds.), Springer, Verlag: Berlin, 2002, pp.47-76.

Ang, S. and Straub, D. W., "Production and Transaction Economies and IS Outsourcing: A Study of the US Banking Industry," *MIS Quarterly*, 22(4), 1998, pp.535-552.

Applegate, L. M. and Davis, K., *Xerox: Outsourcing Global Information Technology Resources*, Harvard Business School 9-195-158, Boston, MA, 1995.

Applegate, L. M., and Montealegre, R., *Eastman Kodak: Managing Information Systems through Strategic Alliances*, Harvard Business School 9-192-030, Boston, MA, 1991.

Arnett, K. P. and Jones, M. C., "Firms that Choose Outsourcing: A Profile," *Information & Management*, 26(4), 1994, pp.179-188.

Baldwin, L. P., Irani, Z. and Love, P. E. D., "Outsourcing Information Systems: Drawing Lessons from a Banking Case Study," *European Journal of Information Systems*, 10, 2001, pp.15-24.

Bapna, R., Barua, A., Mani, D. and Mehra, A., "Research Commentary-Cooperation, Coordination, and Governance in Multisourcing: An Agenda for Analytical and Empirical Research," *Information Systems Research*, 21(4), 2010, pp.785-795.

Barthélemy, J., and Quélin, B. V., "Complexity of Outsourcing Contracts and Ex Post Transaction Costs: An Empirical Investigation," *Journal of Management Studies* 43(8), 2006, pp.1775-1797.

Bell, R. G., Filatotchev, I. and Aguilera, R. V., "Corporate Governance and Investors' Perceptions of Foreign IPO Value: An Institutional Perspective," *Academy of Management Journal,* 57(1), 2014, pp.301-320.

Bengtsson, L. and Dabhilkar, M., "Manufacturing Outsourcing and Its Effect on Plant Performance-Lessons for KIBS Outsourcing," *Journal of Evolutionary Economics*, 19(2), 2009, pp.231-257.

Bhalla, A., Sodhi, M. S. and Son, B. G., "Is More IT Offshoring Better?: An Exploratory Study of Western Companies Offshoring to South East Asia," *Journal of Operations Management,* 26(2), 2008, pp.322-335.

Breznitz, D., Forman, C. and Wen, W., The Role of Venture Capital in the Formation of a New Technoloigcal Ecosystem: Evidence from the Cloud," *MIS Quarterly*, 42(4), 2018, pp.1143-1169.

Buchowicz, B. S., "A Process Model of Make vs. Buy Decision Making: The Case of Manufacturing Software," *IEEE Transactions on Engineering Management*, 38(1), 1991, pp.24-32.

Buck-Lew, M., "To Outsource or Not?" *International Journal of Information Management,* 12(1), 1992, pp 3-20.

Bustinza, O. F., Arias-Aranda, D. and Gutierrez-Gutierrez, L., "Outsourcing, Competitive Capabilities and Performance: An Empirical Study in Service Firms," *International Journal of Production Economics*, 126(2), 2010, pp.276-288.

Camillus, J. C. and Lederer, A. L., "Corporate Strategy and the Design of Computerized Information Systems," *Sloan Management Review*, 26(3), 1985, pp.35-42.

Cao, Z. and Lumineau, F., "Revisiting the Interplay between Contractual and Relational Governance: A Qualitative and Meta-Analytic Investigation," *Journal of Operations Management,* 33-34(1), 2015, pp.15-42.

Chan, Y. E., Huff, S. L., Copeland, D. G. and Barclay, D. W., "Business Strategy, Information Systems Strategy, and Strategy Alignment," *Information Systems Research*, 8(2), 1997, pp.125-150.

Chaudhury, A., Nam, K. and Rao, H. R., "Management of Information Systems Outsourcing: A Bidding Perspective," *Journal of Management Information Systems*, 12(2), 1995, pp.131-159.

Chen, Y., and Bharadwaj, A., "An Empirical Analysis of Contract Structures in IT Outsourcing," *Information Systems Research,* 20(4), 2009, pp.484-506.

Child, J., "Information Technology, Organization, and the Response to Strategic Challenges," *California Management Review*, 30(1), 1987, pp.33-50.

Cronk, J. and Sharp, J., "A Framework for Deciding What to Outsource in Information Technology," *Journal of Information Technology,* 10(4), 1995, pp.259-267.

Cullen, S., Seddon, P. and Willcocks, L., "Managing Outsourcing: The Life Cycle Imperative," *MIS Quarterly Executive*, 4(1), 2005, pp.229-246.

Dibbern, J., Chin, W. W. and Heinzl, A., "Systemic Determinants of the Information Systems Outsourcing Decision: A Comparative Study of German and United States Firms," *Journal of the Association for Information Systems,* 13(6), 2012, pp.466-497.

Diromualdo, A. and Gurbaxani, V., "Strategic Intent for IT Outsourcing," *Sloan Management Review*, Summer, 1998, pp.67-80.

Domberger, S., Fernandez, P. and Fiebig, D. G., "Modelling the Price, Performance and Contract Characteristics of IT Outsourcing," *Journal of Information Technology,* 15(2), 2000, pp.107-118.

Dwyer, F. R., Schurr, P. H. and Oh, S., "Developing Buyer-Seller Relationships," *Journal of Marketing,* 51(2), 1987, pp.11-27.

Dyer, J. H., and Singh, H., "The Relational View: Cooperative Strategy and Sources of Interorganizational Competitive Advantage," *Academy of*

Management Review, 23(4), 1998, pp.660-679.

Fitoussi, D. and Gurbaxani, V., "IT Outsourcing Contracts and Performance Measurement," *Information Systems Research*, 23(1), 2012, pp.129-143.

Fitzgerald, G. and Willcocks, L., "Contract and Partnerships in the Outsourcing of IT," *Proceeding of the Fifteenth International Conference on Information Systems*, Vancouver, British Columbia, Canada, December 1994, pp.91-98.

Gartner Group, "Forecast Analysis: IT Outsourcing, Worldwide, 2011-2017, 1Q13 Update," Stamford, CT, 2013.

Gnyawali, D. R. and Madhavan, R., "Cooperative Networks and Competitive Dynamics: A Structural Embeddedness Perspective," *Academy of Management Review*, 26(3), 2001, pp.431-445.

Goo, J. and Huang, C. D., "Facilitating Relational Governance through Service Level Agreements in IT Outsourcing: An Application of the Commitment-Trust Theory," *Decision Support Systems*, 46(1), 2008, pp.216-232.

Goo, J., Kishore, R., Rao, H. R. and Nam, K., "The Role of Service Level Agreements in Relational Management of Information Technology Outsourcing: An Empirical Study," *MIS Quarterly*, 33(1), 2009, pp.119-145.

Gopal, A. and Koka, B. R., "The Asymmetric Benefits of Relational Flexibility: Evidence from Software Development Outsourcing," *MIS Quarterly*, 36(2), 2012, pp.553-576.

Granovetter, M., "Economic Action and Social Structure: The Problem of Embeddedness," *American Journal of Sociology*, 91(3), 1985, pp.481-510.

Grimpe, C. and Kaiser, U., "Balancing Internal and External Knowledge Acquisition: The Gains and Pains from R&D Outsourcing," *Journal of Management Studies*, 47(8), 2010, pp.1483-1509.

Grover, V., Cheon, M. J. and Teng, J. T. C., "An Evaluation of the Impact of Corporate Strategy and the Role of Information Technology on IS Functional Outsourcing," *European Journal of Information Systems*, 3(3), 1994, pp.179-190.

Grover, V., Cheon, M. J. and Teng, J. T., "The Effect of Service Quality and Partnership on the Outsourcing of Information Systems Functions," *Journal of Management Information Systems,* 12(4), 1996, pp.89-116.

Gupta, U. G. and Gupta, A., "Outsourcing the IS Function: Is It Necessary for Your Organization?," *Information Systems Management*, Summer, 1992, pp.44-50.

Halvey, J. K. and Melby, B. M., *Information Technology Outsourcing Transactions: Process, Strategies, and Contracts*, John Wiley and Sons, NY, 1996.

Hambrick, D. C., "Some Tests of the Effectiveness and Functional Attributes of Miles and Snow's Strategic Types," *Academy of Management Journal*, 26, 1983, pp.5-26.

Han, K. and Mithas, S., "Information Technology Outsourcing and Non-IT Operating Costs: An Empirical Investigation," *MIS Quarterly,* 37(1), 2013, pp.315-331.

Handley, S. M. and Angst, C. M., "The Impact of Culture on the Relationship between Governance and Opportunism in Outsourcing Relationships," *Strategic Management Journal,* 36(9), 2015, pp.1412-1434.

Handley, S. M. and Benton Jr, W. C., "Unlocking the Business Outsourcing Process Model," *Journal of Operations Management,* 27(5), 2009, pp.344-361.

Heek, R., Krishna, S., Nicholson, B. and Sahay, S., "Synching or Sinking: Trajectories and Strategies in Global Software Outsourcing," Working Paper Series, University of Manchester, 2000.

Heide, J. B., Kumar, A. and Wathne, K. H., "Concurrent Sourcing, Governance Mechanisms, and Performance Outcomes in Industrial Value Chains," *Strategic Management Journal,* 35(8), 2014, pp.1164-1185.

Herz, T., Hamel, F., Schoeni, M., Uebernickel, F. and Brenner, W., "Comparing IT Supplier Selection Criteria in Single-Versus Multi-Sourcing Constellations: An Empirical Study," *Proceedings of the 18th Americas Conference on Information Systems*, Seattle, WA, 2012.

Hirschheim, R. and Lacity, M., "The Myths and Realities of Information Technology Insourcing," *Communication of the ACM*, 43(2), February 2000, pp.99-107.

Holcomb, T. R. and Hitt, M. A., "Toward a Model of Strategic Outsourcing," *Journal of Operations Management,* 25(2), 2007, pp.464-481.

Hu, Q., Saunders C. and Gebelt M., "Diffusion of Information Systems Outsourcing: A Reevaluation of Influences Sources," *Information Systems Research*, 8(3), 1997, pp.288-301.

Jiang, B., Reinhardt, G. and Young, S.T., "BOCOG's Outsourcing Contracts: The Vendor's Perspective," *Omega*, 36, 2008, pp.941-949.

Kaiser, J., and Buxmann, P., "Organizational Design of IT Supplier Relationship Management: A Multiple Case Study of Five Client Companies," *Journal of Information Technology,* 27(1), 2012, pp.57-73.

Kern, T. and Willcocks, L., "Exploring Relationship in Information Technology Outsourcing: The Interaction Approach," *European Journal of Information Systems*, 11, 2002, pp.3-19.

Kim, Y. J., Lee, J. M., Koo, C. and Nam, K., "The Role of Governance Effectiveness in Explaining IT Outsourcing Performance," *International Journal of Information Management,* 33(5), 2013, pp.850-860.

King, W. R. and Torkzadeh, G., "Information Systems Offshoring: Research Status and Issues," *MIS Quarterly*, 32(2), 2008, pp.205-225.

Klepper, R. J., "The Management of Partnering Development in IS Outsourcing," *Journal of Information Technology*, 10(4), 1995, pp.249-258.

Klepper, R., "Outsourcing Relationships," in *Managing Information Technology Investment with Outsourcing*, M. Khosrowpour(ed.), Harrisburg, PA: IDEA Group Publishing, 1994, pp.218-243.

Koo, Y., Lee, J. N., Heng, C. S. and Park, J. H., "Effect of Multi-Vendor Outsourcing on Organizational Learning: A Social Relation Perspective," *Information & Management,* 54(3), 2017, pp.396-413.

Lacity, M. C. and Willcocks, L. P., "Relationships in IT Outsourcing: A Stakeholder's Perspective," in *Framing the Domains of IT Management: Projecting the Future Through the Past*, R. Zmud(ed.), Pinnaflex Educational Resources, Inc., Cincinnati, Ohio, 2000, pp.355-384.

Lacity, M. C. and Willcocks, L. P., *Global Information Technology Outsourcing:*

In Search of Business Advantage, John Wiley and Sons, Chichester, 2001.

Lacity, M. C., Khan, S., Yan, A. and Willcocks, L. P., "A Review of the IT Outsourcing Empirical Literature and Future Research Directions," *Journal of Information Technology,* 25(4), 2010, pp.395-433.

Lacity, M. C., Willcocks, L. P. and Feeny, D. F., "IT Outsourcing: Maximize Flexibility and Control," *Harvard Business Review*, May-June, 1995, pp.84-93.

Lacity, M. C., Willcocks, L. P. and Feeny, D. F., "The Value of Selective IT Sourcing," *Sloan Management Review*, Spring 1996, pp.13-25.

Lahiri, S. and Kedia, B. L., "The Effects of Internal Resources and Partnership Quality on Firm Performance: An Examination of Indian BPO Providers," *Journal of International Management,* 15(2), 2009, pp.209-224.

Larsen, M. M., Manning, S. and Pedersen, T., "Uncovering the Hidden Costs of Offshoring: The Interplay of Complexity, Organizational Design, and Experience," *Strategic Management Journal,* 34(5), 2013, pp.533-552.

Lee, J. N., "Outsourcing Alignment with Business Strategy and Firm Performance," *Communications of the Association for Information Systems*, 17, 2006, pp.1124-1146.

Lee, J. N., "The Impact of Knowledge Sharing, Organizational Capability and Partnership Quality on IS Outsourcing Success," *Information & Management*, 38(5), 2001, pp.323-335.

Lee, J. N. and Kim, Y. G., "Effect of Partnership Quality on IT Outsourcing Success: Conceptual Framework and Empirical Validation," *Journal of Management Information Systems,* 15(4), 1999, pp.29-61.

Lee, J. N. and Kim, Y. G., "Information Systems Outsourcing Strategies for Affiliated Firms of the Korean Conglomerate Groups," *Journal of Strategic Information Systems*, 6(3), 1997, pp.203-229.

Lee, J. N., Miranda, S. M. and Kim, Y. M., "IT Outsourcing Strategies: A Configurational Explanation of Success," *Information Systems Research*, 15(2), 2004, pp.110-131.

Lee, J. N., Park, Y. K., Straub, D. W. and Koo, Y. M., "Holistic Archetypes of

IT Outsourcing Strategy: A Contingency Fit and Configurational Approach," *MIS Quarterly*, 43(4), 2019, pp.1201-1225.

Levina, N. and Ross J. W., "From the Vendor's Perspective: Exploring the Value Proposition in Information Technology Outsourcing," *MIS Quarterly*, 27(3), 2003, pp.331-364.

Levina, N. and Su, N., "Global Multisourcing Strategy: The Emergence of a Supplier Portfolio in Services Offshoring," *Decision Sciences*, 39(3), 2008, pp.541-570.

Loh, L. and Venkatraman, N., "Diffusion of Information Technology Outsourcing: Influence Sources and the Kodak Effect," *Information Systems Research*, 3(4), 1992, pp.334-358.

Martinsons, M. G., "Outsourcing Information Systems: A Strategic Partnership with Risks," *Long Range Planning*, 26(3), 1993, pp.18-25.

McFarlan, F. W. and Nolan, R. L., "How to Manage an IT Outsourcing Alliance," *Sloan Management Review*, 36(2), 1995, pp.9-23.

Mehta, N. and Mehta, A. "It Takes Two to Tango: How Relational Investments Improve IT Outsourcing Partnerships," *Communications of the ACM*, 53(2), 2010, pp.160-164.

Michell, V. and Fitzgerald, G., "The IT Outsourcing Market-Place: Vendors and Their Selection," *Journal of Information Technology*, 12, 1997, pp.223-237.

Miles, R. E., Snow, C. C., Meyer, A. D. and Coleman, H. J., "Organizational Strategy, Structure, and Process," *Academy of Management Review*, 3(3), 1978, pp.546-562.

Mowery, D. C., Oxley, J. E. and Silverman, B. S., "Strategic Alliances and Interfirm Knowledge Transfer," *Strategic Management Journal*, 17(S2), 1996, pp.77-91.

Murray, J. Y., Kotabe, M. and Westjohn, S. A., "Global Sourcing Strategy and Performance of Knowledge-Intensive Business Services: A Two-Stage Strategic Fit Model," *Journal of International Marketing*, 17(4), 2009, pp.90-105.

Murthy, S., "The Impact of Global IT Outsourcing on IT Providers,"

Communications of the Association for Information Systems, 14, 2004, pp.543-557.

Ngwenyama, O. K. and Bryson, N., "Making the Information Systems Outsourcing Decision: A Transaction Cost Approach to Analyzing Outsourcing Decision Problems," *European Journal of Operational Research,* 115(2), 1999, pp.351-367.

Perry, W. and Devinney, S., "Achieving Quality Outsourcing," *Information Systems Management*, Spring 1997, pp.23-26.

Pfeffer, J., and Salancik, G. R., *The External Control of Organizations: A Resource Dependence Approach*, Harper and Row Publishers, NY, 1978.

Poppo, L. and Zenger, T., "Do Formal Contracts and Relational Governance Function as Substitutes or Complements?," *Strategic Management Journal,* 23(8), 2002, pp.707-725.

Poppo, L., and Zenger, T., "Testing Alternative Theories of the Firm: Transaction Cost, Knowledge-Based, and Measurement Explanations for Make-or-Buy Decisions in Information Services," *Strategic Management Journal,* 19(9), 1998, pp.853-877.

Poston, R. S., Kettinger, W. J. and Simon, J. C., "Managing the Vendor Set: Achieving Best Pricing and Quality Service in IT Outsourcing," *MIS Quarterly Executive,* 8(2), 2009, pp.45-58.

Quinn, J. B., "Outsourcing Innovation: The New Engine of Growth," *Sloan Management Review,* 41(4), 2000, pp.9-21.

Quinn, J. B., "Strategic Outsourcing: Leveraging Knowledge Capabilities," *Sloan Management Review,* 40(4), 1999, pp.9-21.

Rai, A., Maruping, L. M. and Venkatesh, V., "Offshore Information Systems Project Success: The Role of Social Embeddedness and Cultural Characteristics," *MIS Quarterly,* 33(3), 2009, pp.617-641.

Ravindran, K., Susarla, A., Mani, D. and Gurbaxani, V., "Social Capital and Contract Duration in Buyer-Supplier Networks for Information Technology Outsourcing," *Information Systems Research,* 26(2), 2015, pp.379-397.

Ren, S. J.-F., Ngai, E. and Cho, V., "Examining the Determinants of Outsourcing

Partnership Quality in Chinese Small-and Medium-Sized Enterprises," *International Journal of Production Research,* 48(2), 2010, pp.453-475.

Retana, G., Forman, C., Narasimhan, S., Niculescu, M. F. and Wu, D. J., "Technology Support and Post-adoption IT Service Use: Evidence from the Cloud," *MIS Quarterly*, 42(3), 2018, pp.961-978.

Rivard, S. and Lapointe, L., "Information Technology Implementers' Responses to User Resistance: Nature and Effects," *MIS Quarterly*, 36(3), 2012, pp.897-920.

Roberts, N. and Grover, V., "Leveraging Information Technology Infrastructure to Facilitate a Firm's Customer Agility and Competitive Activity: An Empirical Investigation," *Journal of Management Information Systems,* 28(4), 2012, pp.231-270.

Rottman, J. W., "Successful Knowledge Transfer within Offshore Supplier Networks: A Case Study Exploring Social Capital in Strategic Alliances," *Journal of Information Technology,* 23(1), 2008, pp.31-43.

Sabherwal, R. and Chan Y., "Alignment between Business and IS Strategies: A Study of Prospectors, Analyzers, and Defenders," *Information Systems Research*, 12(1), 2001, pp.11-33.

Sabherwal, R., "The Role of Trust in Outsourced IS Development Projects," *Communications of the ACM,* 42(2), 1999, pp.80-86.

Saunders, C. S., "Outsourcing: AView from Those Doing the Work," in *Information Systems Outsourcing: Enduring Themes, Emergent Patterns and Future Directions*, R. Hirschheim, A. Heinzl, and J. Dibbern(eds.), Springer, Verlag: Berlin, 2002, pp.329-347.

Saunders, C., Gebelt, M. and Hu, Q., "Achieving Success in Information Systems Outsourcing," *California Management Review*, 39(2), 1997, pp.63-79.

Schwarz, C., "Toward an Understanding of the Nature and Conceptualization of Outsourcing Success," *Information & Management,* 51(1), 2014, pp.152-164.

Slaughter, S. and Ang, S., "Employment Outsourcing in Information Systems," *Communications of the ACM,* 39(7), 1996, pp.47-54.

Stratistics, "IT Outsourcing – Global Market Outlook(2015-2022)," Gaithersberg, MD, 2016.

Su, N. and Levina, N., "Global Multisourcing Strategy: Integrating Learning from Manufacturing into IT Service Outsourcing," *IEEE Transactions on Engineering Management,* 58(4), 2011, pp.717-729.

Susarla, A., "Contractual Flexibility, Rent Seeking, and Renegotiation Design: An Empirical Analysis of Information Technology Outsourcing Contracts," *Management Science,* 58(7), 2012, pp.1388-1407.

Swinarski, M. E., Kishore, R. and Rao, H. R., "Impact of Vendor Capabilities on ASP Performance," in *Information Systems Outsourcing: Enduring Themes, Emergent Patterns, and Future Directions*, R. Hirschheim, A. Heinzl, and J. Dibbern(eds.), Springer, Verlag: Berlin, Germany, 2002, pp.497-512.

Taylor, H., "Outsourced IT Projects from the Vendor Perspective: Different Goals, Different Risks," *Journal of Global Information Management*, 15(2), 2007, pp.1-27.

Venkatraman, N., "Beyond Outsourcing: Managing IT Resources as a Value Center," *Academy of Management Review*, Spring 1997, pp.51-64.

Venkatraman, N., Loh, L. and Koh, J., "The Adoption of Corporate Governance Mechanisms: A Test of Competing Diffusion Models," *Management Science,* 40(4), 1994, pp.496-507.

Wang, W. Y. C., Rashid, A. and Chuang, H. M., "Toward the Trend of Cloud Computing," *Journal of Electronic Commerce Research,* 12(4), 2011, pp.238-242.

Weigelt, C., "The Impact of Outsourcing New Technologies on Integrative Capabilities and Performance," *Strategic Management Journal,* 30(6), 2009, pp.595-616.

Wiener, M., and Saunders, C. S., "Who Is the Favored Bride? Challenges in Switching to a Multi-Vendor Offshoring Strategy," in *Information Systems Outsourcing: Towards Sustainable Business Value*, R. Hirschheim, A. Heinzl and J. Dibbern(eds.), Berlin, Heidelberg: Springer, 2014, pp.289-312.

Willcocks, L. P., Oshri, I., Kotlarsky, J. and Rottman, J. W., "Outsourcing and Offshoring Engineering Projects: Understanding the Value, Sourcing Models, and Coordination Practices," *IEEE Transactions on Engineering Management,*

58(4), 2011, pp.706-716.

Willcocks, L., Reynolds, P. and Feeny, D., "Evolving is Capabilities to Leverage the External IT Services Market," *MIS Quarterly Executive,* 6(3), 2007, pp.127-145.

Yoo, Y., Boland Jr, R. J., Lyytinen, K. and Majchrzak, A., "Organizing for Innovation in the Digitized World," *Organization Science*, 23(5), 2012, pp.1398-1408.

남기찬, 이재남, *정보시스템 아웃소싱: 방법론과 사례*, 아진출판사, 1999.

아웃소싱타임스, *2017 한국아웃소싱기업연감*, 아웃소싱타임즈 편집부, 2016.

안준모, *가치창출을 위한 IT 아웃소싱 방법론*, 아진출판사, 2007.

안준모, 이영택, 최정호, *기업 핵심역량 강화를 위한 정보시스템 아웃소싱*, 대청출판사, 1999.

안준모, 최정호, *글로벌 IT 아웃소싱*, 아진출판사, 2001.

안준모, 최정호, 이영택, *IT 아웃소싱 관리*, 대청출판사, 2002.

이강락, *아웃소싱 경영*, 21세기북스, 1999.

이광현, *아웃소싱*, 한국능률협회, 1998.

정흥준, 김근주, 노성철, 박명준, 송민수, 정슬기, 황선웅, *아웃소싱의 메커니즘과 기업 내외에 미치는 영향*, 한국노동연구원, 2017.

지식경제부 산업연구원, *지식서비스 아웃소싱*, 이담북스, 2010.

하현식, *4차 산업혁명과 아웃소싱*, 바른북스, 2017.

한국소프트웨어산업협회, *정보시스템 아웃소싱 성공사례집*, 아진출판사, 2003.

| 찾아보기 |

| 저자소개 |

이재남

이재남 교수는 현재 고려대학교 경영대학의 교수로 재직하고 있다. 성균관대학교 공과대학에서 학사, 한국과학기술원 테크노경영대학원에서 석사 및 박사 학위를 취득하였다. 이전에는 City University of Hong Kong에서 교수를 역임하였다. 또한 ㈜LG-CNS에서 10년간 근무하면서 정보기술 전략 및 경영혁신, 정보기술 설계 및 개발 업무, 정보기술 아웃소싱 등 다양한 프로젝트에 직접 참여하였다.

주요 연구 분야는 정보기술 아웃소싱, 지식경영, 인터넷 플랫폼 비즈니스, 비즈니스 생태계이며, 국내외 저명한 저널에 총 80여 편 이상의 논문을 출간하였다. 또한 국내 및 해외 유명 학회에서 다양한 연구를 발표하였으며, 그중 20회 이상 최우수 논문상을 수상하였다. 해외에서는 정보기술 분야의 저명한 저널인 *MIS Quarterly*, *Information Systems Research*, *Journal of the AIS* 등에서 편집위원을 역임했으며, 전세계 정보기술 분야에서 가장 큰 협회인 The Association for Information Systems에서 아시아 대표로 선출되기도 하였다. 국내에서도 *Asia Pacific Journal of Information Systems* 저널의 편집장을 지냈으며, 다양한 저널과 학회에서 임원으로 활동하고 있다.

또한 실무적으로도 정보기술 관련된 다양한 프로젝트들을 수행하였으며, POSDATA 자문교수, 한국증권거래소 차세대 시스템 자문교수, 국토개발연구원 자문교수, 한국무역협회 자문교수 등을 역임하였다. 또한 세계인명사전인 Who's Who에 수년간 등재되었으며, 2016년에는 International Biographical Center에서 주관하는 전세계 Top 100 교육자 중의 한 명으로 선정되기도 하였다.

(정보기술)
아웃소싱 경영: 프로세스 모델의 역할과 활용

2020년 2월 20일 1판 1쇄 인쇄
2020년 2월 25일 1판 1쇄 발행

저 자 | 이재남
발행인 | 이수영
발행처 | 도서출판 청람
서울시 마포구 독막로 288(대흥동, 세양상가 109호)
전 화 | 02)3272-2601~2
팩 스 | 02)3272-2603
이메일 | crbooks@daum.net
홈페이지 | http://www.crbooks.co.kr
등 록 | 2000년 8월 26일 제6-0509호

ISBN 978-89-5972-740-7 93320 [정가 17,000원]

이 저서는 2016년 정부(교육부)의 재원으로 한국연구재단의 지원을 받아 수행된 연구임(NRF-2016S1A6A4A01017727);
This work was supported by the Ministry of Education of the Republic of Korea and the National Research Foundation of Korea(NRF-2016S1A6A4A01017727)